AF878922

KARL-HEINZ BACHMANN

DIE PROGRAMMIERUNGSSPRACHEN PASCAL UND ALGOL 68

ELEKTRONISCHES RECHNEN UND REGELN

Herausgegeben von

Prof. Dr. HANS FRÜHAUF · Prof. Dr. WILHELM KÄMMERER
Prof. Dr. KURT SCHRÖDER · Prof. Dr. HELMUT THIELE
Prof. Dr. HORST VÖLZ

Band 10

DIE PROGRAMMIERUNGSSPRACHEN PASCAL UND ALGOL 68

von

Dr. rer. nat. habil. Karl-Heinz Bachmann

AKADEMIE-VERLAG · BERLIN
1976

DIE PROGRAMMIERUNGSSPRACHEN
PASCAL UND ALGOL 68

von

Dr. KARL-HEINZ BACHMANN

Berlin

Mit 39 Abbildungen und 18 Tabellen

AKADEMIE-VERLAG · BERLIN

1976

Erschienen im Akademie-Verlag, 108 Berlin, Leipziger Str. 3—4
© Akademie-Verlag, Berlin, 1976
Lizenznummer: 202 · 100/409/76
Gesamtherstellung: VEB Druckerei „Thomas Müntzer", 582 Bad Langensalza
Bestellnummer: 762 1947 (6298) · LSV 1085
Printed in GDR
EVP 29,– M

Vorwort

Die Programmierungssprachen Pascal und ALGOL 68 entstanden als Weiterentwicklungen der Sprache ALGOL 60. ALGOL 68 wurde zwischen 1965 und 1968 von der Arbeitsgruppe 2.1 der IFIP (International Federation for Information Processing) entworfen. Arbeiten zur Änderung der Sprache und zur Abfassung eines revidierten Berichtes liefen bis 1974. Von N. WIRTH wurde im Zusammenhang mit diesen Arbeiten die Sprache Pascal entwickelt und 1971 veröffentlicht. Auch diese Sprache wurde revidiert, ein interner Bericht darüber wurde 1972 abgefaßt, ein Handbuch über Pascal erschien 1974.

Bei der Konzeption von Pascal wurde besonderer Wert auf leichte Erlernbarkeit und einfache Realisierung gelegt. Die Form des Berichtes lehnt sich eng an die des ALGOL 60-Berichtes an, d. h., die Syntax wird kontextfrei in BACKUS-Notation dargestellt. Dagegen wird im ALGOL 68-Bericht eine nicht kontextfreie zweistufige Grammatik benutzt. Beim Entwurf von ALGOL 68 wurde die Verwendung weittragender allgemeiner Grundbegriffe besonders berücksichtigt. Die Semantik der Sprachen wird in beiden Berichten verbal beschrieben. Die durch die gemeinsame Basis ALGOL 60 bedingte Ähnlichkeit beider Sprachen läßt eine einheitliche Darstellung als wünschenswert erscheinen.

Eine solche Darstellung wird hier auf semantischer Grundlage angestrebt. Die Semantik eines Datenverarbeitungsprozesses wird mit Hilfe eines Netzes aus zwei abstrakten Automaten (Steuerautomat oder abstraktes Programm und Verarbeitungsautomat) definiert. Die Elementaraktionen des Verarbeitungsautomaten und daraus zusammengesetzte Aktionen lassen sich durch sprachliche Konstruktionen beschreiben. Auf diese Weise kann eine Sprache definiert werden. Das wird für Pascal und ALGOL 68 durchgeführt, wobei sich aus Ähnlichkeiten und Unterschieden der Verarbeitungsautomaten auch Ähnlichkeiten und Unterschiede der Sprachen ergeben.

Das Buch ist in drei Kapitel und einen Anhang gegliedert. Das erste Kapitel enthält eine Einführung in die Darstellung von Datenverarbeitungsprozessen durch abstrakte Modelle. Im zweiten Kapitel wird Pascal dargestellt, im dritten ALGOL 68. In beiden Fällen ist die Gliederung so, daß zunächst die zu bearbeitenden Daten betrachtet werden. Danach wird ein Verarbeitungsautomat eingeführt, und schließlich werden die sprachlichen Konstruktionen anhand der Elementaraktionen und der Steuerung durch ein abstraktes Programm dargestellt. Die Vorstellung abkürzender Schreibweisen und einige Beispiele beschließen jeweils die Kapitel. Der Anhang soll Beziehungen zu den bei der Beschreibung von Programmierungssprachen üblichen Methoden herstellen und darüber hinaus eine Zusammenfassung der hier vorgeführten Sprachbeschreibungen geben. Weiter enthält er Abschnitte über Versionen von Pascal und die Einfügung von Kommentaren.

Wer nur an einer der beiden Sprachen interessiert ist, kann die Darstellung der anderen Sprache überschlagen. Allerdings kommen im ALGOL 68-Teil gelegentlich Rückgriffe auf den Pascal-Teil vor. Für eine schnelle Information kann auch der Abschnitt 3 des betreffenden Kapitels, in dem der Verarbeitungsautomat eingeführt wird, übergangen werden. Das setzt jedoch eine gewisse Vertrautheit mit den bei Programmierungssprachen vom ALGOL-Typ üblichen Begriffsbildungen voraus, da dann die Rückverweise auf Elementaraktionen der Verarbeitungsautomaten durch ein "Erraten" ihrer Bedeutungen zu ersetzen sind. Eine kurze Zusammenstellung der wichtigsten Bildungsregeln für Programme ist im Abschnitt 3.5 des Anhangs enthalten.

Die Abschnitte II.3 und III.3 sehe ich als Kernstücke des Buches an, weil anhand der relativ weit getriebenen Präzisierung der Semantik ihre Formalisierung mit der betrachteten Methode relativ einfach möglich wird. Wie weit man dabei die undefinierten Grundbegriffe einzuschränken hat und wie sie auszuwählen sind, ist eine offene Frage. Die hier gegebene Darstellung sieht praktisch die eingeführten Elementaraktionen als solche undefinierte (d. h. nur verbal erläuterte) Grundbegriffe an. Ich hoffe, daß die auf diese Art definierte Semantik jeder der beiden Sprachen der im jeweiligen Sprachbericht verbal angegebenen Semantik äquivalent ist, d. h., daß bei einer Formalisierung beider Semantiken und der Einführung eines Äquivalenzbegriffs die Äquivalenz beweisbar wird. Für den Programmierungspraktiker dürfte allerdings diese Problematik weniger interessant sein.

Herrn Prof. Dr. A. Lukasiewicz und seinen Mitarbeitern, Herrn M. Iglewski, Herrn A. Krepski und Herrn M. Missala, danke ich für Informationen über die hier behandelte Pascal-Version. Zu besonderem Dank bin ich Herrn Dr. I. O. Kerner für Informationen, Anregungen und Hinweise zu ALGOL 68 verpflichtet. Ebenso danke ich Herrn Dr. R. Strobel für anregende Diskussionen über spezielle Probleme in ALGOL 68.

Berlin, im Januar 1975 K.-H. Bachmann

Inhaltsverzeichnis

I. Einführung

1. Datenverarbeitungsanlagen

Die automatische Datenverarbeitung — meist als elektronische Datenverarbeitung (EDV) bezeichnet — erfolgt im allgemeinen auf elektronischen *Datenverarbeitungsanlagen* (EDVA). In einer solchen Datenverarbeitungsanlage werden elektrische Impulse umgeformt und fast immer in Form von Magnetisierungen gespeichert. Eine Folge von Impulsen kann als Zeichenfolge gedeutet werden, dabei wird meist nur zwischen Impulsen mit großer und mit (genügend) kleiner Amplitude unterschieden, diese werden als 1 oder 0 interpretiert. Derartige räumlich oder zeitlich angeordnete Impulse sind demnach als Folge von Nullen und Einsen deutbar. Werden längere Impulsfolgen strukturiert, d. h. in Teilfolgen zerlegt, so bezeichnet man diese Teilfolgen als Zeichen oder Worte, auch andere Bezeichnungen (z. B. Byte für eine Folge von 8 Bits, wobei Bit die Bezeichnung für einen Einzelimpuls ist), sind üblich. Zusammenfassend können so ausgezeichnete Teilfolgen als *Daten* bezeichnet werden.

Eine Datenverarbeitungsanlage arbeitet nun so, daß über eine Steuerung Daten ausgewählt, verarbeitet und wieder gespeichert werden. Diese Vorgänge können als Elementarschritte oder *Elementaraktionen* einer Datenverarbeitungsanlage betrachtet werden. Ein Datenverarbeitungsprozeß ist eine Folge solcher Elementaraktionen. Je nach der Verarbeitungsart unterscheidet man verschiedene Elementaraktionen. Sind die Elementaraktionen so beschaffen, daß bei gleichartiger Interpretation aller beteiligten Bitfolgen die Resultate als Summe, Differenz, Produkt oder Quotient der Interpretationen der zu verarbeitenden Daten interpretiert werden, so können die Elementaraktionen als Realisierungen der Grundrechnungsarten angesehen werden. Eine Datenverarbeitungsanlage mit derartigen Elementaraktionen kann daher auch als Rechenanlage bezeichnet werden. Zur Elementaraktion gehört die Auswahl der zu verarbeitenden Daten und die Speicherung des Resultats.

Um diese Vorgänge zu realisieren, ist der Speicher in identifizierbare Einheiten (Speicherzellen) unterteilt. Die Identifizierung der Speicherzellen erfolgt so, daß dem Steuerungsmechanismus eine Impulsfolge übermittelt wird, aus der eindeutig die auszuwählende Speicherzelle bestimmbar ist. Diese Impulsfolge wird als Adresse bezeichnet. Entsprechend geschieht die Ausführung einer Elementaraktion dadurch, daß dem Steuergerät eine als Befehl bezeichnete Impulsfolge übermittelt wird. In dieser Impulsfolge sind Adressen der zu verarbeitenden oder zu speichernden Daten als Teilfolgen enthalten. Üblicherweise ist die Anzahl dieser Adressen fest, sie kann aber auch von der Art des Befehls abhängen. Die Steuerung kann jedoch auch so aufgebaut werden, daß die Elementaraktionen weiter aufgespaltet werden, indem Auswahl, Verarbeitung und Speicherung getrennt werden.

Das Steuergerät kann die steuernde Impulsfolge, die auch als *Programm* bezeichnet wird, verschiedenartig vermittelt bekommen. Die einfachste Methode besteht darin, auf einem Informationsträger die einzelnen Befehle in der Reihenfolge der Abarbeitung aufzutragen und durch ein Abtastsystem die dort aufgezeichneten (codierten) Befehle nacheinander in die dem Steuergerät zu vermittelnden Impulsfolgen umzusetzen (Abb. 1).

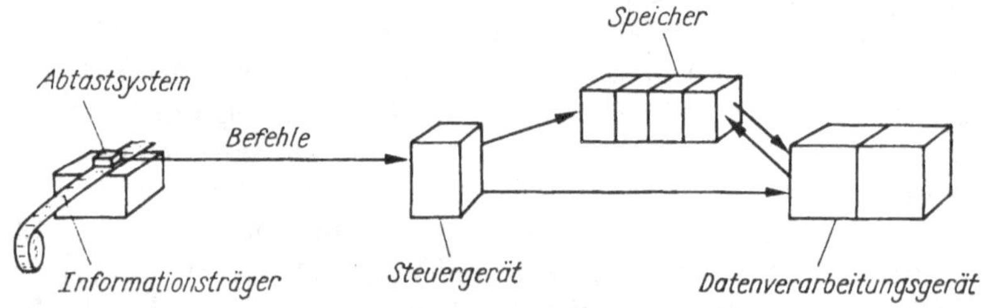

Abb. 1. Arbeitsweise einer einfachen Datenverarbeitungsanlage

Ein Nachteil dieser Arbeitsweise ist, daß derartigen Programmen die Flexibilität fehlt, da die Anzahl der auszuführenden Befehle fest vorgegeben ist. Dieser Nachteil kann vermieden werden, wenn das Programm aus mehrfach abarbeitbaren Teilprogrammen zusammengesetzt wird. Hierbei bereitet die technische Realisierung mit einem Abtastsystem Schwierigkeiten, günstiger ist es, die Teilprogramme wie die zu verarbeitenden Daten in einem Speicher unterzubringen. Dieser Speicher kann mit dem Datenspeicher vereinigt werden, durch einen Befehlswähler wird dann jeweils der als nächster zu verarbeitende Befehl dem Speicher entnommen und dem Steuergerät zugeführt. Wenn der Befehlswähler noch durch das Resultat des abgelaufenen Datenverarbeitungsschrittes beeinflußbar ist, so entsteht ein flexibles Datenverarbeitungssystem. Die Konzeption derartiger Datenverarbeitungsanlagen stammt im wesentlichen von J. von Neumann (Abb. 2).

Um mit einer solchen Datenverarbeitungsanlage sinnvoll arbeiten zu können, sind Zusatzeinrichtungen zur Ein- und Ausgabe (periphere Geräte) erforderlich. Ein *Eingabegerät* sorgt dafür, daß eine auf einem externen Informationsträger codierte Information in eine intern verarbeitbare Impulsfolge umgeformt wird. Als externe Informationsträger werden hauptsächlich Lochkarten und Loch-

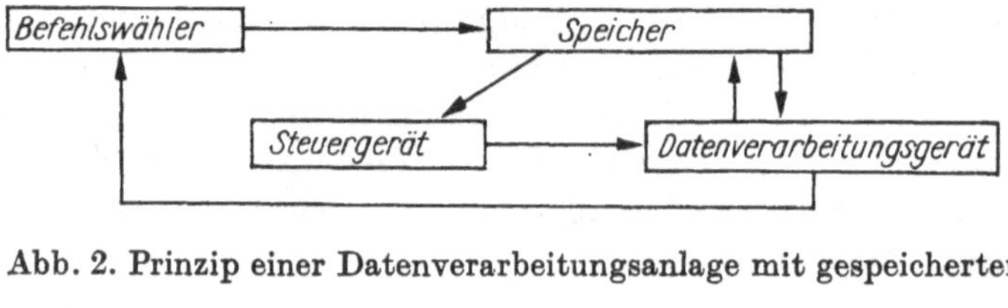

Abb. 2. Prinzip einer Datenverarbeitungsanlage mit gespeichertem Programm

streifen benutzt, jedoch ist es mit komplizierteren Geräten auch möglich, in Schriftform vorliegende Informationen einzugeben. Ein *Ausgabegerät* setzt andererseits interne Impulsfolgen in Codierungen auf externen Informationsträgern um. Der wichtigste externe Informationsträger ist auf Zeilendruckern oder ähnlichen Geräten zu bedruckendes Papier. Es können jedoch auch Informationen auf Lochstreifen oder Lochkarten ausgegeben werden, diese Informationen sind dann direkt wieder zur Eingabe verwendbar. Schließlich gibt es periphere Zusatzspeicher, z. B. Magnetbänder oder Magnetplatten, die Informationen in zur Wiedergabe geeigneter Form aufnehmen.

Hiernach läuft eine Datenverarbeitung im allgemeinen so ab, daß

(1) ein Programm eingegeben wird,
(2) Daten eingegeben werden,
(3) der eigentliche Datenverarbeitungsprozeß abläuft,
(4) Daten ausgegeben werden.

Diese vier Teile brauchen zeitlich nicht streng getrennt zu sein, vor allem sind die Punkte (2) bis (4) häufig überlappt. Als *Programm* wird hierbei nicht wie oben die Folge aller abzuarbeitenden Befehle angesehen, sondern eine Folge von Teilprogrammen, die in der beschriebenen Weise wiederholt ablaufen können. Insbesondere ist es auch möglich, Teilprogramme in andere Teilprogramme an bestimmten Stellen beim Ablauf einzufügen, man spricht dann von Unterprogrammen oder Prozeduren. Im folgenden wird jede externe Darstellung (Zeichenfolge auf einem externen Informationsträger), die durch den Eingabevorgang in ein gespeichertes Programm umgeformt wird, als Programm bezeichnet. Dieser Begriff wird noch dadurch erweitert, daß ein solches Programm so beschaffen sein kann, daß es nicht einfach Teilfolge für Teilfolge in Befehle des gespeicherten Programms umgesetzt wird, sondern durch einen komplizierten Prozeß als Ganzes in das innere Programm umgeformt (übersetzt) wird. Dieser Übersetzungsprozeß kann auch als ein mit der Anlage ausführbarer Datenverarbeitungsprozeß angesehen werden, wenn die externe Notierung des Programms als Datenfolge betrachtet wird. Man spricht auch von einer *Compilierung* (Zusammensetzung) des gespeicherten Programms. Zur Ausführung der Compilierung wird dann ein Programm gebraucht, das als *Übersetzungsprogramm* oder *Compiler* bezeichnet wird.

2. Datenverarbeitungsprozesse

Nach festgelegten Regeln ablaufende geistige Tätigkeit kann durch Datenverarbeitungsanlagen durchgeführt werden, eine solche Ausführung ist ein *Datenverarbeitungsprozeß*. Historisch waren die ersten Datenverarbeitungsprozesse Rechenprozesse. Der Grund dafür ist darin zu suchen, daß Rechnen eine zeitraubende geistige Tätigkeit ist, die zudem nach einfach formulierbaren Regeln verläuft. Durch häufige Wiederholung von Elementarschritten ist diese Tätigkeit bei der Ausführung durch Menschen besonders fehleranfällig und andererseits gut für eine Mechanisierung geeignet. Es gibt daher bereits seit Jahrtausenden Rechenhilfsmittel (Abakus), von Pascal und Leibniz wurden mechanische Rechenmaschinen gebaut, von Babbage wurde bereits im 19. Jahrhundert das Prinzip der Programmsteuerung benutzt, praktisch verwertbar wurde es jedoch erst mit den Hilfsmitteln der elektronischen Steuerung im 20. Jahrhundert. Durch den Einsatz der schnellen elektronischen Rechenanlagen wurden verschiedene technische und wissenschaftliche Leistungen erst ermöglicht, z. B. wurde eine präzise Steuerung von Raumfahrzeugen nur auf diese Weise möglich. Der Wirkungsbereich von Datenverarbeitungsanlagen erweitert sich ständig, neben Rechnungen für wissenschaftliche, technische, ökonomische und andere Zwecke werden Steuerungsaufgaben für Produktionsprozesse, Speicherung und Wiederauffinden von Literaturstellen und anderen Informationen, Platzbuchungen in Verkehrsmitteln und viele andere derartige Tätigkeiten als Datenverarbeitungsprozesse ausgeführt.

Wie bereits erwähnt, ist ein Datenverarbeitungsprozeß eine endliche Folge von Elementaraktionen einer Datenverarbeitungsanlage. Dabei werden die gespeicherten Daten im allgemeinen geändert, d. h., gewisse Speicherzellen enthalten nach Ende des Datenverarbeitungsprozesses andere Daten als vor Beginn des Datenverarbeitungsprozesses. Interpretiert man Daten als Elemente einer Menge W (*Wertmenge*) und faßt die Adressen der Speicherzellen in einer Menge N (*Adressenmenge*) zusammen, so ist eine Belegung eine Menge von Zuordnungen $N \rightarrow W$, d. h. von Paaren (a, w) mit $a \in N$, $w \in W$. Eine solche Belegung ist eine Funktion, d. h., jedem $a \in N$ ist höchstens ein w zugeordnet. Die Belegung ist eine totale Funktion, wenn jedem $a \in N$ genau ein $w \in W$ entspricht, sonst eine partielle Funktion. Bezeichnet B die Menge aller Belegungen, so ist die Wirkung einer Elementaraktion als Abbildung $B \rightarrow B$ beschreibbar, d. h. als Zuordnung einer neuen Belegung zu einer gegebenen. Eine Folge von Elementaraktionen bewirkt demnach ebenfalls eine solche Abbildung. Zwei Datenverarbeitungsprozesse können in ihrer Wirkung nicht unterschieden werden, wenn sie die gleichen Abbildungen erzeugen, d. h., wenn auf jede Belegung, auf die der erste Prozeß anwendbar ist, auch der zweite anwendbar ist und beide Prozesse die gleiche Resultatbelegung ergeben.

Da bei einem Datenverarbeitungsprozeß meist nur ein kleiner Teil des Speichers beteiligt ist, geht man zweckmäßigerweise von partiellen Belegungen aus. Die Verhältnisse seien an einem einfachen Beispiel erläutert.

Eine Datenverarbeitungsanlage verfüge über 8 Speicherzellen, die mit s_0, s_1, $s_2, \dots, s_7$ bezeichnet seien. Die Wertmenge sei die Menge der natürlichen Zahlen, die kleiner als 1000000 sind. In den Zellen s_1 und s_2 sollen zwei Zahlen a und b aus diesem Bereich stehen. Durch Ausführung eines Datenverarbeitungsprozesses soll in s_3 die Differenz $a^2 - b^2$ erscheinen. Als Elementaraktionen mögen zur Verfügung stehen:

(1) Speicherung des Inhalts von s_i in s_0 ($i = 1, \dots, 7$),
(2) Subtraktion des Inhalts von s_i vom Inhalt von s_0, Resultat in s_0 ($i = 1, \dots, 7$),

(3) Addition des Inhalts von s_i zum Inhalt von s_0, Resultat in s_0 ($i = 1, \dots, 7$),
(4) Multiplikation des Inhalts von s_i mit dem Inhalt von s_0, Resultat in s_0 ($i = 1, \dots, 7$),
(5) Speicherung des Inhalts von s_0 in s_i ($i = 1, \dots, 7$).

Zur Bezeichnung der Elementaraktionen dienen die Zeichenfolgen

(1') $\leftarrow s_i$,
(2') $- s_i$,
(3') $+ s_i$,
(4') $\times s_i$,
(5') $\rightarrow s_i$, wobei jeweils $i = 1, \dots, 7$.

Zwei Datenverarbeitungsprozesse zur Lösung der gestellten Aufgabe sind durch Folgen (I) und (II) von Elementaraktionen gegeben:

(I) $\leftarrow s_1, \times s_1, \rightarrow s_3, \leftarrow s_2, \times s_2, \rightarrow s_4, \leftarrow s_3, - s_4, \rightarrow s_3$.

(II) $\leftarrow s_1, + s_2, \rightarrow s_3, \leftarrow s_1, - s_2, \times s_3, \rightarrow s_3$.

Für den Fall $a = 5$, $b = 3$ erhält man die in den Tabellen 1 und 2 enthaltenen Belegungen der s_i ($i = 0, \dots, 7$) während der beiden Datenverarbeitungsprozesse.

Tabelle 1: Datenverarbeitungsprozeß I

Zelle	Schritt									
	0	1	2	3	4	5	6	7	8	9
s_1	5	5	5	5	5	5	5	5	5	5
s_2	3	3	3	3	3	3	3	3	3	3
s_3	–	–	–	25	25	25	25	25	25	16
s_4	–	–	–	–	–	–	9	9	9	9
s_5	–	–	–	–	–	–	–	–	–	–
s_6	–	–	–	–	–	–	–	–	–	–
s_7	–	–	–	–	–	–	–	–	–	–
s_0	–	5	25	25	3	9	9	25	16	16

Tabelle 2: Datenverarbeitungsprozeß II

Zelle	Schritt							
	0	1	2	3	4	5	6	7
s_1	5	5	5	5	5	5	5	5
s_2	3	3	3	3	3	3	3	3
s_3	–	–	–	8	8	8	8	16
s_4	–	–	–	–	–	–	–	–
s_5	–	–	–	–	–	–	–	–
s_6	–	–	–	–	–	–	–	–
s_7	–	–	–	–	–	–	–	–
s_0	–	5	8	8	5	2	16	16

Für jeden der beiden Prozesse ist die Belegungsfunktion am Anfang (Schritt 0) die partielle Belegung

$$b_{01} = b_{02} = \{(s_1, 5), (s_2, 3)\} .$$

Nach Schritt 7 ist die von Prozeß I erzeugte Belegung die Menge

$$b_{71} = \{(s_1, 5), (s_2, 3), (s_3, 25), (s_4, 9), (s_0, 25)\} ,$$

die von Prozeß II erzeugte Belegung ist

$$b_{72} = \{(s_1, 5), (s_2, 3), (s_3, 16), (s_0, 16)\} .$$

Die nach Schritt 9 von Prozeß I erzeugte Belegung ist

$$b_{91} = \{(s_1, 5), (s_2, 3), (s_3, 16), (s_4, 9), (s_0, 16)\} .$$

Prozeß I vermittelt also die Zuordnung

$$\{(s_1, 5), (s_2, 3)\} \mapsto \{(s_1, 5), (s_2, 3), (s_3, 16), (s_4, 9), (s_0, 16)\} ,$$

Prozeß II dagegen die Zuordnung

$$\{(s_1, 5), (s_2, 3)\} \mapsto \{(s_1, 5), (s_2, 3), (s_3, 16), (s_0, 16)\} .$$

Sieht man als wesentlich für die Lösung des Problems nur die partielle Belegungsfunktion b_r an, die auf $\{s_3\}$ definiert und im vorliegenden Fall $b_r = \{(s_3, 16)\}$ ist, so gilt, daß $b_r \subseteq b_{91}$ bzw. $b_r \subseteq b_{72}$, d. h. b_r ist für beide Prozesse Teilmenge der Endbelegung b_{91} bzw. b_{72}.

Um die Wirkung eines Datenverarbeitungsprozesses zu beschreiben, wird man demnach

(1) einen Definitionsbereich N_0 der Anfangsbelegungen,
(2) einen Definitionsbereich N_1 der Endbelegungen,
(3) eine Abbildung F der Anfangsbelegungen auf die Endbelegungen anzugeben haben. Im vorliegenden Fall ist

$$N_0 = \{s_1, s_2\} ,$$

$$N_1 = \{s_3\} ,$$

$F = \{(\{(s_1, a), (s_2, b)\}, \{(s_3, a^2 - b^2)\})\}$ für alle natürlichen Zahlen $a < 1000000$ und $b < 1000000$ und $a \geqq b$.

Es ist allerdings zu bemerken, daß eine Datenverarbeitungsanlage, die nur Zahlen aus dem Intervall [0,1000000) verarbeiten kann, diese Abbildung nicht für alle Paare (a, b) mit den angegebenen Eigenschaften ausführen kann, wenn die Prozesse I und II betrachtet werden. Z. B. ist bei $a \geqq 1000$ bereits $a^2 \geqq 1000000$, daher versagt Prozeß I. Prozeß II versagt dagegen erst, wenn $max\,(a + b, a^2 - b^2) \geqq 1000000$ gilt. Die beiden Prozesse sind also nur partiell gleichwertig, da die zulässigen Anfangsbelegungen (Mengen von Paaren $\{(s_1, a), (s_2, b)\}$) verschieden sind.

3. Programme

Ein Programm ist eine Beschreibung eines Datenverarbeitungsprozesses. Die im vorigen Abschnitt unter (I) und (II) angegebenen Prozeßbeschreibungen sind somit Programme. Da diese Beschreibungen so aufgebaut sind, daß die zu verarbeitenden Befehle in der Abarbeitungsreihenfolge notiert werden, demnach mehrfach auszuführende Befehle auch mehrfach zu notieren sind, spricht man auch von *linearen Programmen*. Im Gegensatz dazu werden in *zyklischen Programmen* mehrfach zu wiederholende Programmteile nur einmal notiert.

Ein einfaches Beispiel ist die bei der Lösung linearer Gleichungssysteme auftretende Linearkombination zweier Vektoren, die durch $a_k + q \cdot b_k$ für $k = 1, \ldots, n$ beschrieben werden kann. Hier unterscheiden sich die n-mal nacheinander auszuführenden Teilprogramme nur dadurch, daß die darin enthaltenen Befehle jeweils andere Adressen enthalten. Es wurden daher Verfahren entwickelt, um Befehle in abgeänderter Form gegenüber der gespeicherten Form auszuführen.

Ein derartiges Verfahren ist die *Befehlssubstitution* (meist nur in der Form der *Adressensubstitution*), d. h. die Auswechslung des Befehls (bzw. einer oder mehrerer seiner Adressen) vor seiner Ausführung. Um diese Methode anwenden zu können, ist es notwendig, die betreffenden Adressen vor der Ausführung der Rechnung zu kennen oder besser, sie im Laufe der Rechnung berechnen zu lassen. Letzteres ist besonders einfach, wenn die Adressen innerhalb der Datenverarbeitungsanlage wie natürliche Zahlen dargestellt werden und die nacheinander zu verarbeitenden Daten in (im Sinne der dadurch gegebenen Ordnung der Adressen) aufeinanderfolgenden Zellen gespeichert sind. Es ist dann zum Übergang zur nächsten Adresse die vorliegende nur um 1 zu erhöhen.

Wenn noch eine Möglichkeit geschaffen wird, die Anzahl n der Wiederholungen beliebig einzustellen, ohne das Programm zu ändern, d. h. n in die zu verarbeitenden Daten aufzunehmen, so erhält man ein allgemein einzusetzendes Programm. Die Realisierung erfolgt so, daß der Befehlswähler durch einen sogenannten *bedingten Sprungbefehl* verstellt werden kann. Sind die Befehle ebenfalls in dem mit natürlichen Zahlen adressierten Speicher untergebracht, so kann der Befehlswählerinhalt als natürliche Zahl interpretiert werden und dient zur Auswahl eines entsprechend numerierten Befehls. Die Nummer eines Befehls, d. h. die Adresse der Speicherzelle, in der dieser Befehl untergebracht ist, wird auch als *Marke* bezeichnet. Ein bedingter Sprungbefehl enthält nun noch eine Bedingung, von deren Erfüllung die Ausführung des Sprunges zum markierten Befehl abhängt. Diese Bedingung wird ebenfalls in einer Speicherzelle gespeichert sein, z. B. kann eine gespeicherte Null bedeuten, daß die Bedingung nicht erfüllt ist, jede andere Speicherung bedeutet Erfüllung der Bedingung.

Bezeichnet man im vorliegenden Falle die Adresse der Speicherzelle, in der a_k gespeichert ist, mit $''a_k''$, so gilt $''a_k'' = ''a_1'' + k - 1$, entsprechend $''b_k'' = ''b_1'' + k - 1$. Eine Elementaraktion mit einer Adresse, die durch $\ast s_j$ dargestellt wird, soll nun so ablaufen, daß der Inhalt der Zelle s_j als Adresse verwendet

Tabelle 3: Datenverarbeitungsprozeß III

Schritt	0	1	2	3	4	5	6	7	8
Zelle	Befehl								
	—	100	101	102	103	104	105	106	107
s_r	2	2	2	2	2	2	2	2	2
s_r+1	3	3	3	3	3	3	3	3	3
s_j	"a_1"	"a_1"	"a_1"	"a_1"	"a_1"	"a_1"	"a_1"	"a_2"	"a_2"
s_j+1	"b_1"	"b_1"	"b_1"	"b_1"	"b_1"	"b_1"	"b_1"	"b_1"	"b_1"
"a_1"	2	2	2	2	12	12	12	12	12
"a_2"	3	3	3	3	3	3	3	3	3
"a_3"	4	4	4	4	4	4	4	4	4
"b_1"	5	5	5	5	5	5	5	5	5
"b_2"	6	6	6	6	6	6	6	6	6
"b_3"	7	7	7	7	7	7	7	7	7
s_r+2	1	1	1	1	1	1	1	1	1
s_0	—	5	10	12	12	"a_1"	"a_2"	"a_2"	"b_1"

Schritt	9	10	11	12	13	14	5	16	17
Zelle	Befehl								
	108	109	110	111	112	100	101	102	103
s_r	2	2	2	2	2	2	2	2	2
s_r+1	3	3	3	3	2	2	2	2	2
s_j	"a_2"	"a_2"	"a_2"	"a_2"	"a_2"	"a_2"	"a_2"	"a_2"	"a_2"
s_j+1	"b_1"	"b_2"	"b_2"	"b_2"	"b_2"	"b_2"	"b_2"	"b_2"	"b_2"
"a_1"	12	12	12	12	12	12	12	12	12
"a_2"	3	3	3	3	3	3	3	3	15
"a_3"	4	4	4	4	4	4	4	4	4
"b_1"	5	5	5	5	5	5	5	5	5
"b_2"	6	6	6	6	6	6	6	6	6
"b_3"	7	7	7	7	7	7	7	7	7
s_r+2	1	1	1	1	1	1	1	1	1
s_0	"b_2"	"b_2"	3	2	2	6	12	15	15

Tabelle 3 (Fortsetzung)

Schritt	18	19	20	21	22	23	24	25	26
Zelle	Befehl								
	104	105	106	107	108	109	110	111	112
s_r	2	2	2	2	2	2	2	2	2
s_r+1	2	2	2	2	2	2	2	2	1
s_j	"a_2"	"a_2"	"a_3"	"a_3"	"a_3"	"a_3"	"a_3"	"a_2"	"a_3"
s_j+1	"b_2"	"b_2"	"b_2"	"b_2"	"b_2"	"b_3"	"b_3"	"b_3"	"b_3"
"a^1"	12	12	12	12	12	12	12	12	12
"a_2"	15	15	15	15	15	15	15	15	15
"a_3"	4	4	4	4	4	4	4	4	4
"b_1"	5	5	5	5	5	5	5	5	5
"b_2"	6	6	6	6	6	6	6	6	6
"b_3"	7	7	7	7	7	7	7	7	7
s_r+2	1	1	1	1	1	1	1	1	1
s_0	"a_2"	"a_3"	"a_3"	"b_2"	"b_3"	"b_3"	2	1	1

Schritt	27	28	29	30	31	32	33	34	35
Zelle	Befehl								
	100	101	102	103	104	105	106	107	108
s_e	2	2	2	2	2	2	2	2	2
s_r+1	1	1	1	1	1	1	1	1	1
s_j	"a_3"	"a_3"	"a_3"	"a_3"	"a_3"	"a_3"	"a_3"'	"a_3"'	"a_3"'
s_j+1	"b_3"	"b_3"	"b_3"	"b_3"	"b_3"	"b_3"	"b_3"	"b_3"	"b_3"
"a^1"	12	12	12	12	12	12	12	12	12
"a_2"	15	15	15	15	15	15	15	15	15
"a_3"	4	4	4	18	18	18	18	18	18
"b_1"	5	5	5	5	5	5	5	5	5
"b_2"	6	6	6	6	6	6	6	6	6
"b_3"	7	7	7	7	7	7	7	7	7
s_r+2	1	1	1	1	1	1	1	1	1
s_0	7	14	18	18	"a_3"	"a_3"'	"a_3"'	"b_3"	"b_3"'

Tabelle 3 (Fortsetzuug)

Schritt	36	37	38	39	40
Zelle	Befehl				
	109	110	111	112	113/114
s_r	2	2	2	2	2
s_r+1	1	1	1	0	0
s_j	"a_3"'	"a_3"'	"a_3"'	"a_3"'	"a_3"'
s_j+1	"b_3"'	"b_3"'	"b_3"'	"b_3"'	"b_3"'
"a_1"	12	12	12	12	12
"a_2"	15	15	15	15	15
"a_3"	18	18	18	18	18
"b_1"	5	5	5	5	5
"b_2"	6	6	6	6	6
"b_3"	7	7	7	7	7
s_r+2	1	1	1	1	1
s_0	"b_3"'	1	0	0	0

wird (Adressensubstitution). Ist in s_j z. B. die Adresse "a_k" gespeichert, in s_{j+1} die Adresse "b_k" und in s_r die Zahl q, so beschreibt die mit entsprechend erweiterten Elementaraktionen aus I.2 gebildete Folge

$\leftarrow *s_{j+1},\ \times\ s_r,\ +\ *s_j$

(Lies b_k nach s_0, multipliziere Inhalt von s_0 mit q, addiere a_k zum Inhalt von s_0) einen Prozeß, der $a_k + q \cdot b_k$ erzeugt. Wird noch die Elementaraktion $\rightarrow *s_j$ hinzugefügt, so wird das Resultat neuer Inhalt der Zelle "a_k", d. h., der Wert von a_k wird durch den Wert $a_k + q \cdot b_k$ überspeichert.

Erhält der erste Befehl der Teilfolge die Nummer 100, so soll der bedingte Sprungbefehl *Sb* 100 veranlassen, daß als nächster Befehl der mit 100 numerierte Befehl ausgeführt wird, wenn der Inhalt von s_0 von Null verschieden ist. Die Notierung

100: $\leftarrow *s_{j+1}$, 101: $\times\ s_r$, 102: $+\ *s_j$, 103: $\rightarrow *s_j$, 104: $\leftarrow s_j$, 105: $+\ s_{r+2}$,
106: $\rightarrow s_j$, 107: $\leftarrow s_{j+1}$, 108: $+\ s_{r+2}$, 109: $\rightarrow s_{j+1}$, 110: $\leftarrow s_{r+1}$, 111: $-\ s_{r+2}$,
112: $\rightarrow s_{r+1}$, 113: *Sb* 100, 114: *Stop*

beschreibt dann unter der Annahme, daß in s_{r+2} eine 1 gespeichert ist und daß der Inhalt von s_{r+1} vor Beginn der Abarbeitung n ist, die gewünschte Aktion. Bei Ausführung des Befehls in 112 bleibt die Größe $n - k$ in s_0 erhalten. Wird der bedingte Sprungbefehl nicht ausgeführt, so wird der Befehl in 114 (*Stop*) ausgewählt, dem als Elementaraktion das Anhalten der Datenverarbeitungsanlage entsprechen soll.

Die Folge der mit 100 bis 113 numerierten Befehle wird also so oft durchlaufen, wie die vorher in s_{r+2} gespeicherte Zahl n angibt. Die dargestellte Befehlsfolge wird — wie bereits erwähnt — als zyklisches Programm bezeichnet.

An einem Beispiel sei der durch dieses Programm beschriebene Datenverarbeitungsprozeß verfolgt. Der wesentliche Teil der Anfangsbelegung sei

$$b_0 = \{(s_r, 2), (s_{r+1}, 3), (s_j, "a_1"), (s_{j+1}, "b_1"), ("a_1", 2), ("a_2", 3), ("a_3", 4), ("b_1", 5), ("b_2", 6), ("b_3", 7), (s_{r+2}, 1)\} .$$

In Tabelle 3 ist der entsprechende Prozeß als Folge von Belegungen dargestellt.

Zur Platzersparnis wird dabei $"a_3"'$ statt $"a_3" + 1$ und $"b_3"'$ statt $"b_3" + 1$ geschrieben. Die bei einem Schritt jeweils geänderte Größe wird durch Einrahmen hervorgehoben. Das Beispiel zeigt, daß eine große Zahl von Schritten gebraucht wird, um den Ablauf des Datenverarbeitungsprozesses zu organisieren. Von den insgesamt 40 auszuführenden Elementaraktionen (dabei wird der bedingte Sprungbefehl nicht zu den Elementaraktionen gezählt) dienen nur 12 zur eigentlichen Rechnung, die restlichen zur Adressenänderung und zur Zählung. Aus diesem Grunde wurden im Laufe der Entwicklung der Datenverarbeitungsanlagen vielerlei Befehle zur Ausführung organisatorischer Operationen eingeführt.

In den bisher behandelten Beispielen nahm die Speicherzelle s_0 eine ausgezeichnete Stellung ein, da die Rechenoperationen als ersten Operanden stets den Inhalt der Zelle s_0 hatten. Derartige asugezeichnete Speicherzellen sind in allen Rechenanlagen üblich, sie werden normalerweise nicht zum Speicher gezählt, sondern sind als *Register* Bestandteile des Verarbeitungsmechanismus (des Rechenwerks). In den meisten Rechenanlagen werden daher die vorgeführten Prozesse so ablaufen, daß an Stelle der Speicherzelle s_0 ein als *Akkumulator* bezeichnetes Register tritt.

Die Adressensubstitution kann vorteilhaft durch die Operation der Summierung von Adressenbestandteilen ersetzt werden. In der Regel ist ein Bestandteil eine feste Adresse (*Leitadresse*), die anderen Bestandteile sind Indizes, die häufig nach der Adressenbildung noch durch Zählung verändert werden. Auf diese Weise lassen sich relativ kurze Programme erzielen, in denen die organisatorischen Operationen unmittelbar mit den eigentlichen Datenverarbeitungsoperationen verknüpft sind.

Im allgemeinen versteht man nun unter einem *Programm* eine endliche Folge von Befehlen, die — bedingt durch die Anordnung innerhalb des Programms und durch zu verarbeitende Daten — in einer bestimmten Reihenfolge, gegebenenfalls unter mehrfacher Wiederholung, abgearbeitet werden. Die Folge der bei einer solchen Abarbeitung auszuführenden Elementaraktionen heißt *Datenverarbeitungsprozeß*, sofern diese Folge endlich ist.

4. Abstrakte Automaten und abstrakte Programme

Um mathematische Aussagen über Programme zu formulieren und zu beweisen, sind passende mathematische Modelle heranzuziehen. Ein derartiges Modell ist der abstrakte Automat. In der einfachsten Form des *endlichen Automaten* liegt bereits ein auf Fragen der Programmierungstechnik gut anwendbares Hilfsmittel vor. Um einen endlichen Automaten und sein Verhalten darzustellen, werden drei Mengen herangezogen, die Menge Z der *Zustände*, die Menge E der *Eingabezeichen* und die Menge A der *Ausgabezeichen*. Durch ein Eingabezeichen bedingt, geht der Automat von einem Zustand in einen anderen Zustand über und gibt dabei eventuell ein Ausgabezeichen aus. Je nachdem, ob dieser Übergang und die damit verbundene Ausgabe eindeutig bestimmt ist oder nicht, spricht man von *deterministischen* oder *nichtdeterministischen* Automaten. Das Verhalten eines nichtdeterministischen Automaten ist nur insofern bestimmt, als aus einer Menge von möglichen Varianten jeweils eine beliebig ausgewählt wird.

Formal ist ein deterministischer endlicher Automat ein Siebentupel $\mathfrak{D} = \langle Z, E, A, \delta, \lambda, s, F\rangle$, wobei Z, E und A endliche Mengen sind. δ und λ sind Funktionen, und zwar ordnet die Überführungsfunktion δ Paaren (z, e) jeweils neue Zustände z' zu. Die Ausgabefunktion λ ordnet einem solchen Paar ein Ausgabezeichen zu oder veranlaßt, daß keine Ausgabe erfolgt. Führt man als Besonderheit das sogenannte leere Wort ein, kann die Ausgabe keines Zeichens formal auch als Ausgabe des leeren Wortes beschrieben werden. Dieses leere Wort (es existiert nicht als hinschreibbare Zeichenfolge) werde im folgenden mit ε bezeichnet. Durch $A' = A \cup \{\varepsilon\}$ und $E' = E \cup \{\varepsilon\}$ werden um das leere Wort erweiterte Ein- und Ausgabemengen definiert. Hiernach können δ und λ als partielle Funktionen der Art

$$\delta: Z \times E' \to Z\,, \qquad \lambda: Z \times E' \to A'$$

eingeführt werden. Links vom Pfeil steht eine Obermenge des Definitionsbereichs, rechts davon eine Obermenge des Wertebereichs. Die in $\mathfrak{D}$ auftretenden Bezeichnungen s und F geben einen Startzustand ($s \in Z$) und eine Menge von Endzuständen ($F \subseteq Z$) an.

Ein Beispiel für einen deterministischen endlichen Automaten sei gegeben durch:

$$Z = \{z_0, z_1, z_2\}\,, \quad E = \{g\}\,, \quad A = \{f\}\,, \quad s = z_0\,, \quad F = \{z_2\}\,,$$

$$\delta = \{((z_0, g), z_1), ((z_1, g), z_2)\}\,, \quad \lambda = \{((z_0, g), \varepsilon), ((z_1, g), f)\}\,.$$

Die Funktionen δ und λ sind nicht für alle möglichen Paare aus $Z \times E'$ (nämlich (z_0, ε), (z_0, g), (z_1, ε), (z_1, g), (z_2, ε) und (z_2, g)) definiert. Sie sind also nur partiell definiert, und zwar auf der Menge $\{(z_0, g), (z_1, g)\} \subset Z \times E'$. Hierzu ist noch zu bemerken, daß eine Eingabe ε bedeutet, daß Überführung und Ausgabe ohne Verbrauch eines Eingabezeichens unbedingt erfolgen. Weiter wird stets gefordert, daß die Definitionsbereiche von δ und λ übereinstimmen.

Der als Beispiel betrachtete endliche Automat kann graphisch so dargestellt werden, daß seine Zustände als Knoten eines Graphen angesehen werden. Zwei Knoten k_1 und k_2 werden durch einen mit (e) und a bezeichneten Pfeil von k_1 nach k_2 verbunden, wenn $k_2 = \delta(k_1, e)$ und $a = \lambda(k_1, e)$ gilt. Im vorliegenden Fall erhält man die Darstellung von Abb. 3.

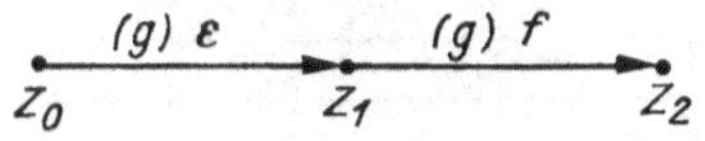

Abb. 3. Graph eines endlichen Automaten

Durch die angegebene Darstellung wird ein endlicher Automat statisch beschrieben, es interessiert jedoch vor allem sein *dynamisches Verhalten*, d. h. seine Reaktion auf eine Eingabe. Im vorliegenden Fall ist diese Reaktion so, daß der Automat auf die Eingabe gg hin vom Anfangszustand in den Endzustand übergeht und f ausgibt. Ein derartiges Verhalten eines Automaten, der vom Startzustand in einen Endzustand übergeht, sei als *abgeschlossener Lauf* bezeichnet.

Abstrakt kann ein *Lauf* als eine Folge von Quadrupeln der Form $q = (q^{(1)}, q^{(2)}, q^{(3)}, q^{(4)})$ mit $q^{(1)} \in Z$, $q^{(2)} \in E'$, $q^{(3)} \in Z$, und $q^{(4)} \in A'$ angesehen werden, wobei $q^{(3)} = \delta(q^{(1)}, q^{(2)})$ und $q^{(4)} = \lambda(q^{(1)}, q^{(2)})$. Eine endliche Folge derartiger Quadrupel $(q_1, q_2, \ldots, q_n)$ ist ein Lauf, wenn $q_{i+1}^{(1)} = q_i^{(3)}$, d. h., wenn der Zielzustand $q_i^{(3)} = \delta(q_i^{(1)}, q_i^{(2)})$ des i^{ten} Quadrupels gleich dem Quellzustand $q_{i+1}^{(1)}$ des $(i+1)^{\text{ten}}$ Quadrupels ist oder mit anderen Worten, wenn die Quadrupel über Ziel- und Quellzustand verbunden sind ($i = 1, \ldots, n-1$).

Im obigen Beispiel existieren die Läufe

(a) $(z_0, g, z_1, \varepsilon)$

(b) (z_1, g, z_2, f) und

(c) $(z_0, g, z_1, \varepsilon)\,(z_1, g, z_2, f)$.

Ein solcher Lauf heiße abgeschlossen, wenn $q_1^{(1)} = s$ und $q_n^{(3)} \in F$ gilt, im Beispiel ist (c) der einzige abgeschlossene Lauf.

Ist $l = (q_1, \ldots, q_n)$ ein Lauf, so sollen die Folgen $\zeta(l) = (q_1^{(3)}, \ldots, q_n^{(3)})$ der dritten Komponenten, $\eta(l) = (q_1^{(2)}, \ldots, q_n^{(2)})$ der zweiten Komponenten und $\alpha(l) = (q_1^{(4)}, \ldots, q_n^{(4)})$ der vierten Komponenten Zustandswort, Eingabewort und Ausgabewort des Laufes heißen. Ist der Lauf abgeschlossen, so heißt das zugehörige Eingabewort vom Automaten *akzeptiert*, das zugehörige Ausgabewort vom Automaten *generiert*. Man kann auch sagen, daß der Automat das akzeptierte Eingabewort in das generierte Ausgabewort *übersetzt*. Im angegebenen Beispiel übersetzt der Automat das Eingabewort gg in das Ausgabewort f (eigentlich in die Folge εf, aus der jedoch das leere Wort ε weggelassen wird, da ε nach der gegebenen Erläuterung "keine Eingabe" bzw. "keine Ausgabe" bedeutet).

Zu dem in I.3 als Beispiel betrachteten Programm kann nun ein endlicher Automat konstruiert werden, dessen zu abgeschlossenen Läufen gehörenden Ausgabeworte die bei verschiedenen Ausführungen dieses Programms entstehenden Befehlsfolgen darstellen. Abb. 4 zeigt den Graphen dieses Automaten.

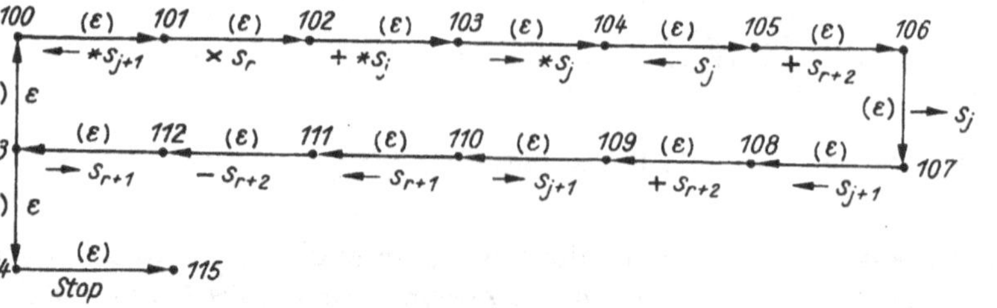

Abb. 4. Graph eines Programms

Die in dem definierenden Siebentupel dieses Automaten auftretenden Bestimmungsstücke können danach in folgender Form notiert werden:

$Z = \{100, 101, 102, 103, 104, 105, 106, 107, 108, 109, 110, 111,$
$112, 113, 114, 115\}$,

$E = \{0, 1\}, s = 100, F = \{115\}$,

$A = \{\leftarrow *s_{j+1}, \times s_r, + *s_j, \rightarrow *s_j, \leftarrow s_j, + s_{r+2}, \rightarrow s_{r+1}, - s_{r+2}, \leftarrow s_{r+1},$
$\rightarrow s_{j+1}, \leftarrow s_{j+1}, \rightarrow s_j, Stop\}$,

$\delta = \{((100, \varepsilon), 101), ((101, \varepsilon), 102), ((102, \varepsilon), 103), ((103, \varepsilon), 104), ((104, \varepsilon), 105)$
$((105, \varepsilon), 106), ((106, \varepsilon), 107), ((107, \varepsilon), 108), ((108, \varepsilon), 109), ((109, \varepsilon), 110)$
$((110, \varepsilon), 111), ((111, \varepsilon), 112), ((112, \varepsilon), 113), ((113, 0), 114), ((113, 1), 100),$
$((114, \varepsilon), 115)\}$,

$\lambda = \{((100, \varepsilon), \leftarrow *s_{j+1}), ((101, \varepsilon), \times s_r), ((102, \varepsilon), + *s_j), ((103, \varepsilon), \rightarrow *s_j),$
$((104, \varepsilon), \leftarrow s_j), ((105, \varepsilon), + s_{r+2}), ((106, \varepsilon), \rightarrow s_j), ((107, \varepsilon), \leftarrow s_{j+1}),$
$((108, \varepsilon), + s_{r+2}), ((109, \varepsilon), \rightarrow s_{j+1}), ((110, \varepsilon), \leftarrow s_{r+1}), ((111, \varepsilon), - s_{r+2}),$
$((112, \varepsilon), \rightarrow s_{r+1}), ((113, 0), \varepsilon), ((113, 1), \varepsilon), ((114, \varepsilon), Stop)\}$.

Für den in I.3 als Beispiel dargestellten Prozeß, der einem abgeschlossenen Lauf dieses abstrakten Automaten entspricht, wird

$\zeta(l) = (101, 102, 103, 104, 105, 106, 107, 108, 109, 110, 111, 112, 113, 100, 101,$
$102, 103, 104, 105, 106, 107, 108, 109, 110, 111, 112, 113, 100, 101, 102,$
$103, 104, 105, 106, 107, 108, 109, 110, 111, 112, 113, 114, 115),$

$\eta(l) = (1, 1, 0)$,

$\alpha(l) = (\leftarrow *s_{j+1}, \times s_r, + *s_j, \rightarrow *s_j, \leftarrow s_j, + s_{r+2}, \rightarrow s_j,$
$\leftarrow s_{j+1}, + s_{r+2}, \rightarrow s_{r+1}, \leftarrow s_{j+1}, - s_{r+2}, \rightarrow s_{r+1},$
$\leftarrow *s_{j+1}, \times s_r, + *s_j, \rightarrow *s_j, \leftarrow s_j, + s_{r+2}, \rightarrow s_j,$
$\leftarrow s_{j+1}, + s_{r+2}, \rightarrow s_{j+1}, \leftarrow s_{r+1}, - s_{r+2}, \rightarrow s_{r+1},$
$\leftarrow *s_{j+1}, \times s_r, + *s_j, \rightarrow *s_j, \leftarrow s_j, + s_{r+2}, \rightarrow s_j,$
$\leftarrow s_{j+1}, + s_{r+2}, \rightarrow s_{j+1}, \leftarrow s_{r+1}, - s_{r+2}, \rightarrow s_{r+1}, Stop)$.

Ebenso können allen Programmen, die mit Befehlen der in I.3 benutzten Art gebildet werden, d. h. außer Elementaraktionen nur Sprungbefehle zu konstant festgelegten Befehlen enthalten, endliche Automaten mit passend gewählten Zustandsmengen zugeordnet werden. Jeder abgeschlossene Lauf l eines solchen Automaten stellt eine Möglichkeit für den Ablauf eines Prozesses dar.

Ob ein solcher Prozeß tatsächlich ablaufen kann, hängt von der Ausführung der im Ausgabewort $\alpha(l)$ enthaltenen Ausgabebefehle ab. Anhand dieser Befehle wird nämlich entschieden, ob vorkommende bedingte Sprungbefehle auszuführen sind, d. h., welche Eingabefolge für den konstruierten abstrakten Automaten auftritt. Es ist also nicht so, daß eine Eingabefolge η frei wählbar ist und durch sie der Ablauf bestimmt wird, sondern so, daß ein Verarbeitungsautomat anhand der einzelnen Befehle der ausgegebenen Befehlsfolge α das nächste Eingabezeichen produziert. Der die Befehlsfolge erzeugende Automat sei als *abstraktes Programm* bezeichnet. In Abb. 5 sind die vorliegenden Verhältnisse skizziert [2], [3], [5].

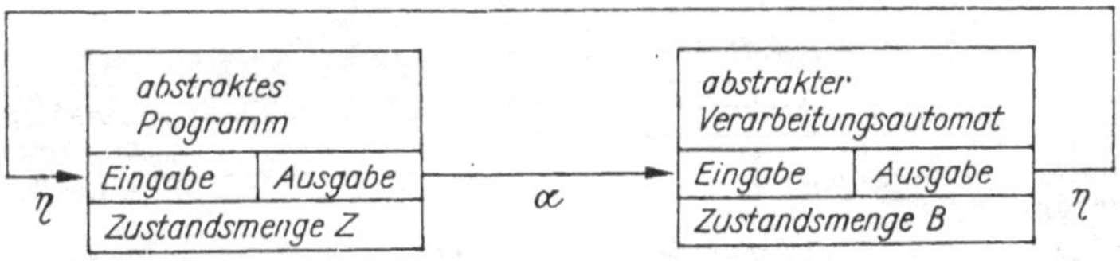

Abb. 5. Automatennetz als abstraktes Modell einer Datenverarbeitung

Ein Gebilde aus mehreren Automaten, welches so beschaffen ist, daß die Eingabe eines Automaten die Ausgabe eines anderen Automaten ist, wird als *Automatennetz* bezeichnet. Hier liegt ein Netz aus zwei Automaten vor, dem abstrakten Programm und dem abstrakten Verarbeitungsautomaten. Die Ausgabe des *Verarbeitungsautomaten* dient als Eingabe des abstrakten Programms. Dazu ist zu bemerken, daß häufig die Eingabe ε auftritt, d. h., daß die Ausgabe des Verarbeitungsautomaten nicht beachtet wird.

Um das Zusammenwirken der Automaten zu regeln, wird man festlegen, daß beide Automaten abwechselnd je einen Schritt machen. Dabei ist es zweckmäßig, in das Ausgabealphabet des abstrakten Programms einen Leerbefehl aufzunehmen, der eine Leeraktion des abstrakten Verarbeitungsautomaten bewirkt. Im Beispiel nach Abb. 4 ist dann die Ausgabe ε durch die Ausgabe *leer* (Leerbefehl) zu ersetzen.

Die Verhältnisse lassen sich besser überblicken, wenn man den Begriff der TURING-*Maschine* zu Hilfe nimmt. Eine TURING-Maschine ist ein Mechanismus, der von einem Band Zeichen liest, wozu ein "Kopf" benutzt wird. Anhand dieses gelesenen Zeichens und des Zustandes einer inneren Steuerung wird ein Nachfolgezustand bestimmt und weiter festgelegt, welches Zeichen mit Hilfe des jetzt als Schreibkopf funktionierenden Kopfes auf das Band zu schreiben ist. Außerdem wird festgelegt, ob der Kopf auf dem Band nach links oder rechts oder gar nicht zu verschieben ist. Statt eines einzigen Bandes können auch mehrere Bänder benutzt werden. Wie bei endlichen Automaten sind Startzustand und ein oder mehrere Endzustände der inneren Steuerung ausgezeichnet.

Ein endlicher Automat kann als Spezialfall einer Zweiband-TURING-Maschine angesehen werden, deren Köpfe nicht nach links bewegt werden. Man spricht wegen dieser Einschränkung der Kopfbewegung auch von *Einwegautomaten*. Um das Verhalten eines endlichen Automaten nachzubilden, wird vom ersten Band nur gelesen (Eingabeband), auf das zweite Band wird nur geschrieben (Ausgabeband).

Das in Abb. 5 dargestellte Modell einer Datenverarbeitung kann auch als Netz aus zwei Einweg-Zweiband-TURING-Maschinen betrachtet werden. Das erste Band ist Eingabeband des abstrakten Programms und Ausgabeband des abstrakten Verarbeitungsautomaten. Das zweite Band ist Ausgabeband des abstrakten Programms und Eingabeband des abstrakten Verarbeitungsautomaten (Abb. 6).

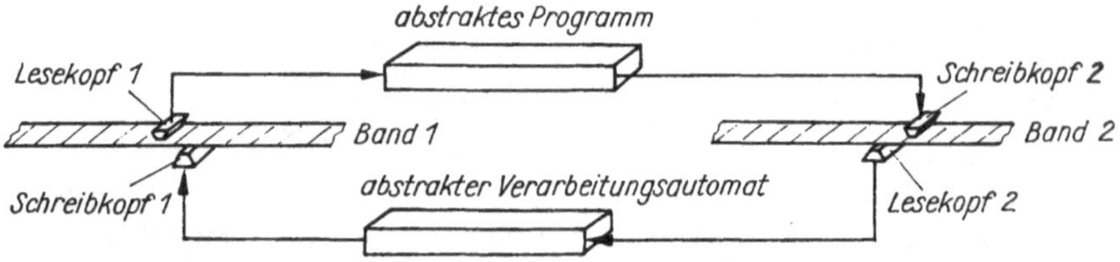

Abb. 6. Netz aus zwei TURING-Maschinen als Modell einer Datenverarbeitung

Beide Bänder werden als unendlich angesehen und seien anfangs mit speziellen Leerzeichen (␣) beschrieben. Jedes Band ist mit zwei Köpfen versehen, die jeweils als Schreibkopf und Lesekopf arbeiten. Der Schreibkopf jedes der beiden Bänder soll bei diesem Modell nie links vom Lesekopf stehen. Im Laufe der Abarbeitung entsteht auf Band 1 die Folge η, auf Band 2 die Folge α. Dabei wird angenommen, daß beide Automaten des Netzes, beginnend mit dem abstrakten Programm, jeweils abwechselnd einen Schritt ausführen.

Die Zustandsmenge des abstrakten Verarbeitungsautomaten ist die Menge B von Belegungen, die für die zu beschreibenden Datenverarbeitungsprozesse zugründegelegt wird. Die Menge ist nach I.2 die Menge aller Funktionen $N \to W$, wobei N eine Adressenmenge und W eine Wertmenge ist. Obwohl B in zur Datenverarbeitung verwendeten konkreten Automaten endlich ist, ist es häufig zweckmäßig, in abstrakten Verarbeitungsautomaten für W, oft auch für N und somit auch für B unendliche Mengen zu benutzen. In diesen Fällen ist der Verarbeitungsautomat nicht als endlicher Automat darstellbar. Es sind dann für unendliche Argumentmengen geltende Algorithmen zur Konstruktion der Ausgabe und der Zustandsüberführungen anzugeben.

Als Beispiel sei ein abstrakter Verarbeitungsautomat für die in I.2 eingeführten Befehle betrachtet. Die Wertmenge sei $W = \mathfrak{R}$ (Menge der reellen Zahlen), die Adressenmenge $N = \{s_0, \ldots, s_7\}$. Ein Zustand ist somit eine Funktion $N \to W$, d. h. ein Achttupel von Paaren (s_i, r_i) $(i = 0, .., 7;\ r_i \in \mathfrak{R})$. Ist b eine solche Funktion, so sei r_i auch wie üblich mit $b(s_i)$ bezeichnet. Die Elementaraktion

(1) $\leftarrow s_i$

veranlaßt eine Zustandsüberführung $b_1 \mapsto b_2$, die durch

(1a) $b_2(s_0) = b_1(s_i) \wedge b_2(s_j) = b_1(s_j)$ für $j = 1, \dots, 7$

beschrieben werden kann. Ebenso können die Elementaraktionen

(2) $- s_i$

durch

(2a) $b_2(s_0) = b_1(s_0) - b_1(s_i) \wedge b_2(s_j) = b_1(s_j)$ für $j = 1, \dots, 7$;

(3) $+ s_i$

durch

(3a) $b_2(s_0) = b_1(s_0) + b_1(s_i) \wedge b_2(s_j) = b_1(s_j)$ für $j = 1, \dots, 7$;

(4) $\times s_i$

durch

(4a) $b_2(s_0) = b_1(s_0) \cdot b_1(s_i) \wedge b_2(s_j) = b_1(s_j)$ für $j = 1, \dots, 7$;

(5) $\rightarrow s_i$

durch

(5a) $b_2(s_i) = b_2(s_0) = b_1(s_0) \wedge b_2(s_j) = b_1(s_j)$ für $j \neq i$

beschrieben werden. Da hierbei $b_1 \in B$ beliebig ist, wird durch (1a) bis (5a) eine unendliche Menge von Überführungsregeln dargestellt. In der oben verwendeten Schreibweise kann auch

$$\delta = \delta_1 \cup \delta_2 \cup \delta_3 \cup \delta_4 \cup \delta_5$$

$$\delta_1 = \{((\leftarrow s_i, b_1), b_2) : i \in [1, 7] \wedge b_1 \in B \wedge b_2 \in B \wedge b_2(s_0) = b_1(s_i) \wedge j \in [1, 7] \wedge b_2(s_j) = b_1(s_j)\}$$

usw.
notiert werden.

Entsprechend kann eine Ausgabefunktion λ durch

$\lambda(e, b) = 1$ für $\delta(e, b)\,(s_0) \neq 0$

$\lambda(e, b) = 0$ für $\delta(e, b)\,(s_0) = 0$

für alle $e \in E$ und für alle $b \in B$ definiert werden. Dabei ist

$$E = \{\leftarrow s_i, - s_i, + s_i, \times s_i, \rightarrow s_i : i \in [1, 7]\} .$$

Man beachte, daß $\delta(e, b)$ ein Zustand, d. h. eine Funktion aus B ist, und hiernach $\delta(e, b)\,(s_0)$ eine reelle Zahl bezeichnet. Als Ausgabemenge dient $A = \{0, 1\}$.

Der Zustand (die Belegung), den der Verarbeitungsautomat erreicht, wenn das abstrakte Programm p in einen Endzustand gelangt, ist vom Anfangszustand abhängig. Die dadurch definierte Abbildung $s(p): B \to B$ kann als *Semantik* des Programms p bezeichnet werden.

In konkreten Datenverarbeitungsanlagen wird der Anfangszustand in der Regel mit Hilfe einer Eingabe eingestellt. Darüber hinaus können Eingaben aber auch während des Programmablaufs erfolgen. In einem abstrakten Modell kann das durch Aufspaltung des Verarbeitungsautomaten in einen *Eingabeautomaten* und einen *inneren Verarbeitungsautomaten* berücksichtigt werden. Die Zustandsmenge des Eingabeautomaten besteht aus den Zuständen eines Eingabemediums, seine Ein- und Ausgabemenge umfaßt Befehle, die vom abstrakten Programm erzeugt bzw. vom inneren Verarbeitungsautomaten verarbeitet werden. In Abb. 7 ist ein entsprechendes Automatennetz dargestellt.

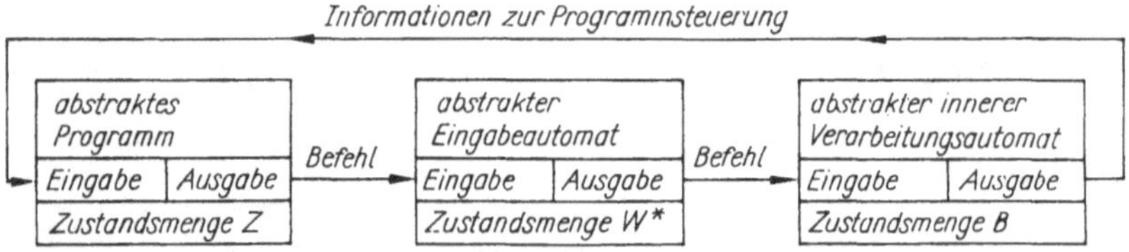

Abb. 7. Automatennetz mit Eingabeautomat

Die Zustandsmenge W^* des abstrakten Eingabeautomaten enthält alle Folgen über einer Menge W von Werten, ein Zustand ist also eine Wertfolge. Durch einen Eingabebefehl wird veranlaßt, daß der erste Wert dieser Wertfolge zum Aufbau eines Befehls für den internen Verarbeitungsautomaten benutzt wird, der die Speicherung dieses Wertes bewirkt, d. h. eine Belegung aus B entsprechend ändert. Dabei wird in der Regel dieser Wert von der Wertfolge abgetrennt, d. h., der Eingabeautomat geht in einen neuen Zustand (eine neue Wertfolge) über. Man kann sich einen solchen Zustand z. B. als den Teil eines Eingabelochstreifens vorstellen, der noch nicht gelesen wurde. Wird vom abstrakten Programm ein anderer als ein Eingabebefehl an den Eingabeautomaten gegeben, so ändert dieser seinen Zustand nicht und gibt den Befehl als Ausgabe an den internen Verarbeitungsautomaten unverändert weiter.

Benutzt man ein derartiges Modell zur abstrakten Darstellung eines Datenverarbeitungsprozesses, so kann als Anfangszustand des inneren Verarbeitungsautomaten die leere Belegung $\emptyset$ (die leere Menge) verwendet werden. Das Relustat eines Datenverarbeitungsprozesses, der durch ein abstraktes Programm p definiert ist, hängt dann nur vom Anfangszustand des Eingabeautomaten, d. h. von der Eingabefolge, ab. Hiernach ist es sinnvoll, die Semantik des abstrakten Programms p als Funktion $s'(p): W^* \to B$ darzustellen. Diese Art des Vorgehens entspricht den bei konkreten Datenverarbeitungsprozessen vorliegenden Verhältnissen. In komplizierteren Modellen können mehrere Eingabefolgen benutzt werden, dadurch entstehen jedoch keine grundlegenden Änderungen.

5. Unterprogrammtechnik und Automatensysteme

Datenverarbeitungsanlagen können meist nur relativ einfache Operationen als Elementaraktionen ausführen. Diese sind intern oft in noch einfachere Teilschritte zerlegt, bilden jedoch die kleinsten dem Nutzer der Anlage zugänglichen Einheiten. Kompliziertere Prozesse müssen durch Programme beschrieben werden.

Ein Beispiel ist die genäherte Berechnung einer Quadratwurzel in einer Rechenanlage, die über Elementaraktionen für Addition, Subtraktion, Multiplikation und Division verfügt. Ein häufig benutztes Verfahren ist das Iterationsverfahren

$$y_{i+1} = \frac{1}{2}\left(y_i + \frac{x}{y_i}\right),$$

das z. B. mit $y_0 = 1$ beginnend gegen $\sqrt{x}$ $(x \geqq 0)$ konvergiert, d. h. eine Folge $y_0, y_1, y_2, \ldots$ liefert, deren Grenzwert $\sqrt{x}$ ist. Ein Beispiel ist $x = 2$, $y_0 = 1$, $y_1 = 3/2$, $y_2 = 17/12 = 1.4166\ldots$ Daß dieses Verfahren für beliebige $x \geqq 0$ und beliebige $y_0 > 0$ konvergiert, erkennt man leicht, wenn man den relativen Fehler

$$\Delta_{i+1} = \frac{y_{i+1}}{\sqrt{x}} - 1 = \frac{1}{2}\left(\frac{y_i}{\sqrt{x}} + \frac{\sqrt{x}}{y_i}\right) - 1 = \frac{1}{2}\,\frac{\Delta_i^2}{1 + \Delta_i}$$

betrachtet, wobei $\Delta_i = y_i/\sqrt{x} - 1$ ist. Für $y_0 > 0$ gilt stets $\Delta_0 > -1$ und daher $\Delta_1 \geqq 0$. Weiter sieht man sofort, daß für $\Delta_i \geqq 0$ die Beziehungen $\Delta_{i+1} \leqq \Delta_i^2/2$ und $\Delta_{i+1} \leqq \Delta_i/2$ gelten, daher auch

$$\Delta_{i+1} \leqq Min\left(\tfrac{1}{2}\Delta_i, \tfrac{1}{2}\Delta_i^2\right).$$

Die Δ_i bilden also eine monoton fallende Folge, die quadratisch gegen 0 konvergiert. Im Bereich $0.1 \leqq x < 10$ gilt mit $y_0 = 1$, daß $\sqrt{0.1} - 1 \leqq \Delta_0 < \sqrt{10} - 1$. Hieraus folgt

$$0 \leqq \Delta_1 < 0.8\,, \quad 0 \leqq \Delta_2 < 0.18\,, \quad 0 \leqq \Delta_3 < 0.014\,, \quad 0 \leqq \Delta_4 < 0.0001\,.$$

Mit 4 Iterationsschritten wird demnach für Radikanden aus diesem Bereich mindestens eine relative Genauigkeit von 10^{-4} erreicht.

Neben den in I.2 eingeführten Elementaraktionen sei eine weitere mit $/\,s_i$ bezeichnete Elementaraktion benutzt, die die Division des Inhalts der Zelle s_0 durch den Inhalt der Zelle s_i beschreibt, um eine Befehlsfolge für die Durchführung dieser Rechnung zu notieren:

$$\begin{aligned} \leftarrow s_1, \rightarrow s_2, \leftarrow s_3, /\,s_2, + s_2, \times s_4, \rightarrow s_2\,, \\ \leftarrow s_3, /\,s_2, + s_2, \times s_4, \rightarrow s_2\,, \\ \leftarrow s_3, /\,s_2, + s_2, \times s_4, \rightarrow s_2\,, \\ \leftarrow s_3, /\,s_2, + s_2, \times s_4, \rightarrow s_2\,. \end{aligned}$$

Hierbei sei angenommen, daß vor Beginn der Rechnung x in der Zelle s_3 enthalten ist, eine 1 in der Zelle s_1 sowie $\frac{1}{2}$ in der Zelle s_4. Am Ende enthält s_2 den

Näherungswert für die Quadratwurzel. Durch Einsatz eines bedingten Sprungbefehls läßt sich die Befehlsfolge verkürzen, jedoch erhöht sich dann die Ausführungszeit durch den Organisationsaufwand.

Kommt nun in einem Programm die Quadratwurzelberechnung häufig vor, so ist nach den bisher beschriebenen Programmierungsmethoden jedesmal diese Folge von 22 Befehlen, ergänzt durch Befehle zur Speicherung des Radikanden in s_3, zu notieren. Diese aufwendige Programmierungsart kann durch eine spezielle Technik — die Unterprogrammtechnik — verbessert werden.

In der *Unterprogrammtechnik* wird eine mehrfach zu benutzende Befehlsfolge nur einmal in das Programm aufgenommen und an den Stellen, an denen sie benutzt werden soll, durch einen Sprungbefehl "aufgerufen". Die Besonderheit besteht nun darin, daß nach Abarbeitung der aufgerufenen Befehlsfolge im Programm hinter der aufrufenden Stelle fortgefahren werden soll. Das bedingt, daß am Ende dieser Befehlsfolge ein Sprungbefehl zu notieren ist, dessen Adresse variabel ist. Man bezeichnet diesen Befehl auch als *Rücksprungbefehl.*

Die in I.3 eingeführte Adressensubstitution kann dazu dienen, einen Sprungbefehl mit variabler Adresse aufzubauen. Ist die Zieladresse in der Zelle r gespeichert, so hat der Befehl $Su * r$ die gewünschte Wirkung. Durch Speicherung einer anderen Adresse in r kann das Sprungziel verändert werden.

Ist das *Unterprogramm* im Speicher von einer Zelle mit der Adresse p ab fortlaufend gespeichert, so erfolgt sein Aufruf einfach durch einen Sprungbefehl $Su\ p$. Es ist jedoch vorher dafür zu sorgen, daß in r die richtige Rücksprungadresse gespeichert wird. Nimmt man an, daß das abzuarbeitende Programm (das Hauptprogramm) fortlaufend so gespeichert ist, daß der betrachtete Aufrufbefehl in der Zelle h steht, so muß $h + 1$ Inhalt von r werden. Eine Befehlsfolge

$$h - 2 \colon = h + 1, \quad h - 1 \colon \rightarrow r, \quad h \colon Su\ p, \quad h + 1 \colon \ldots$$

kann das leisten. Hierzu ist ein neuer Befehl "$= a$" eingeführt worden, der bewirkt, daß die Adresses a selbst zum Inhalt der Speicherzelle s_0 wird. Schließlich muß noch dafür gesorgt werden, daß die aufgerufene Befehlsfolge (das Unterprogramm) notwendige Informationen zur Verarbeitung erhält. Zum Beispiel muß für das betrachtete Unterprogramm zur Berechnung der Quadratwurzel das gewünschte Argument in die Zelle s_3 gebracht werden. Wurde dieses vorher berechnet und ist Inhalt von s_0, so kann das Unterprogramm einfach durch Vorsetzen eines Befehls $\rightarrow s_3$ erweitert werden. Man bezeichnet das als *Parametervermittlung*, die allerdings für den Fall, daß mehrere Parameter zu vermitteln sind, nicht so einfach ablaufen kann. Es sei noch bemerkt, daß die Einführung von Parametern praktisch bedeutsam ist, da hierdurch bei jeder Ausführung des Unterprogramms mit anderen Werten gerechnet werden kann.

Die Unterprogrammtechnik läßt sich einfach in den Bereich der abstrakten Automaten übertragen. Zur Vorbereitung einer späteren Verwendung bei der Definition von Programmierungssprachen sei sogleich der Begriff des nichtdeterministischen Automaten zugrundegelegt. Hierbei kann auf Parameter verzichtet werden, da durch das nichtdeterministische Verhalten der Automaten bedingt ist, daß vom gleichen Zustand aus verschiedene Läufe erfolgen können.

Arbeitet ein abstrakter Automat mit der Unterprogrammtechnik, so kann die Zustandsmenge in disjunkte Teilmengen aufgeteilt werden, deren Elemente den Befehlsnummern der Unterprogramme entsprechen. Wegen dieser Aufteilung sei ein solcher Automat als *Automatensystem* bezeichnet. Ein Automatensystem ist aus einzelnen Teilsystemen zusammengesetzt, die nur dynamisch durch "Aufrufe" und "Rücksprünge" verbunden werden. In der statischen Beschreibung gibt es dagegen keine Übergänge zwischen Teilsystemen, d. h., Zustände verschiedener Teilsysteme können nicht als Argument und Wert der Überführung δ auftreten.

Im Fall nichtdeterministischer Automaten faßt man zweckmäßig die Überführung δ und die Ausgabe λ zu einer Relation γ zusammen, die als Automatenrelation bezeichnet sei. Allgemein ist eine Relation eine Menge von n-tupeln, deren einzelne Komponenten aus gegebenen Mengen stammen. Hier wird die Automatenrelation als Menge von Paaren aufgefaßt. Jedes Paar enthält ein Argument und ein Resultat, die Menge der Argumente sei mit P_1 bezeichnet, die Menge der Resultate mit P_2. Sowohl Argumente als auch Resultate sind selbst Paare. Ein Argument ist ein Paar aus einem Zustand (Quellzustand) und einem Eingabezeichen. Ein Resultat ist ein Paar aus einem Zustand (Zielzustand) und einem Ausgabezeichen. Bezeichnet wie oben Z die Menge der Zustände, E' die Menge der Eingabezeichen, erweitert um das leere Wort ε, und A' die Menge der Ausgabezeichen einschließlich des leeren Wortes, so ist $P_1 = Z \times E'$ (die Menge aller geordneten Paare mit Elementen aus Z und E') und $P_2 = Z \times A'$. Für die Automatenrelation γ gilt dann $\gamma \subseteq P_1 \times P_2 = (Z \times E') \times (Z \times A')$. Falls man die Zusammenfassung des Argumentpaares und des Resultatpaares ignoriert, kann man γ auch als Menge von Quadrupeln ansehen: $\gamma \subseteq Z \times E' \times Z \times A'$. Der Einfachheit halber sei diese Schreibweise benutzt, die ja die gleiche Information wie die Schreibweise mit Paaren enthält, wenn bekannt ist, wie die einzelnen Komponenten zusammenzufassen sind.

Zur Definition eines Automatensystems wird nun die Zustandsmenge Z in eine Anzahl m von disjunkten Teilmengen Z_i zerlegt. In jeder dieser Teilmengen ist ein Anfangszustand $s_i \in Z_i$ und eine Menge F_i von Endzuständen ausgezeichnet:

$$Z = \bigcup_{i=1}^{m} Z_i, \quad Z_i \cap Z_j = \emptyset \quad \text{für} \quad i \neq j,\ s_i \in Z_i,\ F_i \subseteq Z_i\,.$$

Ein Quadrupel der Relation hat nun eine der folgenden Formen:

$$(z_1, e, z_2, a) \quad \text{mit} \quad z_1, z_2 \in Z_j,\ z_1 \notin F_i,\ e \in E',\ a \in A'\ ,$$

$$(z_1, e, z_2, z_j) \quad \text{mit} \quad z_1, z_2 \in Z_i,\ z_1 \notin F_i,\ e \in E',\ s_j \in S \subseteq Z\,.$$

Ein Quadrupel der ersten Form beschreibt einen Übergang vom Zustand z_1, zum Zustand z_2, wenn das Eingabezeichen e vorliegt, bzw. im Falle $e = \varepsilon$ einen unbedingten Übergang. Bei diesem Übergang wird das Zeichen a bzw. bei $a = \varepsilon$

kein Zeichen ausgegeben. Ein Quadrupel der zweiten Form besagt dagegen, daß von z_1 bei Vorliegen des Eingabezeichens e (bzw. bei $e = \varepsilon$ unbedingt) ein Durchlauf durch das mit s_j beginnende Teilsystem erfolgen soll (Aufruf). Nach Erreichen eines Endzustandes dieses Teilsystems wird zum Zustand z_2 übergegangen (Rücksprung). Dabei können im Durchlauf durch das Teilsystem weitere Durchläufe durch andere oder auch das gleiche Teilsystem eingebettet sein. Sowohl Aufruf als auch Rücksprung sind nicht mit einer Ausgabe verbunden. Das Auftreten von s_j als vierte Komponente eines Quadrupels hat also nicht die Bedeutung einer Ausgabe, sondern eines Aufrufs. Die Bedingung, daß in beiden Fällen z_i kein Endzustand sein darf, wird eingeführt, damit in Endzuständen nur Rücksprünge ausgeführt werden.

Da in einem Quadrupel Quellzustand und Zielzustand stets der gleichen Zustandsmenge Z_i angehören, kann die Relation γ ebenfalls in m disjunkte Teilrelationen γ_i zerlegt werden:

$$\gamma = \bigcup_{i=1}^{m} \gamma_i, \quad \gamma_i \cap \gamma_j = \emptyset \qquad \text{für } i \neq j .$$

Jede dieser Teilrelationen kann graphisch in der Form wie in 1.4 dargestellt werden. Ein Beispiel zeigt Abb. 8. An den Kanten der Graphen ist nur die jeweilige Ausgabe notiert, die Eingabe ist stets ε.

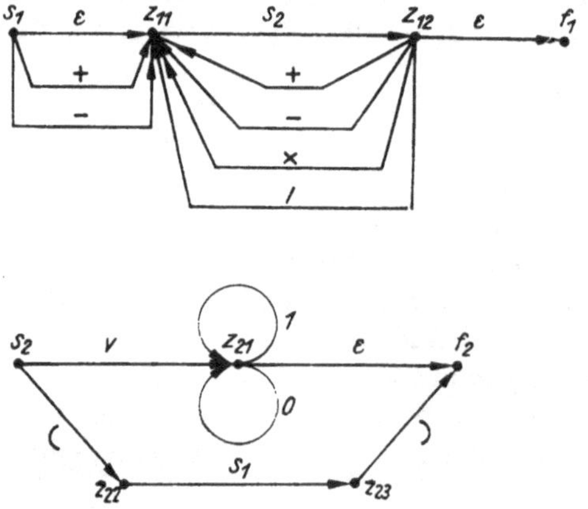

Abb. 8. Beispiel eines Automatensystems

In diesem System sind zwei Teilsysteme mit den Anfangszuständen s_1 und s_2 und den Endzuständen f_1 und f_2 enthalten. Formal können die Teilrelationen γ_1 und γ_2 in folgender Form als Mengen notiert werden:

$$\gamma_1 = \{(s_1, \varepsilon, z_{11}, +), (s_1, \varepsilon, z_{11}, -), (s_1, \varepsilon, z_{11}, \varepsilon), (z_{11}, \varepsilon, z_{12}, s_2), (z_{12}, \varepsilon, z_{11}, \times), (z_{12}, \varepsilon, z_{11}, /), (z_{12}, \varepsilon, z_{11}, +), (z_{12}, \varepsilon, z_{11}, -), (z_{12}, \varepsilon, f_1, \varepsilon)\} ,$$

$$\gamma_2 = \{(s_2, \varepsilon, z_{21}, v), (z_{21}, \varepsilon, z_{21}, 1), (z_{21}, \varepsilon, z_{21}, 0), (z_{21}, \varepsilon, f_2, \varepsilon), (s_2, \varepsilon, z_{22}, (), (z_{22}, \varepsilon, z_{23}, s_1), (z_{23}, \varepsilon, f_2,))\} .$$

Das zugrundeliegende Ausgabealphabet ist $A = \{+, -, \times, /, (,), v, 1, 0\}$, die Menge der Anfangszustände $s = \{s_1, s_2\}$. Wie in 1.4 kann man eine Folge von Quadrupeln, die aufeinanderfolgende Übergänge enthält, als Lauf bezeichnen. Dabei wird ein Quadrupel mit einem s_i als vierter Komponente durch einen ganzen Lauf durch das mit s_i beginnende Teilsystem ersetzt. Erst nach Erreichen eines zugehörigen Endzustandes erfolgt ein ausgabefreier Übergang zum Zielzustand des aufrufenden Quadrupels. In einem solchen ein Quadrupel ersetzenden Lauf können wieder zu ersetzende Quadrupel enthalten sein. Auf diese Art kann ein Lauf *rekursiv* definiert werden, daher soll ein solches System auch als rekursives System endlicher Automaten bezeichnet werden.

Ein Teilsystem sei nun als *Hauptsystem* ausgezeichnet. Ein Lauf, der mit einem Quadrupel beginnt, dessen Quellzustand der Anfangszustand des Hauptsystems ist, und mit einem Quadrupel mit einem Endzustand des Hauptsystems als Zielzustand endet, heiße abgeschlossener Lauf. Mit einem abgeschlossenen Lauf können wie in I.4 die Begriffe *Eingabewort, Zustandswort* und *Ausgabewort* für die Folgen der 2., 3. und 4. Komponenten der Quadrupel des Laufs verbunden werden. In einem nichtdeterministischen Automaten können zu einem Paar aus Quellzustand und Eingabe mehrere Paare aus Zielzustand und Ausgabe gehören. Es ist daher möglich, daß zu einem Eingabewort mehrere Läufe gehören, während im Fall eines deterministischen Automaten zu einem Eingabewort genau ein Lauf gehört.

Das in Abb. 8 dargestellte System habe das Teilsystem mit der Zustandsmenge $Z_1 = \{s_1, z_{11}, z_{12}, f_1\}$ als Hauptsystem. Da als Eingabe nur ε vorkommt, wirkt das System als Generator. Die Menge der durch abgeschlossene Läufe erzeugbaren Ausgabeworte wird als die vom System generierte *Sprache* bezeichnet. Als Beispiel seien einige Zustandsworte ζ_i und die zugehörigen Ausgabeworte α_i notiert:

$$\zeta_1 = z_{11}s_2z_{21}f_2z_{12}f_1\,,$$
$$\alpha_1 = v\,,$$
$$\zeta_2 = z_{11}s_2z_{22}s_1z_{11}s_2z_{21}z_{21}f_2z_{12}z_{11}s_2z_{21}z_{21}f_2z_{12}f_1z_{23}f_2z_{12}f_1\,,$$
$$\alpha_2 = -\,(\,v\,1 + v\,0\,)\,,$$
$$\zeta_2 = z_{11}s_2z_{21}f_2z_{12}z_{11}s_2z_{21}z_{21}f_2z_{12}f_1\,,$$
$$\alpha_3 = -\,v\,/\,v\,0\,.$$

Da die in den Teilsystemen enthaltenen Zyklen beliebig häufig durchlaufen werden können und außerdem beliebig oft verschachtelte Aufrufe der Teilsysteme auftreten können, ist die Menge der abgeschlossenen Läufe unendlich und ebenso die erzeugte Sprache. Diese Sprache enthält alle in der üblichen Notation mit Variablen *vd* (*d* steht für eine Dualzahl) bildbaren arithmetischen Ausdrücke.

In diesem Zusammenhang sei kurz der Begriff *Variable* erörtert, der für das Verständnis späterer Ausführungen gebraucht wird. Eine Variable ist ein Name (eine gewissen Regeln genügende Zeichenfolge aus Zeichen eines gegebenen

Alphabets), der als Argument in einer Belegungsfunktion auftreten kann. Der Wert der Belegungsfunktion zu diesem Argument heißt dann kurz *Wert* der Variablen.

Abschließend sei noch die formale Definition eines rekursiven Systems endlicher Automaten notiert. Ein solches System ist ein Achttupel

$$\mathfrak{S} = \langle Z, E, A; \pi, \varphi, \gamma, S, s_1 \rangle ,$$

wobei Z (Zustandsmenge), S (Menge der Anfangszustände), E (Eingabealphabet) und A (Ausgabealphabet) endliche Mengen sind, für die $S \subseteq Z$, $Z \cap E = \emptyset$ und $Z \cap A = \emptyset$ gilt. π ist eine Funktion $S \to \mathfrak{P}(Z)$, die die Einteilung von Z in Zustandsmengen der Teilsysteme beschreibt. Hierbei ist $\mathfrak{P}(Z)$ die Potenzmenge zu Z, d. h. die Menge aller Teilmengen von Z. Durch π wird jedem $s_i \in S$ die Menge Z_i der Zustände des i-ten Teilsystems zugeordnet. Dabei ist offensichtlich die Erfüllung der Bedingungen $s_i \in \pi(s_i)$ und $\pi(s_i) \cap \pi(s_j) = \emptyset$ für $s_i \neq s_j$ zu fordern. Weiter soll $\varphi: S \to \mathfrak{P}(Z)$ die Funktion sein, die jedem $s_i \in S$ die Menge der zugehörigen Endzustände zuordnet, daher ist $\varphi(s_i) \subseteq \pi(s_i)$ zu fordern. Schließlich ist γ die Automatenrelation, die ebenfalls gewissen Bedingungen genügen muß: $\gamma \subseteq Z \times E' \times Z \times A''$ mit $E' = E \cup \{\varepsilon\}$, $A'' = A \cup \{\varepsilon\} \cup S$ und den Bedingungen, daß aus $q \in \gamma$ folgt, daß $q^{(1)} \notin \varphi(s_i)$ für alle $s_i \in S$, und daß aus $q \in \gamma$ und $q^{(1)} \in \pi(s_i)$ auch $q^{(3)} \in \pi(s_i)$ folgt. Diese beiden Bedingungen besagen, daß kein Endzustand ein Quellzustand sein darf und daß in γ nur Quadrupel enthalten sein dürfen, deren Quell- und Zielzustand jeweils in der gleichen Teilmenge $\pi(s_i)$ enthalten sind. Im Beispiel von Abb. 8 ist $\pi(s_1) = \{s_1, z_{11}, z_{12}, f_1\}$, $\varphi(s_1) = \{f_1\}$, $\pi(s_2) = \{s_2, z_{21}, z_{22}, z_{23}, f_2\}$, $\varphi(s_2) = \{f_2\}$.

6. Kellerautomaten

Die programmtechnische Realisierung eines Unterprogrammaufrufs geschieht in der Praxis der Datenverarbeitung meist mit Hilfe eines sogenannten Kellerspeichers. Dieser Kellerspeicher – im folgenden kurz als *Keller* bezeichnet – nimmt bei Aufruf eines Unterprogramms die für den Rücksprungbefehl nötige Adresse und evtl. weitere Informationen auf. Die Kellertechnik ist dann erforderlich, wenn ein Unterprogramm *rekursiv* aufgerufen wird, d. h. vor Erreichen des Unterprogrammendes direkt oder indirekt über weitere Unterprogramme erneut aufgerufen wird. Es muß nämlich bei jedem Rücksprung die Adresse des Nachfolgebefehls für den letzten Aufruf verfügbar sein, wobei aber die vorhergehenden Rücksprungadressen nicht verloren gehen dürfen.

Die Kellertechnik läßt sich einfach am Beispiel der rekursiven Berechnung der Fakultät erläutern. Es gilt $n! = n \cdot (n - 1)!$, d. h., die Berechnung von $n!$ wird auf die von $(n - 1)!$ zurückgeführt. Nimmt man an, daß ein Unterprogramm zur Ausführung dieser Multiplikation vorhanden ist, so muß dieses Unterprogramm sowohl n als auch $(n - 1)!$ benutzen. Die erste Größe (n) kann beim Aufruf als Parameter vermittelt werden, die zweite kann als Resultat des Aufrufs des gleichen Unterprogramms (jedoch mit dem Parameter $n - 1$) erhalten werden. Da die Multiplikation erst ausgeführt werden kann, wenn beide Faktoren vorhanden sind, muß nach Berechnung von $(n - 1)!$ in das Unterprogramm zurückgegangen werden, um $n \cdot (n - 1)!$ zu bilden. Abschließend wird dann zum Nachfolgebefehl des ersten Aufrufs zurückgegangen.

Die Berechnung von $(n - 1)!$ verläuft nun in der gleichen Weise als $(n - 1) \times (n - 2)!$. Wird so fortgefahren, ist schließlich einmal $1! = 1$ zu berechnen, wozu keine Rekursion mehr ausgeführt wird, d. h. nicht auf $0!$ zurückgegriffen wird. Jedesmal ist nun die Rücksprungadresse und zusätzlich der Parameter zu merken. Ist $1!$ berechnet, werden alle diese Informationen in der umgekehrten Reihenfolge abgearbeitet, also $2 \cdot 1!$, $3 \cdot 2!$, ... berechnet. In der Kellertechnik bedeutet das, daß Informationen "übereinander abgelegt" werden und "von oben beginnend" wieder abgeholt werden. Die Berechnung von z. B. $4!$ verläuft also nach folgendem Schema:

$4! = 4 \cdot 3!$

$\qquad 3! = 3 \cdot 2!$

$\qquad\qquad 2! = 2 \cdot 1!$

$\qquad\qquad\qquad 1! = 1$

$\qquad\qquad 2! = 2 \cdot 1 = 2$

$\qquad 3! = 3 \cdot 2 = 6$

$4! = 4 \cdot 6 = 24$

Die einzelnen Spalten des Schemas entsprechen den Unterprogrammaufrufen. Die Nummer der Spalte, in der jeweils operiert wird, kann man als aktuelle Kellertiefe bezeichnen, sie ist hier maximal 4. Im Keller sind außer den Rücksprungadressen noch die Parameter 4, bzw. 3, 2 und 1 zu speichern (oder Informationen, die einen Zugriff zu diesen Parametern erlauben).

Ein rekursives System endlicher Automaten kann nun durch einen *Einweg-Kellerautomaten* ersetzt werden, der Läufe mit gleichen Ein- und Ausgabeworten wie das System produziert. Ein solcher Einweg-Kellerautomat entsteht aus den in 1.4 erwähnten Einwegautomaten durch Hinzufügen eines dritten Bandes, des Kellerbandes. Der Automat ist also eine Dreiband-Turing-Maschine. Von Band 1 wird nur gelesen, auf Band 2 wird nur geschrieben und auf beiden Bändern werden die Köpfe nicht nach links verschoben. Band 3 ist das *Kellerband*, auf das mit Rechtsverschiebung des Kopfes geschrieben wird, das Lesen ist dagegen stets mit einer Linksverschiebung und dem Schreiben eines Leerzeichens (␣) gekoppelt. Die benutzte Zustandsmenge ist die des nachzubildenden Automatensystems, ergänzt durch einige Hilfszustände. Auf das Kellerband werden nur Anfangszustände und Leerzeichen geschrieben. Ist das Automatensystem nichtdeterministisch, so ist es auch dieser Kellerautomat, d. h., zur gleichen Konstellation von Zustand und Eingabe können mehrere Übergänge gehören. Ein solcher Übergang kann formal durch ein Achttupel geschrieben werden, das aus folgenden Komponenten $h^{(i)}$ besteht:

$h^{(1)}$: Quellzustand.

$h^{(2)}$: Nummer des Eingabebandes,

$h^{(3)}$: Eingabezeichen, das bei Auftreten auf dem Eingabeband Auswahl des Überganges veranlaßt,

$h^{(4)}$: Zielzustand,

$h^{(5)}$: Nummer des Ausgabebandes,

$h^{(6)}$: Ausgabezeichen, das bei Ausführung des Überganges auf das Ausgabeband geschrieben wird.

$h^{(7)}$: Verschiebung des Kopfes auf dem Eingabeband nach Ausführung des Überganges (**l** = nach links, **r** = nach rechts, **0** = keine Verschiebung).

$h^{(8)}$: Entsprechende Verschiebung des Kopfes auf dem Ausgabeband nach Ausführung des Überganges.

Wird statt eines Eingabezeichens ε notiert, so kann der Übergang unabhängig von den auf den Bändern stehenden Zeichen gewählt werden. Entsprechend bedeutet ε in $h^{(6)}$, daß kein Zeichen auf ein Ausgabeband geschrieben wird. Stimmen Eingabeband und Ausgabeband überein, so müssen auch $h^{(7)}$ und $h^{(8)}$ übereinstimmen, da dann nur eine Verschiebung erfolgen darf. Eine Menge derartiger Achttupel bildet unter Beachtung der oben erwähnten Einschränkungen eine Automatenrelation zur Beschreibung eines Kellerautomaten.

Das Automatensystem von Abb. 8 aus I.5 kann z. B. durch einen Kellerautomaten nachgebildet werden, der durch die folgende Automatenrelation beschrieben wird:

$$\begin{aligned}\gamma = \{&(s_1, 1, \varepsilon, z_{11}, 2, +, \mathbf{0}, \mathbf{r}), (s_1, 1, \varepsilon, z_{11}, 2, -, \mathbf{0}, \mathbf{r}), (s_1, 1, \varepsilon, z_{11}, 2, \varepsilon, \mathbf{0}, \mathbf{0}),\\ &(z_{11}, 1, \varepsilon, s_2, 3, z_{12}, \mathbf{0}, \mathbf{r}), (z_{12}, 1, \varepsilon, z_{11}, 2, \times, \mathbf{0}, \mathbf{r}), (z_{12}, 1, \varepsilon, z_{11}, 2, /, \mathbf{0}, \mathbf{r}),\\ &(z_{12}, 1, \varepsilon, z_{11}, 2, +, \mathbf{0}, \mathbf{r}), (z_{12}, 1, \varepsilon, z_{11}, 2, -, \mathbf{0}, \mathbf{r}), (z_{12}, 1, \varepsilon, f_1, 2, \varepsilon, \mathbf{0}, \mathbf{0}),\\ &(f_1, 1, \varepsilon, f_0, 3, \varepsilon, \mathbf{0}, \mathbf{l}), (s_2, 1, \varepsilon, z_{21}, 2, v, \mathbf{0}, \mathbf{r}), (s_2, 1, \varepsilon, z_{22}, 2, (, \mathbf{0}, \mathbf{r}),\\ &(z_{21}, 1, \varepsilon, z_{21}, 2, 1, \mathbf{0}, \mathbf{r}), (z_{21}, 1, \varepsilon, z_{21}, 2, 0, \mathbf{0}, \mathbf{r}), (z_{21}, 1, \varepsilon, f_2, 2, \varepsilon, \mathbf{0}, \mathbf{0}),\\ &(z_{22}, 1, \varepsilon, s_1, 3, z_{23}, \mathbf{0}, \mathbf{r}), (z_{23}, 1, \varepsilon, f_2, 2,), \mathbf{0}, \mathbf{r}), (f_2, 1, \varepsilon, f_0, 3, \varepsilon, \mathbf{0}, \mathbf{l})\} \cup H\,.\end{aligned}$$

Dabei ist H ein Teil von γ, der alle Übergänge vom Hilfszustand f_0 aus zusammenfaßt. Diese Übergänge bilden die Rücksprünge. Ein solcher Rücksprung wird so ausgeführt, daß zunächst der Kopf von Band 3 (ohne Lesen) nach links verschoben wird. Er zeigt dann auf einen Rücksprungzustand oder auf ein Leerzeichen $\sqcup$, falls das Ende eines abgeschlossenen Laufes erreicht ist, wo kein Rücksprung mehr möglich ist. Ist $z \in Z$ der auf Band 3 stehende Rücksprungzustand, so wird dieser der Zielzustand eines f_0 als Quellzustand enthaltenden Achttupels. Steht $\sqcup$ auf Band 3, so wird zum Endzustand f des Kellerautomaten übergegangen. Da die anfängliche Linksverschiebung durch die bereits notierten Übergänge $(f_1, 1, \varepsilon, f_0, 3, \varepsilon, 0, 1)$ bzw. $(f_2, 1, \varepsilon, f_0, 3, \varepsilon, 0, 1)$ beschrieben wird, braucht diese in H nicht berücksichtigt zu werden. H kann also in folgender Form geschrieben werden:

$$H = \{h: h = (f_0, 3, z, z, 3, \sqcup, 0, 0) \text{ für alle } z \in Z - S\}$$
$$\cup \{(f_0, 3, \sqcup, f, 3, \sqcup, 0, 0)\} .$$

Im vorliegenden Fall enthält H sechs Achttupel, es ist

$$H = \{(f_0, 3, z_{11}, z_{11}, 3, \sqcup, 0, 0), (f_0, 3, z_{12}, z_{12}, 3, \sqcup, 0, 0),$$
$$(f_0, 3, z_{21}, z_{21}, 3, \sqcup, 0, 0), (f_0, 3, z_{22}, z_{22}, 3, \sqcup, 0, 0),$$
$$(f_0, 3, z_{23}, z_{23}, 3, \sqcup, 0, 0), (f_0, 3, \sqcup, f, 3, \sqcup, 0, 0)\} .$$

Allerdings treten hier zur z_{12} und z_{23} als Rücksprungzustände auf. Vier der angegebenen Achttupel werden daher nie benutzt und könnten weggelassen werden.

Ein abgeschlossener Lauf eines solchen Einweg-Kellerautomaten beginnt im Anfangszustand (hier s_1) und endet im Endzustand f. Band 2 enthält danach das erzeugte Ausgabewort. Notiert man z. B. das dem in I.5 angegebenen Zustandswort ζ_1 hier entsprechende Zustandswort ζ_1' als Folge von Zielzuständen, ergibt sich $\zeta_1' = z_{11}s_2z_{21}f_2f_0z_{12}f_1f_0f$ und als Ausgabewort auf Band 2 wieder $\alpha_1' = v$.

Um ein abstraktes Modell eines die Unterprogrammtechnik benutzenden Datenverarbeitungsprozesses aufzubauen, kann als abstraktes Programm ein rekursives System endlicher Automaten nach I.5 oder ein Kellerautomat benutzt werden. Dabei kann die Parametervermittlung im abstrakten Verarbeitungsautomaten erfolgen, wenn entsprechende Befehle vorgesehen werden. Schließlich sei noch erwähnt, daß die Eingabe des abstrakten Programms, d. h. die Ausgabe des Verarbeitungsautomaten, so gestaltet werden kann, daß Zielzustände vom Verarbeitungsautomaten berechnet und ausgegeben werden. Ein derartiges Modell ist zur Darstellung der üblichen Datenverarbeitungsprozesse, die ohne Abänderung des wesentlichen Inhalts von Befehlen ablaufen, gut geeignet.

7. Programmierungssprachen

Wie in I.3 ausgeführt wurde, ist ein Programm eine Beschreibung eines Datenverarbeitungsprozesses. Äußerlich betrachtet hat ein Programm die Form einer Zeichenfolge, deren Bestandteile Befehle sind, die einzelne Elementaraktionen beschreiben. Dabei ist es üblich, daß verschiedenen Elementaraktionen auch verschiedene Befehle entsprechen. Zumindest muß die zu einem Befehl gehörende Elementaraktion (seine Bedeutung) eindeutig feststellbar sein. Eine Menge aller Zeichenfolgen, die auf Grund festgelegter Regeln Programme darstellen, heißt *Programmierungssprache.* Verschiedene Programmierungssprachen unterscheiden sich durch ihre Regelmengen.

Die einfachsten Regeln sind so gebaut, daß jeder Elementaraktion ein Befehl (ein Code) umkehrbar eindeutig zugeordnet wird und gegebenenfalls weitere Befehle für die Beschreibung gewisser Steuerungsvorgänge eingeführt werden. In dieser Art wurde in I.3 vorgegangen. Insgesamt muß ein Programm alle Informationen enthalten, die zur Beschreibung eines abstrakten Programms gebraucht werden, d. h., die Automatenrelation bzw. die Überführungsfunktion und die Ausgabefunktion des abstrakten Programms müssen sich aus der notierten Zeichenfolge eindeutig herleiten lassen. Wenn ein Programm aus voneinander unabhängigen Einzelbestandteilen (Befehlen) zusammengesetzt ist, die jeweils einen oder mehrere aufeinanderfolgende Übergänge aus der Automatenrelation eines abstrakten Programms vollständig beschreiben, so soll ein solches Programm als *Maschinenprogramm* bezeichnet werden. Dabei heißen Übergänge aufeinanderfolgend, wenn sie in einem Lauf aufeinander folgen können.

Macshinenprogramme haben den Nachteil, daß die Schreibweise im allgemeinen stark von der üblichen Beschreibung von Datenverarbeitungsprozessen verschieden ist, die z. B. bei arithmetischen Rechnungen in der mathematischen Formelsprache mit umgangssprachlichen Zusätzen oder in vielen Fällen überhaupt umgangssprachlich erfolgt. Um eine Angleichung zwischen diesen Formulierungen und auf Automaten bezogenen Maschinenprogrammen zu erreichen, wurden *problemorientierte* Programmierungssprachen eingeführt. In diesen Sprachen wird für die Beschreibung arithmetischer Rechnungen im allgemeinen die übliche Formelschreibweise verwendet. Für die Organisation von Rechnungen, z. B. die Wiederholung gewisser Abschnitte mit geänderten Daten, werden spezielle Ausdrucksformen eingeführt. In einem Maschinenprogramm entsprechen dem im allgemeinen mehrere an voneinander getrennten Stellen stehende Gruppen von Befehlen.

Ein weiterer Nachteil von Maschinenprogrammen ist, daß meistens die Befehle als Ziffernfolgen codiert zu notieren sind. Ein Teil einer solchen Ziffernfolge entspricht üblicherweise dem Operationsteil, ein anderer dem Adressenteil. Der Operationsteil gibt an, in welche Klasse eine auszuführende Elementaraktion gehört (z. B. Addition). Der Adressenteil gibt dagegen an, mit welchen Operanden diese Elementaraktion durchzuführen ist (bei Addition z. B. Angabe der Speicherplätze zu addierender Zahlen).

In problemorientierten Sprachen können die Operanden als Namen notiert werden, die mit den problemüblichen Bezeichnungen übereinstimmen oder ihnen ähnlich sind. Das kann auch bei Maschinenprogrammen (im oben erwähnten Sinne) geschehen. Man spricht dann häufig von Assemblerprogrammen und *Assemblersprachen* oder auch von symbolischen Programmen, bei denen die numerischen Befehlscodes (Ziffernfolgen) durch mnemotechnisch geeignete Abkürzungen ersetzt werden. In diesem Sinne sind die in I.3 und I.4 notierten Programme Assemblerprogramme.

Problemorientierte Programme haben nun gegenüber Assemblerprogrammen die Eigenschaft, *hierarchisch* gegliedert zu sein. Das besagt, daß gewisse Einheiten niedrigerer Stufen zu Einheiten höherer Stufen zusammengefaßt werden können. Das gilt sowohl für Aktionen, die sich schließlich aus Elementaraktionen zusammensetzen, als auch für Daten, die als Objekte der Aktionen fungieren.

Eine hierarchische Gliederung von Daten bedeutet eine Strukturierung der Menge W von Werten. Eine solche Strukturierung ist dadurch gegeben, daß ein Wert $w \in W$ mit gewissen Eigenschaften versehen ist, die eine Klasseneinteilung von W bewirken. Ein Wert muß nicht unbedingt nur einer Klasse angehören, jedoch soll jeder Wert einer Klasse angehören. Ist z. B. W die Menge der reellen Zahlen, so kann man die Eigenschaft **real** für alle Elemente der Menge und die Eigenschaft **integer** für die ganzen Zahlen einführen.

Im allgemeinen werden bei Datenverarbeitungsprozessen vielerlei Werte benutzt. Neben Zahlen treten die Wahrheitswerte "wahr" und "falsch" — oft durch **true** und **false** bezeichnet — auf. Zeichenfolgen, Vektoren, Matrizen und höherdimensionale Zusammenstellungen (Felder) aus gleichartigen Werten sowie Zusammenstellungen ungleichartiger Werte werden ebenfalls benutzt. Auch Prozeduren und Hinweise auf Daten (Adressen) kommen als Werte vor.

Mit Werten können nun Elementaraktionen zur Erzeugung dieser Werte verbunden werden, man kann z. B. der Notation "1" eine Elementaraktion zur Erzeugung der ganzen Zahl 1 zuordnen. Neben diesen eindeutig bestimmten Elementaraktionen treten auch unbestimmte Elementaraktionen auf, z. B. in der Programmierunggssprache ALGOL 68 eine mit "**loc real**" bezeichnete Elementaraktion, die eine Adresse erzeugt, von der nur bekannt ist, daß sie auf eine beliebige reelle Zahl verweist.

Eine sehr häufig verwendete Programmierungssprache ist die Sprache ALGOL 60. In ihr kann das in I.3 angegebene Programm zur Bildung von $a_k + q \cdot a_k$ und Überspeicherung von a_k mit diesem Resultat für $k = 1, \ldots, n$ durch die Anweisung

$$\textbf{for } k := 1 \textbf{ step } 1 \textbf{ until } n \textbf{ do } a[k] := a[k] + q \times b[k] \ ;$$

ausgedrückt werden. Eine Auflösung dieser Anweisung muß zu einem abstrakten Programm führen, das zu dem in I.4 angegebenen abstrakten Programm äquivalent ist, wobei der Begriff "Äquivalenz" hier nur intuitiv gebraucht wird. Eine solche Anweisung gilt jedoch in ALGOL 60 nicht als Programm, da sie unvollständig ist. Wie in I.3 erwähnt, hängt ja das Resultat von der wählbaren Anfangsbelegung ab, deren Festlegung in der Programmierungssprache auszudrücken ist. Darüber hinaus ist es in den meisten Programmierungssprachen erforderlich, anzugeben, mit welchen Werten einzelne Bezeichnungen belegt werden dürfen. Derartige Angaben werden auch als *Deklarationen* bezeichnet.

Soll im betrachteten Beispiel die Anfangsbelegung durch Eingabe erzeugt werden, so entsteht bei Einbeziehung der erforderlichen Deklarationen folgendes vollständige ALGOL-60-Programm:

```
begin integer n; inreal (1, n);
  begin array a, b[1:n]; integer k;
    inarray (1, a); inarray (1, b); inreal (1, q);
    for k := 1 step 1 until n do a[k] := a[k] + q × b[k];
    outarray (2, a)
end end
```

In dem dadurch dargestellten Datenverarbeitungsprozeß werden über einen Eingabekanal 1 durch *inreal* und *inarray* gesteuert die Anfangswerte eingelesen, der Resultatvektor wird über einen Ausgabekanal 2 ausgegeben. Das Beispiel illustriert den Hauptzweck von Programmierungssprachen, gut lesbare und übersichtliche Programmdarstellungen zu ermöglichen.

Auf der Sprache ALGOL 60 bauen zwei Sprachen mit erweiterten Ausdrucksmöglichkeiten auf, die Sprachen Pascal und ALGOL 68. Sie wurden entwickelt, um für größere Problemklassen als die Klasse der arithmetischen Rechnungen, für die ALGOL 60 gut geeignet ist, passende Ausdrucksformen zu finden.

II. Die Programmierungssprache Pascal

1. Grunddaten

Die Programmierungssprache Pascal [7] dient zur Beschreibung von Datenverarbeitungsprozessen, deren elementare Daten aus den folgenden Grundmengen stammen:

(1) Der Menge **R** der "reellen Zahlen",

(2) der Menge **I** der "ganzen Zahlen",

(3) der Menge **B** der Wahrheitswerte, $\mathbf{B} = \{\mathit{false}, \mathit{true}\}$,

(4) einer Menge **C** von Zeichen, die im allgemeinen maschinenabhängig definiert ist,

(5) einer Menge **A** von Zeichenfolgen, die durch $\mathbf{A} = \mathbf{C}^n$ gegeben ist, d. h., jedes Element aus **A** ist eine Zeichenfolge aus n Zeichen von **C**, wobei n maschinenabhängig definiert ist.

Daten aus diesen Grundmengen können in jedem Programm, das in Pascal geschrieben ist, beliebig verwendet werden. Darüber hinaus ist es möglich, in solchen Pascal-Programmen zusätzliche Wertmengen zu definieren und zu bezeichnen. Die Elemente dieser Wertmengen sind Namen, die nur eingeschränkt Verwendung finden. Hiernach sind zu den Grundmengen hinzuzufügen:

(6) Beliebige endliche Mengen von Namen.

Weiter ist es in Pascal möglich, Hinweise auf andere Daten zu benutzen. Ihnen entspricht bei maschineller Realisierung mit den üblichen Rechenanlagen das Arbeiten mit Adressen. Die entsprechende Grundmenge sei als

(7) Menge **P** von Hinweisen

bezeichnet.

Mit den Elementen der einzelnen Mengen sind Elementaraktionen verbunden, die zur Erzeugung dieser Elemente dienen. Während in konkreten Datenverarbeitungsanlagen in der Regel so vorgegangen wird, daß diese Elemente — auch als *Konstante* bezeichnet — in Speicherzellen gespeichert werden und über deren Adressen zugänglich sind, werden in Programmierungssprachen die Konstanten direkt bezeichnet. Jede solche Konstantenbezeichnung fassen wir als Beschreibung einer Elementaraktion auf, die in einem Verarbeitungsautomaten eine entsprechende Belegung eines Argumentes der Belegungsfunktion, d. h. eine Speicherung des Wertes der Konstanten in einem Register, veranlaßt. Es können allerdings auch mehrere Elementaraktionen mit der gleichen Konstantenbezeichnung verbunden sein, da eventuell in Abhängigkeit vom Kontext verschiedene Argumente (verschiedene Register) benutzt werden. Das hängt jedoch vom verwendeten abstrakten Modell ab, man kann sich bei genügender Abstraktion auf eine erzeugende Elementaraktion je Konstante beschränken.

Es ist weiter im allgemeinen so, daß gewisse Konstante mehrere Darstellungen haben, d. h., daß eine werterzeugende Elementaraktion in einer Programmierungssprache eventuell auf verschiedene Weisen beschrieben werden kann. So bezeichnen z. B. in Pascal die Darstellungen "1.0", "0.1e1", "1e0", "10e−1" sämtlich die reelle Zahl 1. Die Darstellung "1" bezeichnet ebenfalls diese Zahl, jedoch wird sie in die Menge **I** eingeordnet, während die erste Zahl in die Menge **R** eingeordnet wird. Die Unterscheidung zwischen "ganzen" und "reellen" ganzen Zahlen ist darauf zurückzuführen, daß in den meisten Datenverarbeitungsanlagen zwei physikalisch verschiedene Arten der Zahlendarstellung benutzt werden, die *Gleitpunktdarstellung* und die *Festpunktdarstellung*. Operationen mit Gleitpunktzahlen können wegen der beschränkten Stellenzahl der Darstellung zu anderen Resultaten führen als die entsprechenden Operationen mit Festpunktzahlen. Diese verschiedenen Eigenschaften der beiden "Zahlenarten" (d. h. der pnysikalisch verwendeten Zahlendarstellungen) werden nun häufig in Programmierungssprachen übernommen und bewirken die Einführung von zwei in diesem Sinne disjunkten Mengen, hier der Mengen **R** und **I**. Bei einer Interpretation in einem abstrakten Modell kann **R** durch die Menge der (abstrakten) reellen Zahlen ersetzt werden und **I** durch die Menge der (abstrakten) ganzen Zahlen. Dieses Modell muß aber dann mit unendlichen Mengen arbeiten und ist nicht konkret realisierbar. Hier soll ein solches Modell benutzt werden, um die Wirkung von Pascalprogrammen abstrakt zu beschreiben, in ihm werden **R** und **I** als disjunkt angesehen. Bei jeder Realisierung wird **R** auf eine endliche Teilmenge eingeschränkt, z. B. eine Menge rationaler Zahlen, die sämtlich ganzzahlige Vielfache eines 10^{-N} mit maschinenabhängigem N sind.

Wie aus den oben angeführten Beispielen bereits ersichtlich ist, werden nichtnegative Zahlen (d. h. Zahlenwerte erzeugende Elementaraktionen) in Pascalprogrammen in einer Form dargestellt, die der in der Arithmetik üblichen Schreibweise entspricht. Man kann dabei ganze Zahlen, Festpunktzahlen und Gleitpunktzahlen unterscheiden. Wenn i und j natürliche Zahlen darstellen, d. h. Folgen von Ziffern sind, so ist $i.j$ eine Festpunktzahl. Ist z die Darstellung einer natürlichen Zahl oder einer Festpunktzahl, so sind zei, $ze{+}i$, $ze{-}i$ Darstellungen von Gleitpunktzahlen.

Hat i die Form $d_k d_{k-1} \cdots d_0$, wobei jedes der d_r eine Ziffer zwischen 0 und 9 ist, dann ist die dargestellte Zahl $\sum_{r=0}^{k} d_r \cdot 10^r$. Eine Darstellung $i.j$ der Form $d_k \cdots d_0.d_{-1} \cdots d_{-s}$ stellt ebenso die Zahl $\sum_{r=-s}^{k} d_r \cdot 10^r$ dar. Schließlich bezeichnen zei und $ze{+}i$ eine Zahl $\sum_{r=-s}^{k} d_r \cdot 10^{r+i}$ sowie $ze{-}i$ eine Zahl $\sum_{r=-s}^{k} d_r \cdot 10^{r-i}$, wenn z die soeben betrachtete Form $i.j$ oder die Form i hat (dann ist $s = 0$).

Die soeben verbal angegebene Schreibweise für Zahlen kann mit Hilfe eines endlichen Automaten formalisiert werden, d. h., es kann ein endlicher nichtdeterministischer Automat angegeben werden, der die Menge aller Zahlendarstellungen durch Ausgabeworte generieren kann. Abb. 9 zeigt einen solchen Automaten. Dabei wird zur Vereinfachung der Darstellung nur eine Kante mit der Ausgabe **D** an Stelle von 10 Kanten mit den Ausgaben 0, ... , 9 gezeichnet. **D** soll also die Menge der Ziffern 0, ... , 9 darstellen. Eine Kante mit der Ausgabe **D** wird als Ausgabe eines der Zeichen aus der Menge **D** interpretiert. Der Startzustand des Automaten ist s_{Zahl}, die Menge der Endzustände ist $\{f_{Zahl}\}$. Die Eingabe ist stets ε, in Abb. 9 sind daher keine Eingabezeichen notiert.[1])

Um Elementaraktionen zur Erzeugung von Wahrheitswerten zu beschreiben oder kürzer ausgedrückt, um Wahrheitswerte darzustellen, wird *false* oder *true* notiert.

Die Menge **C** von Zeichen ist – wie bereits erwähnt – maschinenabhängig gegeben. In [7] ist folgende Menge **C** angegeben:

C = {eol, A, B, C, D, E, F, G, H, I, J, K, L, M, N, O, P, Q, R, S, T, U, V, W, X, Y, Z, 0, 1, 2, 3, 4, 5, 6, 7, 8, 9, +, −, *, /, (,), $, ⊔, ,, ., ′, [,], :, ≠, {, ∨, ∧, ↑, }, <, >, ≦, ≧, ¬, ;}.

Um ein Element aus **C** in Pascal darzustellen, wird es in Apostrophe eingeschlossen notiert, Beispiele sind 'A', '{', '''. Um Elemente der Menge **A** darzustellen, werden n Zeichen in Apostrophe eingeschlossen notiert, mit $n = 8$ z. B. 'PASCAL⊔⊔', ''BEGIN'⊔', '8–TUPEL–'.
Jede dieser Notationen beschreibt wieder eine Elementaraktion zur Erzeugung eines Wertes, d. h. eines Zeichens bzw. einer Zeichenfolge.

Zur Einführung weiterer Werte werden Namen benutzt. Ein Name ist eine Zeichenfolge, die mit einem Buchstaben beginnt und nur Buchstaben oder Ziffern enthält. Welche Namen in einer Menge zusammenzufassen sind, ist in einem Pascalprogramm zu beschreiben. Derartige Konstruktionen werden auch als *Typdefinitionen* bezeichnet, es wird dabei eine Bezeichnung für eine Menge eingeführt. Die Form einer solchen Typdefinition läßt sich wieder mit Hilfe eines endlichen Automaten angeben, jedoch ist die Darstellung durch ein Automatensystem übersichtlicher.

In Abb. 10 sind die Anfangszustände der Teilsysteme mit s_{Name}, $s_{Namenmenge}$ bzw. s_{TD1} bezeichnet, die zugehörigen Endzustände sind mit f_{Name}, $f_{Namenmenge}$ bzw. f_{TD1} bezeichnet. Die Angaben **L** bzw. **D** bezeichnen die Ausgabe eines Buch-

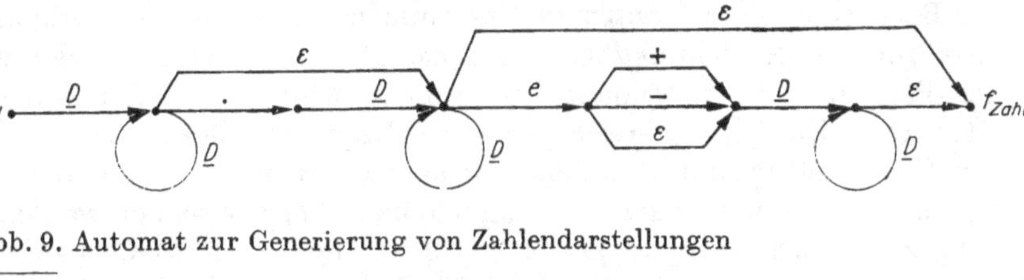

Abb. 9. Automat zur Generierung von Zahlendarstellungen

[1]) Die Knoten werden von Abb. 9 ab mit Ausnahme der Anfangs- und Endknoten nicht mehr bezeichnet. In den Abbildungen sind generell die im Text halbfett gedruckten Zeichen durch Unterstreichen gekennzeichnet.

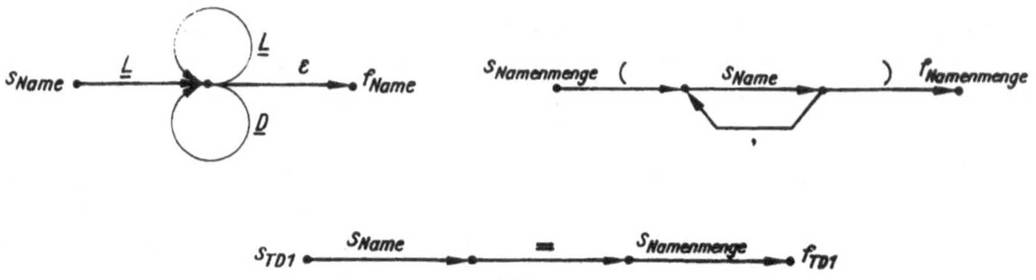

Abb. 10. Automatensystem zur Generierung spezieller Typdefinitionen

stabens ($a, b, \dots, z, A, B, \dots, Z$) bzw. einer Ziffer ($0, \dots, 9$). Hiernach sind z. B. die durch das Teilsystem mit dem Anfangszustand s_{TD1} erzeugbaren Zeichenfolgen

$A = (B, C, D)$

figur = (*bauer*, *turm*, *laeufer*, *springer*, *koenig*, *dame*, *leer*)

farbe = (*weiss*, *schwarz*)

Typdefinitionen dieser Art. Auch Konstruktionen der Art

$A = (A)$, $\quad a1 = (a2, \ a2)$

usw. sind nach Abb. 10 möglich. Diese können aber nicht als Typdefinitionen zugelassen werden, da alle in einer solchen Definition vorkommenden Namen verschieden sein müssen. Man nennt eine solche sich auf den Zusammenhang, in dem eine Bezeichnung vorkommt, beziehende Einschränkung *Kontextbedingung*. Wir werden noch die weitere Kontextbedingung einführen, daß alle auch in verschiedenen Typdefinitionen vorkommenden Namen ungleich sind, z. B. wäre die Notation

type $a = (b1, b2)$; $c = (b1, b3)$;

nicht korrekt, bei der $b1$ in zwei verschiedenen Typdefinitionen vorkommt. Der links vom Gleichheitszeichen in einer Typdefinition stehende Name dient als Bezeichnung der Wertmenge (oder des Typs).

Prinzipiell muß in allen Programmierungssprachen dafür gesorgt werden, daß vorkommende Bezeichnungen eindeutig identifizierbar sind, gegebenenfalls unter Beachtung eines Kontextes. Die einfache Methode, alle vorkommenden Namen für die Bezeichnung verschiedener Elementaraktionen oder verschiedener Begriffe auch verschieden zu wählen, wird häufig durchbrochen. Es werden dann Gültigkeitsbereiche (gewisse Programmstücke) ausgezeichnet, in denen Namen gültig sind, außerhalb können die gleichen Namen in neuer Bedeutung (innerhalb eines anderen Gültigkeitsbereichs) verwendet werden. Es ist sogar gebräuchlich, Gültigkeitsbereiche vollständig in andere Gültigkeitsbereiche einzuschließen, man spricht dann von *Blockstruktur*. Auch Pascal hat eine derartige Blockstruktur, die Gültigkeitsbereiche sind hier *Prozeduren*, auf die später eingegangen wird.

Um eine Elementaraktion zur Erzeugung eines durch einen Namen bezeichneten Wertes darzustellen, wird einfach dieser Name notiert. Hier entsteht nun die Besonderheit, daß nicht jede Notation dieses Namens diese Elementaraktion bewirkt. Die Notation innerhalb einer Typdefinition beschreibt keine Elementaraktion, sondern zeigt nur an, daß der notierte Name innerhalb des Gültigkeitsbereichs der Typdefinition zur Beschreibung einer Elementaraktion zur Werterzeugung verwendet wird. Allerdings können bei entsprechendem Aufbau eines Datenverarbeitungsmodells auch mit einer Typdefinition Elementaraktionen ((Hilfsaktionen) verbunden werden. Das kann z. B. so geschehen, daß die den Typ bildenden Werte gespeichert werden, d. h. abstrakt als eine den Namen des definierten Typs belegende Menge benutzt werden. Im Gültigkeitsbereich der Typdefinition bleibt diese Belegung unverändert.

Ähnliche Vorgänge vollziehen sich auch bei einer *Konstantendefinition*, die in Pascalprogrammen möglich ist. Eine solche Konstantendefinition hat die Form

$$\langle \text{Name} \rangle = \langle \text{Konstante} \rangle \,,$$

wobei hier ⟨Name⟩ für irgendeine Zeichenfolge steht, die vom Automaten mit dem Anfangszustand s_{Name} in Abb. 10 erzeugt werden kann. Ähnlich bezeichnet ⟨Konstante⟩ die Darstellung eines Wertes aus einer Grunddatenmenge. Dazu gehört auch die Konstante **nil**. Man beachte dabei, daß diese mit 3 Buchstaben notierte Größe als ein Alphabetzeichen angesehen wird, später werden bei der Notation von Pascalprogrammen noch weitere derartige Zeichen (**begin**, **end** **procedure**, usw.) gebraucht.

Eine Konstantendefinition zeigt nun an, daß die rechts stehende Zeichenfolge als Darstellung einer werterzeugenden Zeichenfolge auch durch den links stehenden Namen ersetzt werden kann. Auch hier ist zu beachten, daß Namen nicht mehrfach verwendet werden. Konstantendefinitionen haben ebenso wie Typdefinitionen einen Gültigkeitsbereich. Beispiele für Konstantendefinitionen sind etwa

$$pi = 3.14159265 \quad \text{und} \quad T = turm \,.$$

Das soeben erwähnte Zeichen **nil** bezeichnet eine Konstante aus der Menge **P** von *Hinweisen* (*Adressen*), und zwar die "Leeradresse", die auf keine Information verweist. Echte Hinweise (Adressen) als Konstante darzustellen, ist in Pascalprogrammen nicht vorgesehen, derartige Werte können nur indirekt mit Hilfe einer Funktion neu erzeugt werden, die zur Reservierung von Speicherplatz für Variable bestimmter Art (*Klassenvariable*) dient und die Adresse des reservierten Speicherplatzes an eine Variable zuweist, d. h. eine entsprechende Belegungsänderung beschreibt.

2. Abgeleitete Daten

Aus den Grundmengen von Werten können weitere Mengen von Werten gebildet werden. Da unendlich viele solche Bildungen möglich sind, wird in jedem Pascalprogramm festgelegt, welche Wertmengen zulässig sind und wie die Werte in diesen Mengen beschaffen sind. Das geschieht durch Zurückführung auf Grundmengen. Dazu ist es erforderlich, für die Grundmengen ebenso wie für die zu bildenden Mengen Bezeichnungen einzuführen. Derartige Bezeichnungen werden dann in Typdefinitionen und in Deklarationen verwendet. Eine spezielle Art von Typdefinitionen, in der Namen zu einem Typ vereinigt werden, wurde in II.1 betrachtet (Abb. 10). Durch Typdefinitionen werden Bezeichnungen für Datenmengen festgelegt. Sie beschreiben daher keine Elementaraktionen mit Ausnahme einer Speicherung der Bildungsvorschrift des betreffenden Typs für spätere Verwendung.

Die in Pascalprogrammen verwendeten Bezeichnungen für die Grundmengen sind folgende:

real für die Grundmenge $\mathbf{R}$,
integer für die Grundmenge $\mathbf{I}$,
char für die Grundmenge $\mathbf{C}$,
alfa für die Grundmenge $\mathbf{A} = \mathbf{C}^n$,
Boolean für die Grundmenge $\mathbf{B}$.

Die aus Namen gebildeten Mengen erhalten ihre Bezeichnungen in Typdefinitionen oder werden als Folge von Werten direkt aufgezählt. Für die Menge $\mathbf{P}$ von Hinweisen gibt es keine Bezeichnung. Es werden nur Teilmengen aus $\mathbf{P}$ bezeichnet, die sich jeweils auf eine Klassenvariable beziehen. Die dafür verwendete Form ist ↑ ⟨Klassenvariable⟩.

Aus Grundmengen von Werten abgeleitete Mengen sind Teilmengen oder Mengen zusammengesetzter Werte. Auch diese abgeleiteten Wertmengen werden als Typen bezeichnet.

Zur Bildung von Teilmengen wird von *skalaren Mengen* ausgegangen, das sind Grundmengen mit Ausnahme von $\mathbf{P}$. Diese Grundmengen sind geordnet, d. h., von zwei beliebigen voneinander verschiedenen Elementen einer Grundmenge ist eines "kleiner" als das andere. In den Mengen $\mathbf{R}$ und $\mathbf{I}$ ist diese Ordnung die in der Arithmetik übliche Ordnung. In der Menge $\mathbf{C}$ ist sie speziell festgelegt, und zwar bei der in II.1 angegebenen Menge durch die Reihenfolge des Aufschreibens. Für die Menge $\mathbf{A}$ ergibt sie sich aus der Ordnung in $\mathbf{C}$ als lexikographische Ordnung. Für zwei Zeichenfolgen a und b aus $\mathbf{A}$ gilt $a < b$, wenn das erste Zeichen in a, das vom entsprechenden Zeichen in b verschieden ist, kleiner als dieses ist. In den Mengen von Namen ergibt sich die Ordnung durch die Reihenfolge des Aufschreibens. Entsprechend gilt auch in $\mathbf{B}$ *false* < *true*.

Die Teilmengen können auch als Intervalle oder als Teiltypen bezeichnet werden. Ein Intervall wird in der Form

⟨Konstante⟩ .. ⟨Konstante⟩

notiert, wobei beide Konstanten dem gleichen Grunddatentyp angehören müssen und die zweite nicht kleiner als die erste sein darf. Zahlenkonstanten können auch vorzeichenbehaftet sein. Beispiele sind:

0 .. 100, −1 .. +1, 1.25 .. 1.75, 'A' .. 'Z', *bauer* .. *springer* .

Ein Intervall enthält alle Elemente des betreffenden Typs, die im Sinne der eingeführten Ordnung zwischen den angegebenen Konstanten (einschließlich) liegen. Da hier **R** als unendliche Menge angesehen wird, ist auch die Menge 1.25 .. 1.75 unendlich. Endliche Intervalle können als Indexmengen verwendet werden, darauf wird im nächsten Abschnitt eingegangen.

Zusammengesetzte Werte können in Pascal auf fünf Arten gebildet werden:

(1) Werte sind Felder gleichartiger Daten.
(2) Werte sind Datensätze.
(3) Werte sind Bänder gleichartiger Daten.
(4) Werte sind Klassen gleichartiger Daten.
(5) Werte sind Mengen von Grunddaten.

Hierbei werden Daten als gleichartig bezeichnet, wenn sie im gleichen Typ enthalten sind.

2.1. Felder

Der Begriff Feld bezeichnet im einfachsten Falle die Abbildung eines endlichen Intervalls in eine Menge gleichartiger Daten. Dieses Intervall ist der Definitionsbereich der Abbildung und heißt *Indexmenge* des (eindimensionalen) Feldes. Auch ein gesamter Typ endlichen Umfangs kann als Indexmenge auftreten. Beispiele solcher Felder sind:

(1) $\{(-1, 2.781), (0, 3.142), (1, 0.1)\}$.
(2) $\{(\mathit{false}, 0), (\mathit{true}, 1)\}$.
(3) $\{(\mathit{weiss}, 16), (\mathit{schwarz}, 16)\}$.

In (1) ist die Indexmenge -1 .. 1, in (2) ist sie *Boolean* in (3) ist sie (*weiss*, *schwarz*). Die angegebenen Abbildungen (Mengen von Paaren) sind Felder, da die Werte gleichartige Daten sind. In (1) sind sie in *real* enthalten, in (2) und (3) in *integer*. In Pascal existiert allerdings keine Darstellung von Feldkonstanten. Daher kann die in den Beispielen angewendete Schreibweise dort nicht benutzt werden, Felder sind nur mit Hilfe von Variablen verfügbar. Üblicherweise werden die bisher betrachteten eindimensionalen Felder als *Vektoren* bezeichnet. Man sieht dann auch häufig den Vektor als Folge von Werten an, denen in der Reihenfolge des Aufschreibens unmittelbar aufeinanderfolgende Indizes zugeordnet werden.

Ein *mehrdimensionales Feld* ist nun entsprechend eine Abbildung aus dem Produkt einer festen Anzahl von Indexmengen in eine Menge gleichartiger Daten. So ist ein zweidimensionales Feld (eine *Matrix*) eine Abbildung von $I_1 \times I_2$ in eine Menge M, ist z. B. $I_1 = 1 .. 2$, $I_2 = 1 .. 3$, $M = \mathit{integer}$ (in der Pascalschreibweise), so ist etwa

$$\{((1, 1), 0), ((1, 2), 1), ((1, 3), 2) ,$$
$$((2, 1), 1), ((2, 2), 2), ((2, 3), 3)\}$$

ein zweidimensionales Feld. Die übliche Schreibweise dafür ist kürzer, es werden nur die Resultatwerte der Abbildung in einer zweidimensionalen Anordnung notiert, also hier

$$\begin{pmatrix} 0 & 1 & 2 \\ 1 & 2 & 3 \end{pmatrix}.$$

In Pascal ist — wie bereits erwähnt — keine explizite Darstellung für Felder vorgesehen.

Eine Menge von Feldern, deren Argumentmenge (d. h. ein Produkt von Indexmengen) und deren Resultatmenge übereinstimmen, ist nun eine Datenmenge. Für eine solche Datenmenge — auch *Feldtyp* genannt — ist in Pascal eine Schreibweise vorgesehen, die sich aus dem in Abb. 11 dargestellten Automatensystem ergibt. Dabei sind die Indexmengen in der Ordnung, in der sie in der Abbildung benutzt werden, in eckige Klammern eingeschlossen und durch Kommata getrennt. Die Resultatmenge erscheint hinter **of**.

Das in Abb. 11 angegebene Automatensystem ist unvollständig, da es kein Teilsystem mit dem Startzustand s_{Typ} enthält, ebenso nicht das bereits in Abb. 9 dargestellte Teilsystem mit dem Startzustand s_{Zahl}. Das Teilsystem s_{Typ} kann hier noch nicht wiedergegeben werden, da noch nicht alle Schreibweisen für Wertmengen (Typen) behandelt wurden. Die vorkommenden Ausgaben **array**, **of**, [,], +, — sowie Komma (,) und Punkt (.) sind Zeichen des Pascal-Alphabets, d. h., sie werden bei der Niederschrift von Paslcalprogrammen benutzt. Aus Bequemlichkeitsgründen wurde an einer Kante sogleich die auszugebende Zeichenfolge *"Boolean"* notiert, die sich aus den Zeichen *"B"*, *"o"*, *"o"*, *"l"*, *"e"*, *"a"*, *"n"* zusammensetzt.

Es ist zu bemerken, daß durch ein Automatensystem nach Abb. 11 generierte Zeichenfolgen nicht stets Feldtypen darstellen, da in Abb. 11 die Bedingung, daß die zweite angegebene Konstante eines Intervalls nicht kleiner als die erste sein darf, nicht berücksichtigt wurde.

Die oben als Beispiele angegebenen Felder sind in folgenden Feldtypen enthalten:

(1) **array** [—1 .. 1] **of** *real*

(2) **array** [*Boolean*] **of** *integer*

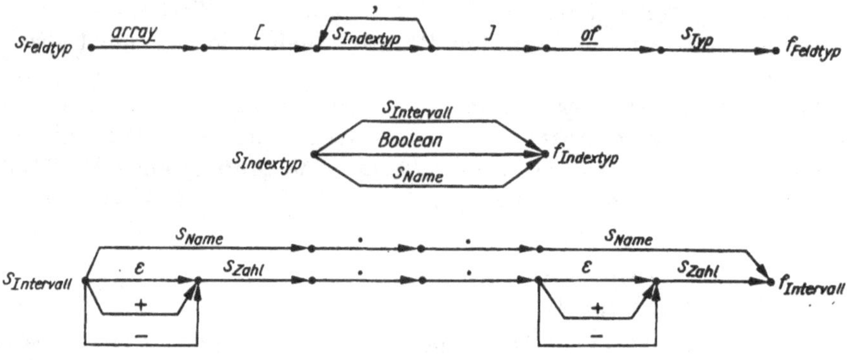

Abb. 11. Automatensystem zur Generierung von Feldtypen

(3) **array** [*farbe*] **of** *integer*, wobei *farbe* die im II.1. definierte Menge (*weiss*, *schwarz*) bezeichnet
(4) **array** [1 .. 2, 1 .. 3] **of** *integer*.

2.2. Datensätze

Ein Datensatz ist ähnlich definiert wie ein eindimensionales Feld, er ist formal eine Abbildung einer Menge von Namen in die Menge aller Werte. Dabei besteht jedoch die Einschränkung, daß für jedes Argument nur Werte aus einem festgelegten Typ, d. h. einer in Pascal definierten Menge von Werten, zugelassen sind. Die Menge aller Werte ist als Vereinigung aller Typen selbst kein Typ.

Im einfachsten Fall wird die Art der Abbildung so notiert, daß zwischen den Pascal-Zeichen **record** und **end** eingeschlossene Paare ⟨Name⟩:⟨Typ⟩ notiert werden, die durch Semikolon getrennt sind. Dabei steht ⟨Name⟩ für einen beliebigen Namen, der in diesem Zusammenhang als *Selektor* bezeichnet werden soll und ⟨Typ⟩ für einen beliebigen Typ. Innerhalb dieser Notation müssen die Namen unter sich verschieden sein, sie können jedoch mit Typbezeichnungen übereinstimmen, obwohl eine solche Schreibweise vermieden werden sollte. Eine solche Notation definiert einen Datensatztyp, also wieder eine Menge von Werten. Dabei muß jedoch darauf geachtet werden, daß keine rekursive Definition auftritt, als ⟨Typ⟩ innerhalb des Datensatztyps (also hinter einem Selektor) darf nicht der Name des zu definierenden Datensatztyps — sofern er in einer Typdefinition einen Namen erhält — verwendet werden und ebenso kein Name, in dessen Typdefinition er innerhalb eines Datensatztyps vorkommt. Es ist daher zweckmäßig, innerhalb eines Datensatztyps überhaupt auf den Einbau von Datensatztypen zu verzichten, d. h. Datensatztypen aus der Resultatmenge der definierten Abbildung auszuschließen. Ebenso werden die unter II.2.3 und II.2.4 zu betrachtenden Mengen von Bändern und Klassen als Resultattypen ausgeschlossen.

Beispiele für Datensatztypen dieser Art sind

(1) **record** *tag*: 1 .. 31; *monat*: 1 .. 12; *jahr*: 0 .. 2000 **end**,
(2) **record** *stein*: *figur*; *farbe*: *farbe*; *linie*: (*a*, *b*, *c*, *d*, *e*, *f*, *g*, *h*); *reihe*: 1 .. 8 **end**.

In den so definierten Mengen sind z. B. folgende Werte (Datensätze) enthalten:

(1) {(*tag*, 29), (*monat*, 1), (*jahr*, 1883)},
(2) {(*stein*, *turm*), (*farbe*, *weiss*), (*linie*, *a*), (*reihe*, 8)}.

Die Selektoren sind dabei jeweils *tag*, *monat*, *jahr* bzw. *stein*, *farbe*, *linie*, *reihe*. Diese Notationen von Werten sind ebenfalls nicht in Pascal erlaubt, wie Felder können Datensätze nicht direkt dargestellt werden, sie sind nur über Variable erreichbar.

Ein allgemeinerer Fall ist der, daß der Datensatztyp als Vereinigung dieser einfacheren Datensatztypen auftritt. Dann können mehrere Argumentmengen (Mengen von Selektoren) wahlweise benutzt werden. Bei der Notation solcher Datensatztypen wird der Durchschnitt dieser Argumentmengen mit den zugehörigen Bildtypen wie oben notiert (fester Teil des Datensatztyps). Alle anderen Argumente (Selektoren) müssen voneinander verschieden sein und bilden zusammen mit den zugehörigen Bildtypen den Variantenteil des Datensatztyps. Jede Teilmenge von Selektoren, die die Selektoren des festen Teils zu einer vollständigen Argumentmenge ergänzt, bildet mit den zugehörigen Bildtypen eine *Variante*. Eine solche Variante ist selbst ein Datensatztyp.

Um in einem gegebenen Wert die benutzte Argumentmenge feststellen zu können, wird jede Variante mit einem oder mehreren Kennzeichen versehen. Diese Kennzeichen müssen in einer Grunddatenmenge G als Werte enthalten sein. Dabei ist die Grundmenge **P** von Hinweisen ausgeschlossen. Ein zusätzlicher Selektor s (Variantenwahlsektor) wird nun eingeführt und mit dieser Menge G als Bildtyp verbunden. Ist $z \in G$ und wird eine Argumentmenge benutzt, die durch z gekennzeichnet ist, so muß dem Selektor s der Wert z zugeordnet sein. Diese zusätzliche Einschränkung der möglichen Abbildungen erlaubt es, aus dem s zugeordneten Wert zu erkennen, welche Argumentmenge benutzt wurde.

Bei der Notation eines Datensatztyps wird nun der Variantenteil an den Schluß vor **end** gestellt, er beginnt mit dem Zeichen **case**, auf das der soeben betrachtete Variantenwahlselektor mit dem zugehörigen Typ (getrennt durch ":") folgt. Danach kommt das Zeichen **of**, auf das — jeweils durch ";" getrennt — die einzelnen Varianten folgen. Jede Variante besteht aus dem Kennzeichen oder einer Liste von durch Kommata getrennten Kennzeichen, einem ":" und danach eingeklammert einer Liste "⟨Name⟩:⟨Typ⟩" wie im oben behandelten Fall. Ein Beispiel ist

record *name*: **array** [1 .. 2] **of** *alfa*; *tag*: 0 .. 31; *monat*: 0 .. 12;
  jahr: 1900 .. 2000; *disziplin*: *alfa*;
  case *in*: *sportart* **of**
  schwimmen, lauf: (*distanz*: *integer*; *stunden*: *integer*; *minuten*: *integer*;
    sekunden: *real*);
  stoss, wurf, sprung: (*strecke*: *real*);
  sonst: (*punkte*: *real*) **end**.

Es ist für die Notation dieses Datensatztyps erforderlich, daß ein Typ *sportart* definiert wurde, z. B.
sportart = (*schwimmen, lauf, wurf, stoss, sprung, sonst*).
Werte (Datensätze) dieses Datensatztyps sind z. B.

(1) (*name*, {(1, 'SCHOTT ␣␣'), (2, 'ANNE—KAT')}), (*tag*, 6), (*monat*, 7), (*jahr*, 1974), (*disziplin*, 'BRUST—DA'), (*in*, *schwimmen*), (*distanz*, 200), (*stunden*, 0), (*minuten*, 2), (*sekunden*, 37.89),

(2) *name*, {(1, 'ADAM ␣␣␣␣'), (2, 'MARIANNE')}), (*tag*, 5), (*monat*, 7), (*jahr*, 1974), (*disziplin*, 'KUGEL—DA'), (*in*, *stoss*), (*strecke*, 20.61).

Durch den mit *in* verknüpften Wert — einmal *schwimmen* und einmal *stoss* — wird die jeweilige Argumentmenge gekennzeichnet. Neben den stets zu verwendenden Argumenten *name, tag, monat, jahr, disziplin* und *in* enthält sie in (1) die Argumente *distanz, stunden, minuten* und *sekunden*, in (2) das Argument *strecke*.

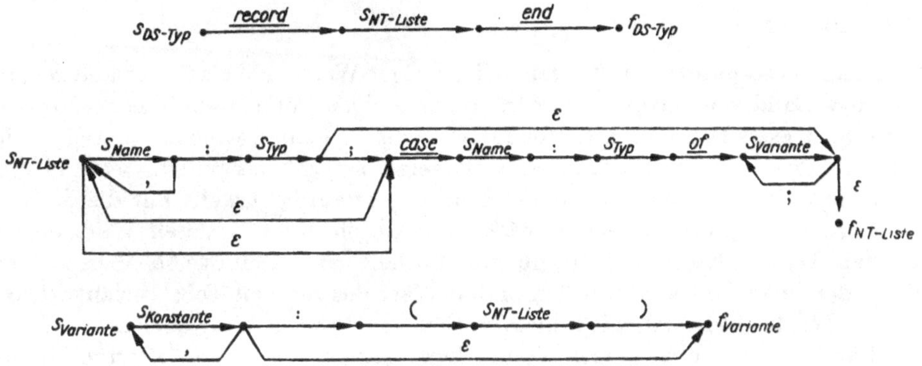

Abb. 12. Automatensystem zur Generierung von Datensatztypen

In Abb. 12 ist ein Automatensystem dargestellt, das Beschreibungen von Datensatztypen generieren kann. An Stelle mehrerer Paare ⟨Name⟩:⟨Typ⟩, die den gleichen Typ enthalten, kann eine Liste von Namen – getrennt durch Kommata – mit diesem Typ verbunden werden, z. B. könnte in dem oben angegebenen Beispiel auch

distanz, stunden, minuten: *integer*

notiert werden. In Abb. 12 ist $s_{DS\text{-}Typ}$ der Anfangszustand des Datensatztypen generierenden Automatensystems, $f_{DS\text{-}Typ}$ der zugehörige Endzustand. Das mit s_{Typ} beginnende Teilsystem wurde bisher noch nicht angegeben, wie bereits zu Abb. 11 bemerkt wurde, ebenso das mit $s_{Konstante}$ beginnende Teilsystem.

Wie aus Abb. 12 hervorgeht, kann die Argumentmenge in einer Variante auch leer sein. Außerdem können in einer Variante, in der eine Namen-Typliste vorkommt, wieder Varianten enthalten sein. Ein Beispiel eines Datensatztyps mit Variantenschachtelung ist

record *name*, *vorname*: *alfa*; *geburtstag*1: **array**[1 .. 3] **of** *integer*; **case** *familie*:
    status **of**
    ledig, *geschieden*;
    verheiratet: (*ehefrau*, *geburtsname*: *alfa*;
        *geburtstag*2: **array** [1 .. 3] **of** *integer*;
        case *kinder*: *Boolean* **of**
        true: (*vorname*: **array** [1 .. 20] **of** *alfa*;
            *geburtstag*3: **array** [1 .. 20, 1 .. 3] **of** *integer*);
        false) **end**

Bei diesem Beispiel wird vorausgesetzt, daß eine Typdefinition

status = (*ledig*, *verheiratet*, *geschieden*)

existiert. Man beachte, daß in Abb. 12 die Konstanten *true* und *false* durch Aufruf des Systems $s_{Konstante}$ generiert werden können.

2.3. Bänder

Ein Band besteht aus zwei Folgen gleichartiger Werte, die als linker und rechter Teil des Bandes bezeichnet werden. Beide Folgen können auch leer sein. Man kann sich jedes Band als mit einem Lese-Schreib-Kopf versehen vorstellen, der auf den ersten Wert des rechten Teils zeigt, sofern dieser nicht leer ist. Für Elementaraktionen, die mit einem Band operieren, ist jeweils nur dieser Wert zugänglich, er kann gelesen werden oder durch einen anderen Wert ersetzt werden. Danach kann der Kopf um eine Einheit nach rechts verschoben werden, d. h., der linke Teil wird um den ersten Wert des rechten Teils verlängert, der rechte Teil beginnt erst mit seinem vorherigen zweiten Wert oder ist leer.

Bänder aus Werten eines Typs ⟨Typ⟩ (einer Menge von Werten) bilden einen durch

file of ⟨Typ⟩

bezeichneten Typ — eine Bandmenge. Theoretisch ist es hiernach möglich, für ⟨Typ⟩ auch wieder eine Bandmenge zu verwenden, jedoch sollte das für praktische Anwendung von Pascal vermieden werden. Wir legen daher zusätzlich fest, daß ⟨Typ⟩ in diesem Zusammenhang nur für Mengen aus Grunddaten, Feldern, Datensätzen und Mengen stehen soll. Es kann jedoch eintreten, daß maschinenabhängig die in Banddefinitionen eingehenden Typen nur Grunddaten und Datensätze umfassen. Die angegebene Notation wurde in einer Variante des ursprünglichen Pascal-Berichtes in

file ⟨natürliche Zahl⟩ **of** ⟨Typ⟩

verändert, wobei ⟨natürliche Zahl⟩ für eine (positive) natürliche Zahl steht, die die Länge eines mit dem Band verbundenen *Pufferspeichers* angibt, der abstrakt als Feld dieses Umfangs angesehen werden kann. Diese Angabe hat technische Gründe, sie ist für die Definition der Bandmenge unerheblich, dagegen wesentlich bei der Abarbeitung eines Programms in einer Datenverarbeitungsanlage.

Beispiele für Bandtypen sind

(1) **file** 8 **of** *char*
(2) **file** 1 **of** *real*
(3) **file** 10 **of record** *name*, *vorname*, *ort*, *strasse*, *nummer*: *alfa*;
konto: *integer*; *saldo*: *real* **end**

Werte aus diesen Bandmengen sind z. B.

(1′) ((ε), ('A', 'B', 'C')), (('A'), ('B', 'C')), (('A', 'B', 'C'), (ε)),
(2′) ((3.14, 0.1, 0.01), (10.212)), ((ε), (ε)),
(3′) ({(*name*, 'MUELLER ␣'), (*vorname*, 'HANS ␣␣␣␣'), (*ort*, 'EISSTADT'), (*strasse*, 'GOETHEST'), (*nummer*, '15 ␣␣␣␣␣␣'), (*konto*, 37025), (*saldo*, 337.75)})),
({(*name*, 'MUELLER ␣'), (*vorname*, 'JOACHIM ␣'), (*ort*, 'EISSTADT'), (*strasse*, 'PARKSTR.'), (*nummer*, '3 ␣␣␣␣␣␣␣'), (*konto*, 37026), (*saldo*, 2076.03)}).

Zu diesen Beispielen ist zu bemerken, daß die verwendete Schreibweise in Pascal nicht anwendbar ist, dort werden Bänder ebenso wie Felder und Datensätze nicht dargestellt. Hier sind wie üblich Folgen in runde Klammern und Mengen in geschweifte Klammern eingeschlossen. Im letzten Beispiel besteht das Band aus zwei Datensätzen, jeder Bandteil enthält einen Datensatz.

2.4. Klassen

Eine Klasse ist ähnlich wie ein Feld eine Abbildung eines Intervalls $[1, n]$ natürlicher Zahlen in eine Datenmenge. Während bei Feldern jedoch eine totale Abbildung vorliegt, d. h., der Definitionsbereich der Abbildung stets das ganze Intervall ist, ist eine Klasse eine partielle Abbildung von $[1, n]$ in eine Datenmenge, und zwar so, daß jedes Teilintervall $[1, i]$ mit $i \leqq n$ als Definitionsbereich auftreten kann. Ein wesentlicher Unterschied zwischen Klassen und Feldern besteht in ihrer Verwendung. Eine Klasse kann nur sukzessive nach wachsendem Argument aufgebaut werden, dazu wird eine Standardprozedur *new* benutzt. Diese Standardprozedur dient zur Reservierung eines Speicherplatzes für einen neuen Wert der Klasse, mit ihr wird gleichzeitig eine anzugebende Variable mit einem Hinweis auf diesen Wert belegt. Auf diese Einzelheiten wird jedoch später eingegangen, hier wird nur der Aufbau von Werten betrachtet, die in Klassen liegen.

Wie bei Feldern müssen die Werte, die den Wertebereich einer Klasse bilden, gleichartig sein. Die zur Bezeichnung einer Menge von Klassen verwendete Form ist

class ⟨natürliche Zahl⟩ **of** ⟨Typ⟩,

wobei ⟨natürliche Zahl⟩ und ⟨Typ⟩ wie bei der Definition von Bandmengen zu verstehen sind. Hierbei sind wieder Mengen von Bändern und von Klassen als Typ hinter **of** auszuschließen. Die in der Definition vorkommende natürliche Zahl ist die Angabe des maximalen Umfangs, der oben mit n bezeichnet wurde.

Beispiele sind

(1) **class** 5 **of** *real*,

(2) **class** 32 **of record** *stein*: *figur*; *farbe*: *farbe*; *linie*:
(*a*, *b*, *c*, *d*, *e*, *f*, *g*, *h*); *reihe*: 1..8 **end**.

Da bei Klassen anders als bei Feldern der Umfang variabel ist, ist es zweckmäßig, den Maximalumfang jeweils in die Darstellung einer Klasse mit aufzunehmen. Eine Klasse wird also als Paar aus Maximalumfang und einer Abbildung dargestellt. Beispiele für Werte, die in den Klassen (1) und (2) enthalten sind, sind

(1′) (5, {(1, 0.1), (2, 0.2)}), (5, {(1, 0.1), (2, 0.2), (3, 3.14)}),

(2′) (32, {(1, {(*stein*, *turm*), (*farbe*, *weiss*), (*linie*, *a*), (*reihe*, 8)}),
(2, {(*stein*, *turm*), (*farbe*, *weiss*), (*linie*, *a*), (*reihe*, 1)}),
(3, {(*stein*, *koenig*), (*farbe*, *weiss*), (*linie*, *g*), (*reihe*, 1)}),
(4, {(*stein*, *dame*), (*farbe*, *schwarz*), (*linie*, *b*), (*reihe*, 2)}),
(5, {(*stein*, *koenig*), (*farbe*, *schwarz*), (*linie*, *g*), (*reihe*, 8)})}).

Hierzu ist wieder zu bemerken, daß eine Darstellung von Klassenkonstanten in Pascal nicht vorgesehen ist, ein Zugriff erfolgt zur ganzen Klasse oder zu einzelnen Bestandteilen (Resultatwerte in der Klasse) über Variable.

2.5. Mengen

Während Felder und Klassen Folgen sind, d. h. Abbildungen einer geordneten Indexmenge in eine Datenmenge, sind Mengen ungeordnete Zusammenfassungen von Elementen einer Datenmenge, d. h. wieder von gleichartigen Daten. Eine Menge — als Teilmenge einer gegebenen Datenmenge — wird in diesem Zusammenhang als Wert betrachtet, die Menge dieser Werte ist die Potenzmenge (Menge aller Teilmengen) der betreffenden Datenmenge. Im ursprünglichen Pascal-Bericht wurde daher für die Darstellung solcher Potenzmengen das Zeichen **powerset** benutzt, im revidierten Bericht jedoch durch **set of** ersetzt. Eine Potenzmenge zu einer Datenmenge ⟨Typ⟩ wird durch

set of ⟨Typ⟩

bezeichnet. Dabei wird aus technischen Gründen die Einschränkung gemacht, daß ⟨Typ⟩ eine Grunddatenmenge mit Ausnahme von Hinweisen oder eine Teilmenge mit maximal 60 Elementen ist. Beispiele sind also

(1) **set of** 1 .. 60
(2) **set of** *figur*
(3) **set of** (a, b, c, d, e, f, g, h)

Werte sind etwa

(1′) $\{1, 2, 3\}$, $\{7, 12, 60, 1, 23\}$
(2′) {*turm*, *bauer*}, {*koenig*, *dame*, *laeufer*}
(3′) $\{a, b, h\}$, $\{f, g, a, c\}$

Hier ist zu bemerken, daß in Pascal auch Mengenkonstanten darstellbar sind, d. h., daß es Elementaraktionen zur Erzeugung von Mengen gibt. Dabei werden eckige Klammern verwendet, die zweite in (3′) angegebene Menge wird als $[f, g, a, c]$ notiert. Man beachte, daß z. B. $[a, c, f, g]$ oder $[a, f, g, c]$ die gleiche Menge bezeichnet. Die leere Menge wird durch [ ] dargestellt.

2.6. Zusammenfassung

Die in Pascalprogrammen verwendbaren Werte sind jeweils in Mengen zusammengefaßt, die als Typen bezeichnet werden. Es werden skalare Typen (Grundtypen mit Ausnahme von **P**, Teiltypen), Hinweistypen (**P**) und zusammengesetzte Typen (Feldtypen, Datensatztypen, Bandtypen, Klassentypen und Mengentypen) unterschieden.

Mit Hilfe einer Typdefinition der Form

⟨Name⟩ = ⟨Typ⟩,

wobei ⟨Name⟩ für einen beliebigen Namen und ⟨Typ⟩ für eine beliebige Typdarstellung steht, kann ein abkürzender Name für einen Typ eingeführt werden.

Beispiele sind

(1) *vector*100 = **array** [1 .. 100] **of** *real*

(2) *bericht* = **record** *abt*: *alfa*; *prod*: **array** [1 .. 10] **of** *alfa*;
prozent: **array** [1 .. 10] **of** *real* **end**,

(3) *rib* = (*real*, *integer*, *Boolean*),

(4) *union* = **record case** *s*: *rib* **of** *real*: (*a*: *real*); *integer*: (*b*: *integer*);
Boolean: (*c*: *Boolean*) **end**.

Die in (3) vorkommenden *real*, *integer*, *Boolean* sind Werte, die in (4) ebenfalls benutzt werden. Die in (4) hinter den Doppelpunkten stehenden Namen sind dagegen Typen. Allerdings ist eine derartige Schreibweise wenig zu empfehlen, da hier Unklarheiten entstehen können, besser ist die äquivalente Schreibweise

(3′) *rib* = (*r*, *i*, *b*)

(4′) *union* = **record case** *s*: *rib* **of** *r*: (*a*1: *real*); *i*: (*a*2: *integer*);
b: (*a*3: *Boolean*) **end**

Mit Mengendarstellungen sind unmittelbar keine Elementaraktionen verbunden. Mengendarstellungen können in Deklarationen verwendet werden, dann werden mit ihnen je nach dem gewählten abstrakten Datenverarbeitungsmodell Elementaraktionen verbunden oder nicht.

Werte (Konstante) aus den eingeführten Mengen sind in Pascalprogrammen nur darstellbar, wenn es sich um Zahlen, Zeichen, Zeichenfolgen, Wahrheitswerte und Elemente explizit aufgeführter Mengen von Namen handelt. In jedem Falle ist zu beachten, daß ein Name innerhalb seines Gültigkeitsbereiches nicht mehrfach definiert werden darf und nicht mehrfach als Selektor im gleichen Datensatz auftreten darf.

3. Abstrakter Verarbeitungsautomat

3.1. Grundbegriffe

In I.4 wurde ein abstraktes Modell einer Datenverarbeitung betrachtet. Dieses Modell ist ein Automatennetz, in dem ein abstrakter Verarbeitungsautomat enthalten ist, der Elementaraktionen verarbeitet. Das bedeutet, daß in ihm anhand von Befehlen, die Ausgaben eines anderen Automaten — des abstrakten Programms — sind, Zustandsänderungen erfolgen und Steuerinformationen als Ausgabe an das abstrakte Programm gegeben werden. Die Zustände des abstrakten Verarbeitungsautomaten sind Belegungen.

In Programmierungssprachen werden häufig unabhängig voneinander entstandene Programmteile verwendet. Dabei kann es vorkommen, daß der gleiche Name mehrfach in verschiedener Bedeutung benutzt wird. Diese Möglichkeit der Mehrfachbelegung eines Namens mit Werten läßt es als zweckmäßig erscheinen, Bezeichnungen durch Zusätze zu unterscheiden. Das kann so geschehen, daß als Argument der Belegung nicht nur ein Name, sondern ein Name und ein *Niveau* (eine natürliche Zahl) auftritt. Ist also N die Menge der Namen, I die Menge der natürlichen Zahlen und W die Menge der zu verarbeitenden Werte, so soll eine Belegung eine Abbildung $N \times I \to W$ sein. Diese Definition der Belegung unterscheidet sich nur formal von der in I.2 betrachteten, da man ein Paar aus Namen und Niveau als Adresse auffassen kann, eine Belegung also wie in I.2 eine Abbildung der Adressenmenge in die Wertmenge ist.

Um die Speicherung von Zwischenresultaten während der Verarbeitung abstrakt beschreiben zu können — ebenso auch andere Hilfsaktionen — ist es zweckmäßig, die Argumentmenge um eine Menge H von Hilfsnamen zu erweitern. Damit wird eine Belegung eine Abbildung $(N \times I \cup H) \to W$. Um die Hilfsnamen von den Namen aus N gut unterscheiden zu können, seien sie mit griechischen Buchstaben — evtl. mit Indizes — bezeichnet. So wird z. B. eine Folge $\varrho_1, \varrho_2, \ldots$ verwendet. Die Belegung dieser Argumente soll mit Operanden und Resultaten erfolgen, ggf. werden auch andere Informationen zur Belegung benutzt. Die über $N \times I$ definierte partielle Belegung wird nach den Niveaus (dem zweiten Argument) in Teilbelegungen eingeteilt. Ein Hilfsname ν sei mit einem aktuellen Niveau $b(\nu)$ belegt. Im allgemeinen kommt ein Element aus $N \times I$ höchstens einmal als Argument in der Belegung vor (vgl. jedoch II.3.11). Von Argumenten mit gleichen Namen ist stets nur dasjenige verfügbar, welches das größte Niveau $j \leqq b(\nu)$ hat. Sind also mehrere $((n, j), z_j) \in b$, so kann als Wert von n nur $y = z_m$ mit dem maximalen Index m verwendet werden. Dieses y sei auch mit $wert(n; b)$ bezeichnet. Diese Verfügbarkeitsbedingung ist eine kontextbedingte Einschränkung für in Pascal darstellbare abstrakte Programme.

Der Verarbeitungsautomat wird nun als deterministischer Automat im wesentlichen durch die Angabe seiner Überführungsfunktion δ und seiner Ausgabefunktion λ beschrieben. Auf die Betrachtung der Ausgabefunktion sei hier zunächst verzichtet. Die Menge der Zustände (Belegungen) sei mit B bezeichnet, sie ist eine unendliche Menge, die Menge der Elementaraktionen (Befehle) sei E. Dann ist die Überführungsfunktion $\delta\colon B \times E \to B$. Diese Überführungsfunktion soll im folgenden beschrieben werden. Dazu werden Hilfsoperationen an Belegungen $b \in B$ benutzt. Man beachte dabei, daß jedes $b \in B$ als Funktion eine Menge von Paaren ist. Mit Funktionen können die üblichen Mengenoperationen (Vereinigung, Durchschnitt, Differenz) ausgeführt werden. Eine weitere hier häufig vorkommende Operation sei als Substitution bezeichnet. Durch diese Operation wird eine Belegung b_1 in die Belegung b eingesetzt, das Resultat sei als $Subst(b_1, b)$ bezeichnet. Die Definition der Mengenoperation *Subst* kann induktiv erfolgen:

$Subst(\emptyset, b) = b$,

$Subst(\{(x, y)\}, b) = b - \{(x, b(x))\} \cup \{(x, y)\}$, wenn (genau) ein Paar $(x, b(x))$ in b enthalten ist, sonst ist $Subst(\{(x, y)\}, b)$ undefiniert,

$Subst(b' \cup \{(x, y)\}, b) = Subst(b', b) \cup Subst(\{(x, y)\}, b)$.

Hiernach ist $Subst(b_1, b)$ nur definiert, wenn alle Argumente aus b_1 auch in b vorkommen. Das Resultat von *Subst* ist die Ersetzung der Werte aller in b_1 vorkommenden Argumente in b durch die in b_1 diesen Argumenten zugeordneten Werte.

Der Fall der Substitution $Subst(\{(x, y)\}, b)$ kommt häufig vor, er wird auch als Wertzuweisung bezeichnet und in der Form $name(x) := y$ notiert. Hierbei ist $name(x)$ der im Paar x (Name, Niveau) enthaltene Name.

3.2. Stapel

Die partiellen Belegungen, deren Argumentmengen endliche Abschnitte der Folge $\varrho_1, \varrho_2, \ldots$ sind, sollen Stapel heißen. Der maximale Index, bis zu dem die ϱ_i in einer Belegung enthalten sind, möge stets einen Hilfsnamen $\varkappa$ belegen. Es sind also in einer Belegung die Argumente $\varrho_1, \ldots, \varrho_{b(\varkappa)}$ enthalten. In Zukunft soll $b(\varkappa)$ durch K abgekürzt werden. Im Falle $K = 0$ ist kein ϱ_i als Argument in b enthalten.

Die Erweiterung des Stapels um ein Paar (ϱ_{K+1}, x) kann durch eine Operation $Stapel(x, b)$ ausgedrückt werden, wobei x ein Wert ist. Diese Operation kann in folgender Weise definiert werden:
$b' = Stapel(x, b) = Subst(\{(\varkappa, K + 1)\}, b) \cup \{(\varrho_{K+1}, x)\}$,
wobei $K = b(\varkappa)$. Die Umkehrung sei mit $Lösche(b)$ bezeichnet. Die formale Definition ist
$b' = Lösche(b) = Subst(\{(\varkappa, K - 1)\}, b - \{(\varrho_K, b(\varrho_K))\})$.

Der Stapel wird bei der Definition der Überführungsfunktion δ häufig benutzt. Ein Beispiel ist die Definition der Überführung bei der Eingabe des Befehls $:=$:

$\delta(b, :=) = b'$, wobei $b' = Lösche(b'')$, $b'' = Lösche(b^+)$, $b^+ = Subst(\{(b(\varrho_{K-1}), b(\varrho_K))\}, b)$, falls $b(\varrho_{K-1}) \in N \times I$, sonst ist b^+ undefiniert.

Es wird also zur Ausführung von $:=$ verlangt, daß $\varrho_{K-1} (K \geqq 2)$ mit einem Paar aus Namen und Niveau belegt ist. Durch die Ausführung der Elementaraktion wird ein ϱ_K belegender Wert zur Belegung dieses Paares, und anschließend werden ϱ_K und ϱ_{K-1} gelöscht. Ausführlicher geschrieben ist z. B.
$b'' = Subst(\{(\varkappa, b^+(\varkappa) - 1)\}, b^+ - \{(\varrho_{b^+(\varkappa)}, b(\varrho_{b^+(\varkappa)}))\})$.
Bei dieser Definition der Überführungsfunktion zur Elementaraktion $:=$ wird nicht berücksichtigt, daß in Pascalprogrammen ein Name nicht mit Werten aus beliebigen Typen belegt werden darf. Es könnten Elementaraktionen der Form $\langle T_1 \rangle := \langle T_2 \rangle$ eingeführt werden, wo $\langle T_1 \rangle$ und $\langle T_2 \rangle$ für Typen stehen. Eine solche Elementaraktion wäre nur definiert, wenn die ϱ_{K-1} belegende Adresse mit Werten vom Typ $\langle T_1 \rangle$ belegbar ist und der ϱ_K belegende Wert vom Typ $\langle T_2 \rangle$ ist. Bei Ausführung der Elementaraktion würde dann dieser Wert in einen Wert vom Typ $\langle T_1 \rangle$ umgewandelt und den angegebenen Namen belegen.

Es kann jedoch auch verlangt werden, daß nicht beliebige Folgen von Elementaraktionen zur Verarbeitung zugelassen sind (auch wenn sie vom Verarbeitungsautomaten verarbeitet würden), sondern daß das abstrakte Programm Kontextbedingungen erfüllt, d. h., daß nur gewisse Folgen von Elementaraktionen durch das abstrakte Programm erzeugbar sind. In diesem Falle wird der Verarbeitungsautomat einfacher definierbar, dagegen sind bei der sprachlichen Formulierung von Programmen mehr Bedingungen zu beachten. Es ist eine für die Definition von Programmierungssprachen typische Erscheinung, daß gewisse Einschränkungen sowohl beim Aufbau des abstrakten Programms (als *syntaktische Regeln*) als auch bei der Definition des Verarbeitungsautomaten (als *semantische Regeln*) berücksichtigt werden können. Hier soll der Weg gewählt werden, daß Einschränkungen der erwähnten Art nicht im Verarbeitungsautomaten berücksichtigt werden, sondern die zulässigen Folgen von Elementaraktionen beschränken.

3.3. Zweistellige Elementaraktionen

Ein Pascalprogramm dient zur Berechnung von Werten und zur Belegung von Variablen mit Werten. Dabei sind Variable entweder Namen oder in Erweiterung des in I.5 eingeführten Variablenbegriffs Argumente einer der in II.2 definierten Abbildungen (Felder, Datensätze oder Klassen). Weiter wird auch die Bezeichnung für den zugänglichen Wert eines Bandes als Variable betrachtet. Es werden also Elementaraktionen zur Berechnung von Werten, zur Belegung von Variablen und zur Auswahl von Paaren aus den genannten Abbildungen gebraucht. Ein berechneter Wert wird stets zur Belegung des Hilfsnamens ϱ_K. Die zur Berechnung verwendeten Operanden werden gelöscht.

Bei zweistelligen Operationen, die am häufigsten vorkommen, müssen ϱ_{K-1} (1. Operand) und ϱ_K (2. Operand) mit Werten vom Operator abhängiger Typen $\langle T_p \rangle$ und $\langle T_q \rangle$ belegt sein. Das Resultat ist ein Wert vom Typ $\langle T_r \rangle$ und belegt $\varrho_{b(\varkappa)}$ nach Herabsetzung von $b(\varkappa)$ um 1. In Tabelle 4 und den folgenden Tabellen

Tabelle 4: Arithmetische Elementaraktionen

Elementaraktion	T_p	T_q	T_r	r
plus	*ri*	*ri*	*RI*	$p + q$
minus	*ri*	*ri*	*RI*	$p - q$
mal	*ri*	*ri*	*RI*	$p \cdot q$
durch	*ri*	*ri*	*real*	p/q
div	*integer*	*integer*	*integer*	$[p/q]$
rest	*integer*	*integer*	*integer*	$p - [p/q] \cdot q$

seien der erste Operand mit p, der zweite Operand mit q und das Resultat mit r bezeichnet. Weiter sei *ri* als Abkürzung für *real* $\cup$ *integer* verwendet und *RI* als Abkürzung für $\langle T_r \rangle = real$, falls $\langle T_p \rangle = real$ oder $\langle T_q \rangle = real$ bzw. für $\langle T_r \rangle = integer$, falls $\langle T_p \rangle = \langle T_q \rangle = integer$.

In Tabelle 5 sind Elementaraktionen zur Erzeugung von Wahrheitswerten (*Prüfaktionen*) zusammengestellt. Dabei können die Typen weitgehend beliebig sein. **T** bezeichnet die Menge aller Werte mit Ausnahme von Klassen und Bändern, **V** die Menge aller Grunddaten mit Ausnahme von Hinweisen, $\mathfrak{P}(\mathbf{V})$ die

Tabelle 5: BOOLEsche Elementaraktionen (Prüfaktionen)

Elementaraktion	T_p	T_q	T_r	r
oder	*Boolean*	*Boolean*	*Boolean*	$p \vee q$
und	*Boolean*	*Boolean*	*Boolean*	$p \wedge q$
gleich	**T**	**T**	*Boolean*	$p = q$
ungleich	**T**	**T**	*Boolean*	$p \neq q$
kleiner	**V**	**V**	*Boolean*	$p < q$
nichtkleiner	**V**	**V**	*Boolean*	$p \geqq q$
größer	**V**	**V**	*Boolean*	$p > q$
nichtgrößer	**V**	**V**	*Boolean*	$p \leqq q$
in	**V**	$\mathfrak{P}(\mathbf{V})$	*Boolean*	$p \in q$

zugehörige Potenzmenge. Ein Eintragen von **T** in die Spalten für $\langle T_p \rangle$ und $\langle T_q \rangle$ soll bedeuten, daß $\langle T_p \rangle \subset \mathbf{T}$, $\langle T_q \rangle \subset \mathbf{T}$ und $\langle T_p \rangle = \langle T_q \rangle$ verlangt wird, wobei allerdings die Typen *real* und *integer* nicht unterschieden werden. Entsprechendes gilt für **V**. Ein Eintragen von **V** in die Spalte für $\langle T_p \rangle$ und $\mathfrak{P}(\mathbf{V})$ in die Spalte für $\langle T_q \rangle$ bedeutet, daß $\langle T_p \rangle \subset \mathbf{V}$ und $\langle T_q \rangle = \mathfrak{P}(\langle T_p \rangle)$ gelten soll.

Zur Interpretation ist zu bemerken, daß $p \vee q$ den Wert *true* hat, wenn einer der beiden Operanden den Wert *true* hat. Weiter hat $p \wedge q$ den Wert *true*, wenn beide Operanden den Wert *true* haben. Die Ausdrücke $p = q$, $p \neq q$, $p < q$, $p \geqq q$, $p < q$, $p \leqq q$, $p \in q$ haben jeweils den Wert *true*, wenn die betreffende Relation erfüllt ist. In allen anderen Fällen ist das Resultat *false*. Dabei wird vorausgesetzt, daß in jeder der zugelassenen Grunddatenmengen eine Ordnung definiert ist. Im Falle der Mengen **R** und **I** (vgl. II.1) ist diese Ordnung die in der Arithmetik übliche Ordnung, für die Menge **B** gilt *false* < *true* und für **C** und **A** gilt die lexikographische Ordnung, die durch eine maschinenbedingte Anordnung der Zeichen induziert wird. In II.1 wurde eine Menge **C** in einer solchen Ordnung angegeben.

In Tabelle 6 sind Elementaraktionen mit Mengen, d. h. Werten aus $\mathfrak{P}(\mathbf{V})$, angegeben. Es handelt sich um die üblichen Mengenoperationen Vereinigung, Durchschnitt und Differenz sowie zwei Prüfaktionen zur Prüfung der Inklusionen $p \subseteq q$ und $q \subseteq p$. Wieder wird $\langle T_p \rangle = \langle T_q \rangle$ gefordert, in den ersten drei Fällen ist $\langle T_r \rangle = \langle T_p \rangle = \langle T_q \rangle$. Weiter gilt $p \subseteq q = true$, wenn p Teil-

Tabelle 6: Elementaraktionen mit Mengen

Elementaraktionen	T_p	T_q	T_r	r
vereinigung	$\mathfrak{P}(\mathbf{V})$	$\mathfrak{P}(\mathbf{V})$	$\mathfrak{P}(\mathbf{V})$	$p \cup q$
durchschnitt	$\mathfrak{P}(\mathbf{V})$	$\mathfrak{P}(\mathbf{V})$	$\mathfrak{P}(\mathbf{V})$	$p \cap q$
differenz	$\mathfrak{P}(\mathbf{V})$	$\mathfrak{P}(\mathbf{V})$	$\mathfrak{P}(\mathbf{V})$	$p - q$
teil	$\mathfrak{P}(\mathbf{V})$	$\mathfrak{P}(\mathbf{V})$	*Boolean*	$p \subseteq q$
umfaßt	$\mathfrak{P}(\mathbf{V})$	$\mathfrak{P}(\mathbf{V})$	*Boolean*	$p \supseteq q$

menge von q ist und $p \supseteq q = true$, wenn p Obermenge von q ist. Andernfalls ist das Resultat *false*.

Formal können die durch zweistellige Elementaraktionen bewirkten Zustandsänderungen nach einem einheitlichen Schema definiert werden. Dazu sei e eine Elementaraktion aus den Tabellen 4, 5 oder 6 und

$$e' : \langle T_p \rangle \times \langle T_q \rangle \rightarrow \langle T_r \rangle$$

die zugehörige Funktion, die die Operanden $p \in \langle T_p \rangle$ und $q \in \langle T_q \rangle$ zum Resultat $r \in \langle T_r \rangle$ verknüpft. Es wird dann

$$\delta(b, e) = b', \text{ wobei } b' = Lösche(b'') \text{ und}$$

$$b'' = Subst(\{(\varrho_{K-1}, e'(b(\varrho_{K-1}), b(\varrho_K)))\}, b).$$

3.4. Einstellige Elementaraktionen

Einstellige Elementaraktionen ändern den ϱ_K belegenden Wert p. Hier seien zunächst nur einige dieser Elementaraktionen betrachtet, weitere werden in II.3.11 zusammengestellt:

(1) **invers** ist anwendbar, wenn p in **R** oder **I** enthalten ist, und liefert das Resultat $r = -p$.
(2) **negation** ist anwendbar, wenn p in **B** enthalten ist, und liefert $r = \neg p$, d. h. $r = true$ für $p = false$ und $r = false$ für $p = true$.
(3) **wert** ist anwendbar, wenn p in $N \times I$ enthalten ist. Hierdurch entsteht das Resultat $r = b(p)$, d. h., eine ϱ_K belegende Adresse wird durch den Wert, mit dem sie belegt ist, ersetzt.
(4) **nachfolger** ist anwendbar, wenn p in einer von **P** verschiedenen Grunddatenmenge enthalten ist. Im Sinne der in der Datenmenge existierenden Ordnung wird r Nachfolger von p. Für das größte Element der Datenmenge ist diese Elementaraktion nicht definiert. In **R** ist **nachfolger** nur definiert, wenn **R** eine endliche Teilmenge der reellen Zahlen ist.
(5) **vorgänger** liefert entsprechend zu (4) als r den Vorgänger von p, falls dieser existiert.

Wenn bei (2) p nicht als Argument in der Belegung b enthalten ist, so ist die Elementaraktion **wert** nicht ausführbar. In einem solchen Falle kann über die Ausgabe des Verarbeitungsautomaten eine Fehlermeldung erfolgen. Entsprechendes gilt für die anderen Elementaraktionen, wenn die Voraussetzungen zu ihrer Anwendung nicht erfüllt sind.

3.5. Elementaraktionen für zusammengesetzte Werte

Werte können auch aus zusammengesetzten Werten extrahiert werden, man bezeichnet sie als Komponenten des betreffenden zusammengesetzten Wertes. In II.2 wurden folgende zusammengesetzte Werte eingeführt:

(1) Felder als Abbildungen eines Produktes von Indexmengen in eine Menge gleichartiger Daten.

(2) Datensätze als Abbildungen einer Menge von Namen in eine Vereinigung von Datenmengen mit der Einschränkung, daß einem Namen jeweils nur Werte eines Typs zugeordnet werden.
(3) Bänder als Paare von Folgen gleichartiger Werte.
(4) Klassen als Abbildungen zusammenhängender Anfangsstücke einer Indexmenge in eine Menge gleichartiger Werte.
(5) Mengen von Grunddaten.

Die Extraktion eines einzelnen Wertes erfolgt technisch bei den einzelnen Arten zusammengesetzter Werte verschieden. Bei Feldern, Datensätzen und Klassen sind alle Einzelwerte direkt extrahierbar; bei Bändern sind zwar auch alle Werte erreichbar, jedoch nur sequentiell nach Lesen aller vorhergehenden Werte. Aus Mengen können Einzelwerte nicht extrahiert werden, es kann nur festgestellt werden, ob ein gegebener Wert Element der Menge ist (Elementaraktion **in**).

Für die Auswahl eines Einzelwertes aus einem Feld oder einem Datensatz ist das Argument (ein n-Tupel von Indizes bei einem n-dimensionalen Feld, ein Name bei einem Datensatz) bereitzustellen. Das soll als Belegung aufeinanderfolgender ϱ_i geschehen, und zwar sollen zur Auswahl aus einem n-dimensionalen Feld ϱ_{j+1} bis ϱ_{j+n} mit den Indizes 1 bis n und ϱ_{j+n+1} mit dem Namen des Feldes und dem zugehörigen Niveau belegt werden, wobei $j = K - n - 1$ ist. Zur Auswahl aus einem Datensatz seien ϱ_{j+1} mit einem Namen (Selektor) und ϱ_{j+2} mit dem Namen und Niveau des Datensatzes belegt, wobei $j = K - 2$. Die Sprechweise "Name des Feldes" bzw. "Name des Datensatzes" besagt, daß der betreffende Name mit demjenigen Feld bzw. Datensatz belegt ist, aus dem der einzelne Wert extrahiert werden soll. Die Auswahl sei an einem Beispiel erörtert. Es sei $b(\varkappa) = 3$, d. h., ϱ_3 ist das zuletzt belegte ϱ_i. Weiter sei $b(\varrho_3) = (a, t)$ mit einem Niveau t, $b(\varrho_2) = 2$, $b(\varrho_1) = 1$ und a sei auf dem Niveau t der Name eines zweidimensionalen Feldes, d. h. einer Matrix. Das bedeutet eine Belegung von (a, t) mit einer Abbildung vom Typ **array** $[l_1 \,..\, r_1, l_2 \,..\, r_2]$ **of** ⟨T⟩, wobei ⟨T⟩ ein Typ ist. Dabei muß das Intervall $l_1 \,..\, r_1$ die Zahl 1 (den ersten Index) und das Intervall $l_2 \,..\, r_2$ die Zahl 2 (den zweiten Index) enthalten, damit eine Auswahl definiert ist. Sei also z. B. mit ⟨T⟩ = *real*

$$wert(a; b) = \{((1, 1), 0.1), ((1, 2), 0.2), ((2, 1), 0.3), ((2, 2), 0.4)\}$$

oder in der üblichen Schreibweise die 2-2-Matrix.

$$\begin{pmatrix} 0.1 & 0.2 \\ 0.3 & 0.4 \end{pmatrix}.$$

Dann ist $wert(a; b)\,(1, 2) = 0.2$ der ausgewählte Wert.

Eine Folge von Elementaraktionen $\mathbf{fk}_1, \mathbf{fk}_2, \ldots$ soll zur Auswahl von Feldkomponenten dienen, $\mathbf{fk}_i$ wählt eine Komponente aus einem n-dimensionalen Feld aus. Entsprechend soll eine Elementaraktion **dk** zur Auswahl einer Komponente eines Datensatzes dienen.

Die Auswahl eines Wertes aus einer Klasse (einer Klassenkomponente) kann ebenso geschehen, es ist jedoch in Pascal die Besonderheit vorgesehen, daß diese Komponenten nur über Hinweise auswählbar sind. Hinweise (Adressen) sind Werte der Menge **P**, die in Hinweise auf Klassenvariable eingeteilt ist (vgl. II.1). Diese Auswahl kann im abstrakten Verarbeitungsautomaten so erfolgen, daß ϱ_K mit dem Namen der Klasse (im obigen Sinne ein Name, der mit einer Klasse belegt ist, d. h. eine Klassenvariable) und dem zugehörigen Niveau belegt ist und ϱ_{K-1} mit dem Hinweis. Damit erfolgt die Auswahl wie bei Feldern und Datensätzen, nur ist der Selektor ein Hinweis, d. h. Wert einer Variablen, die Hinweisvariable zur betreffenden Klassenvariablen ist. Die auswählende Elementaraktion sei mit **kk** (Auswahl einer Klassenkomponente) bezeichnet und verläuft wie $\mathbf{fk}_1$ oder wie **dk**. Es sind nur die Voraussetzungen unterschiedlich, bei $\mathbf{fk}_1$ ist das Argument ein Index, bei **dk** ein Selektorname, bei **kk** ein Hinweis. Wird bei der Verarbeitung auf die Prüfung dieser Voraussetzungen verzichtet, so sind die Wirkungen dieser drei Elementaraktionen gleich.

Zu den in II.2.3 eingeführten Bändern ist noch zu bemerken, daß einem solchen Band, das nur über eine Variable erreichbar ist, stets noch eine Hilfsgröße zugeordnet ist, die einen von drei Bandzuständen beschreibt. Bandzustände sind *input*, *output* und *neutral*. Diese drei Zustände entsprechen den Verwendungen des Bandes zum Lesen (*input* oder *neutral*) und zum Schreiben (*output* oder *neutral*). Der Zustand *neutral* soll die Anfangslage (linker Teil ist leer) oder die Endlage (rechter Teil ist leer) des Bandes kenntlich machen. Nach erstmaligem Lesen oder Schreiben wird jedoch der Zustand *neutral* in einen der stabilen Zustände *input* oder *output* überführt. Formal soll ein Band im folgenden durch ein Tripel (linker Teil, rechter Teil, Zustand) dargestellt werden.

Die Auswahl eines Wertes aus einem Band ist nur auf eine Weise möglich, und zwar wird stets die erste Komponente des rechten Teils ausgewählt. Ist $t = (t_1, t_2, t_3)$ ein Band, wobei t_1 und t_2 Folgen von Werten sind, die den linken bzw. rechten Bandteil bilden, und t_3 der Bandzustand ist, so soll $lies(t)$ den ersten Wert der Folge t_2 bezeichnen. Alle Werte aus t_1 und t_2 müssen Werte des gleichen Typs sein. Wenn t_2 leer ist, so ist $lies(t)$ undefiniert. Eine Elementaraktion **bk** wirkt nun ähnlich wie die oben beschriebene Elementaraktion **wert**. Der erste Wert von t_2, d. h. $lies(b(b(\varrho_K)))$, wird zur Belegung von ϱ_K. Dabei wird vorausgesetzt, daß ϱ_K mit einem Namen einer Bandvariablen und dem zugehörigen Niveau belegt ist.

Es kann vorkommen, daß eine ausgewählte Komponente wieder ein zusammengesetzter Wert ist. Dieser Wert tritt in der Belegungsfunktion als Wert von ϱ_K auf. Soll aus ihm nun wieder eine Komponente ausgewählt werden, müßte der Name ϱ_K selbst zur Belegung von ϱ_K werden. Damit wäre aber die soeben ausgewählte Komponente wieder verlorengegangen. In einem solchen Falle wird daher ein anderes Verfahren gewählt. Mit einer der Elementaraktionen $\mathbf{nfk}_i$, **ndk**, **nkk** oder **nbk** soll ein Hilfsname τ mit der extrahierten Komponente belegt werden und dieser Name τ in ϱ_K gespeichert werden. Dadurch wird ein

Zustand hergestellt, in dem wieder eine Extraktion möglich ist, wenn die ϱ_i $(i < K)$ mit den entsprechenden Indizes oder Selektoren belegt sind.

Oben wurde bereits die Elementaraktion **:=** zur Belegung eines Namens betrachtet. Ähnlich können auch Komponenten zusammengesetzter Werte geändert werden. Abstrakt bedeutet das die Änderung des gesamten zusammengesetzten Wertes (des Feldes, des Datensatzes, der Klasse oder des Bandes). Ist z. B. s ein Selektor aus einem Datensatz d, so bedeutet das, daß in d ein Paar $(s, d(s))$ vorkommt. Mit $Subst(\{(s, w)\}, d)$ wird aus d ein neuer Datensatz d' erzeugt, der das Paar (s, w) statt des Paares $(s, d(s))$ enthält. Es gilt dann $b'(s) = w$. Der Effekt einer Elementaraktion **dk:=** zur Ausführung dieser Aktion kann hiernach in folgender Weise formal beschrieben werden:
$\delta(b, \mathbf{dk{:=}}) = b'$, wobei $b' = Lösche(b'')$, $b'' = Lösche(b^+)$,

$$\begin{aligned} b^+ &= Lösche(b^*), \\ b^* &= Subst(\{b((\varrho_{K-1}), d'\}), b) \text{ mit} \\ d' &= Subst(\{(s, b(\varrho_K))\}, d),\ s = b(\varrho_{K-2}) \text{ und} \\ d &= b(b(\varrho_{K-1})). \end{aligned}$$

Die Voraussetzungen zur Ausführung von **dk**:=, d. h. dafür, daß $\delta(b, \mathbf{dk}{:=})$ definiert ist, sind:

(1) $b(\varrho_{K-1}) \in N \times I$.
(2) $d = b(b(\varrho_{K-1})) \in \langle\text{Datensatz}\rangle$. (Menge aller Datensätze).
(3) In d gibt es ein Paar (s, w) derart, daß $s = b(\varrho_{K-2})$.
(4) $b(\varrho_K) \in \langle T_s\rangle$, wobei $\langle T_s\rangle$ der Typ ist, der als Wertebereich für den Selektor s in d zugelassen ist.

In ähnlicher Weise können Elementaraktionen $\mathbf{fk_1{:=}}$, $\mathbf{fk_2{:=}}$, . . . definiert werden, die Änderungen von Feldkomponenten anhand in $\varrho_{j+1}, \dots, \varrho_{j+n}$ $(j = K - n - 1)$ angegebener Indizes bewirken $(n = 1, 2, \dots)$. Das gleiche gilt für Elementaraktionen **kk:=** und **bk:=**, die Änderungen einer Klassenkomponente (anhand eines Hinweises) und des ersten Wertes eines rechten Bandteils bewirken.

Zur Behandlung von Bändern werden weitere einstellige Elementaraktionen gebraucht, die mit $\mathbf{rechts_a}$, $\mathbf{rechts_e}$, **zurück**, **leer** und **bandende** bezeichnet seien Hier wird vorausgesetzt, daß $name(b(\varrho_K))$ der Name eines Bandes ist. Mit $\mathbf{rechts_a}$ und $\mathbf{rechts_e}$ wird eine Rechtsverschiebung des Kopfes des betreffenden Bandes um eine Einheit veranlaßt. Der Unterschied zwischen diesen beiden Elementaraktionen besteht in der Wirkung der dritten Bandkomponente. $\mathbf{rechts_a}$ ist nur definiert, wenn die dritte Bandkomponente einen Wert *output* oder *neutral* hat und veranlaßt zusätzlich, daß diese den Wert *output* erhält. Entsprechend ist $\mathbf{rechts_e}$ nur definiert, wenn die dritte Bandkomponente einen Wert *input* oder *neutral* hat und bewirkt, daß diese den Wert *input* erhält. $\mathbf{rechts_a}$ und $\mathbf{rechts_e}$ werden nur ausgeführt, wenn der rechte Bandteil nichtleer ist. Die Elementaraktion **zurück** veranlaßt die Verkettung des linken und rechten Bandteils zu einem neuen rechten Teil, der neue linke Teil wird leer, der Bandzustand *neutral*. Die Elementaraktion **leer** löscht das gesamte Band, linker und rechter Teil werden leer, der Bandzustand wird *neutral*. Die Elementaraktion **bandende** ist ebenfalls einstellig und prüft, ob das in $b(\varrho_K)$ benannte Band einen leeren rechten Teil hat. In diesem Falle wird $b(\varrho_K)$ durch *true* ersetzt, sonst durch *false*.

Da *Hinweise* (Werte aus der Menge **P**) in Pascal nicht mit Zahlenwerten verträglich sind, d. h. Hinweisvariable nicht mit Zahlenwerten belegt werden können und auch keine Umwandlungsfunktion von Zahlenwerten in Hinweise vorgesehen ist, sind besondere Elementaraktionen zur Belegung von Hinweisvariablen erforderlich. Hierfür ist nur eine Art von Elementaraktionen vorgesehen, die gleichzeitig eine Klasse um einen Wert erweitert und eine anzugebende Hinweisvariable mit einem Hinweis auf diesen neuen Wert versieht. Besteht also eine Klasse aus r Werten vom Typ ⟨T⟩, d. h., die Klasse ist eine Abbildung $\{(1, t_1), (2, t_2), \ldots, (r, t_r)\}$, so wird sie durch eine solche Elementaraktion in einen Wert $\{(1, t_1), (2, t_2), \ldots, (r, t_r), (r + 1, t_{r+1})\}$ geändert. Dabei ist vorauszusetzen, daß $r + 1$ den mit der betreffenden Klassenvariablen verbundenen maximalen Klassenumfang nicht übersteigt. Varianten dieser Elementaraktion beziehen sich darauf, daß ⟨T⟩ eine Menge von Datensätzen ist, in deren Definition Varianten (vgl. II.2.2) enthalten sind.

Um die für diese Elementaraktionen nötigen Informationen bequem handhaben zu können, sei im abstrakten Verarbeitungsautomat jeder Hinweis als *Tripel* dargestellt, dessen erste Komponente eine natürliche Zahl ist, die den Index der auszuwählenden Klassenkomponente darstellt. Die zweite Komponente bezeichnet die zugehörige Klassenvariable, die dritte den Maximalumfang. Ist die erste Komponente 0, so sei das die Darstellung des Hinweiswertes **nil**.

Eine Elementaraktion **neu** laufe nun so ab, daß unter den Voraussetzungen $p = b(\varrho_K) \in N \times I$ und $b(b(\varrho_K)) \in \mathbf{P}$ die mit p verbundene Klassenvariable v mit einem neuen Wert belegt wird. Dieser Wert entsteht aus dem bisherigen Wert der Klassenvariablen durch Anfügen einer weiteren Komponente zu den bisher vorhandenen r Komponenten. Der Hinweis auf diesen neuen Wert, d. h., $(r + 1, v, v_{max})$, belegt danach die Hinweisvariable p, wobei v_{max} der maximale Klassenumfang für die Klassenvariable v ist. Voraussetzung ist, daß $r < v_{max}$ gilt. Ist $r = v_{max}$, so wird keine neue Komponente angefügt und der leere Hinweis **nil** als Wert von p erzeugt.

Ist der Typ ⟨T⟩ ein Datensatztyp mit *Varianten* und hat eine Variante n Kennzeichen (in der ersten Variante ist eine weitere Variante mit $n - 1$ Kennzeichen enthalten usw.), dann soll eine Elementaraktion **neu**$_n$ benutzt werden, um die Klassenvariable neu zu belegen. Es wird dann ein Wert einer solchen Variante zur Klasse hinzugefügt. Die Auswahl des Wertes geschieht anhand von n Kennzeichen, die nach II.2.2 Namen sind. Zur Anwendung von **neu**$_n$ wird vorausgesetzt, daß mit $j = K - n$ die Hilfsnamen $\varrho_{j+1}, \ldots, \varrho_{j+n}$ mit n Werten von Kennzeichen belegt sind, die in den Wertebereichen der betreffenden Kennzeichen liegen und somit eine Variante des Datensatztyps bestimmen. Der Name ϱ_j sei mit einer Hinweisvariablen p belegt (einschließlich des zugehörigen Niveaus). Der Ablauf von **neu**$_n$ entspricht dem von **neu**.

Von dem neu erzeugten Wert wird nicht verlangt, daß er eindeutig bestimmt ist, technisch betrachtet wird nur Speicherplatz für einen Wert bereitgestellt. Man kann daher in einem Verarbeitungsautomaten einen solchen Wert in beliebiger Weise erzeugen. Wenn der Automat deterministisch arbeiten soll, ist dieser Wert allerdings bestimmt, d. h. entweder konstant oder eine Funktion des Zustandes. Eine andere Möglichkeit ist die Einführung zusätzlicher leerer Werte, für die die üblichen Verarbeitungsoperationen nicht definiert sind. Da hierdurch jedoch die Beschreibung des abstrakten Verarbeitungsautomaten komplizierter wird, sei darauf verzichtet. Bei der Realisierung in konkreten Anlagen kann allerdings die Einführung spezieller leerer Werte zweckmäßig sein, um Programmierungsfehler schneller entdecken zu können.

Die Darstellung von Hinweisen durch Tripel, in denen der Name der Klasse enthalten ist, auf die sich der Hinweis bezieht, ermöglicht es, durch eine Elementaraktion **hinweisklasse** diesen Namen herauszuziehen. Wenn ϱ_K mit einem Hinweis belegt ist, werde durch Ausführung dieser Elementaraktion der Name zur Belegung von ϱ_{K+1} (einschließlich des zugehörigen Niveaus), danach wird die Belegung von $\varkappa$ um 1 erhöht. Dadurch wird eine zur Anwendung von **kk** oder ***kk* :=** nötige Konstellation hergestellt.

In Pascalprogrammen ist es möglich, eine Menge durch Aufzählen ihrer Elemente zu bilden. Dabei können die einzelnen Elemente auch erst berechnet werden. Eine entsprechende Elementaraktion sei mit **menge V** bezeichnet, wobei **V** für die Darstellung eines Typs steht. Sie dient dazu, eine Anzahl von Werten gleichen Typs **V**, die Belegungen aufeinanderfolgender ϱ_i sind, in einer Menge zusammenzufassen. Da die Anzahl der Elemente beliebig ist, könnte man statt der einzelnen Elementaraktionen Folgen von Elementaraktionen für die Zusammenfassung von 1, 2, 3, . . . Elementen einführen. Das erforderte jedoch in jedem Einzelfall die Kenntnis der Anzahl. Einfacher ist es, wenn $b(\varrho_{j+1})$ der erste der zusammenzufassenden Werte ist, ϱ_j mit einem sonst nicht vorkommenden Kennzeichen **m** zu belegen. Die Elementaraktion **menge V** arbeitet hiernach so, daß das größte j gesucht wird, für das $b(\varrho_j) = \mathbf{m}$ ist. Dann werden $b(\varrho_{j+1}), \ldots, b(\varrho_K)$ zu einem Mengenwert zusammengefaßt, der zur Belegung $b'(\varrho_j)$ von ϱ_j wird. Schließlich wird $b'(\varkappa) = j$. Dabei ist b' die durch Anwendung von **menge V** entstehende Belegung: $b' = \delta(b, \mathbf{menge\ V})$. Ist speziell $j = b(\varkappa)$, so ist die Anzahl der zusammenzufassenden Werte 0, es entsteht die leere Menge $\emptyset$, die Element aller $\mathfrak{P}(\mathbf{V})$ ist.

3.6. Elementaraktionen für Konstanten

Um mit dem Stapel so wie bisher beschrieben arbeiten zu können, müssen die ϱ_i zuerst mit Werten belegt werden. Als Werte können auch Namen mit dem zugehörigen Niveau (Adressen) verwendet werden. Dazu sollen Elementaraktionen **stapel** x verwendet werden, wobei x eine zu stapelnde Information bezeichnet. Diese Information kann die Darstellung einer Konstante (darstellbarer Wert aus einer Grundmenge) oder ein Variablenname mit zugehörigem Niveau sein. Später werden auch noch Zustände des abstrakten Programms als zu stapelnde Informationen benutzt. Daher ist der Wertbegriff bei der Definition der Belegungen genügend weit zu fassen. Die formale Definition der Wirkung einer Elementaraktion **stapel** x ist einfach:

$b' = \delta(b, \textbf{stapel}\ x) = Stapel(x, b).$

3.7. Deklarationen und Parametervermittlung

In der Programmierungssprache Pascal wird die Unterprogrammtechnik verwendet. Das abstrakte Programm zu einem Pascalprogramm kann als Automatensystem oder auch als Kellerautomat aufgebaut werden (vgl. I.5 und I.6). Der einem Teilsystem des abstrakten Programms entsprechende Teil des Pascalprogramms ist ein *Unterprogramm* (eine *Prozedur* oder *Funktion*). In einem solchen Unterprogramm kommen normalerweise lokale Variable bzw. allgemeiner lokale Bezeichnungen vor, die außerhalb des Unterprogramms bedeutungslos sind. Bei Beendigung eines Unterprogramms werden die mit lokalen Größen als Argumenten versehenen Paare aus der Belegung entfernt (vgl. II.3.11). Sie sind jeweils mit einem einheitlichen Niveau verknüpft.

Bei Eintritt in ein Unterprogramm wird eine partielle Belegung mit den lokalen Größen entsprechenden Argumenten zur vorhandenen Belegung hinzugefügt. Tritt in dieser partiellen Belegung ein bereits vorhandener Name nochmals auf (Neudeklaration), so ist er mit einem neuen Niveau versehen und daher von dem vorher vorkommenden Namen unterscheidbar.

Da die lokalen Größen nur insgesamt zur Belegung hinzugefügt oder aus ihr entfernt werden, spricht man von einer *Blockstruktur* der Sprache. Ein *Block* ist dann das Programmstück, in dem die lokalen Größen verfügbar sind, in Pascal also ein Unterprogramm. In ALGOL 60 und ALGOL 68 gibt es auch andere Blöcke. Das Niveau der lokalen Größen eines Unterprogramms ist nun so festgelegt, daß es um 1 höher ist als das Niveau des Unterprogramms, in dem es als lokale Größe enthalten ist. Auch das Pascalprogramm selbst kann als Block angesehen werden, der das Niveau 1 erhält. Die darin verfügbaren Unterprogramme haben lokale Größen mit dem Niveau 2, unter denen wieder Unterprogramme auftreten können, deren lokale Größen das Niveau 3 haben usw.

Eine Elementaraktion **deklariere** soll nun so ablaufen, daß ein Paar $\big(b(\varrho_K), b(\varrho_{K-1})\big)$ zur Belegung hinzugefügt wird. Dabei wird vorausgesetzt, daß $b(\varrho_K) \in N \times I$ noch nicht in der Belegung als Argument auftritt und daß das Niveau in $b(\varrho_K)$ (die zweite Komponente) mit dem aktuellen Niveau $b(\nu)$ übereinstimmt. Eine Erweiterung wird in II.3.11 betrachtet. Der ϱ_{K-1} belegende Wert bestimmt den Typ, der in Zukunft mit dem Argument $b(\varrho_K)$ verbunden ist. Dieses Argument darf dann nur mit Werten dieses Typs verbunden werden. Auf eine Kontrolle dieser Kontextbedingung soll jedoch im Verarbeitungsautomaten verzichtet werden. Sie wird nur dadurch berücksichtigt, daß entsprechende syntaktische Regeln dieser Bedingung nicht genügende Programmformulierungen aus der Menge der Programme ausschließen. Um diese Typbedingung ersichtlich zu machen, wird in Programmierungssprachen eine Deklaration üblicherweise durch Angabe eines Typs und eines oder mehrerer zu deklarierender Namen dargestellt. Technisch gesehen bedeutet eine *Deklaration* die Bereitstellung von Speicherplatz in einer konkreten Rechenanlage. Dabei ist der Inhalt der betreffenden Speicherzelle nicht festgelegt. Das kann im abstrakten Verarbeitungsautomaten dadurch berücksichtigt werden, daß der ϱ_{K-1} belegende Wert nichtdeterministisch erzeugt wird. Er braucht nur aus einer bestimmten Datenmenge (einem Typ) zu stammen und ist sonst beliebig.

Die Elementaraktion **deklariere** kann auch zur *Parametervermittlung* benutzt werden. Formal besteht zwischen Parametervermittlung und Deklaration nur der Unterschied, daß der geschaffene Speicherplatz einmal mit einem bestimmten und einmal mit einem beliebigen Wert belegt wird. Zur Parametervermittlung soll also ϱ_{K-1} zu Beginn des Unterprogramms mit dem zu vermittelnden Wert belegt sein, wenn ϱ_K mit der Adresse des Parameters belegt ist. Wie in vielen Programmierungssprachen wird auch in Pascal von dem zu vermittelnden Wert die Erfüllung einer Typbedingung gefordert.

3.8. Adressen

Oben (II.3.1) wurde bereits erwähnt, daß ein Paar aus Namen und Niveau als Adresse angesehen werden kann, die als Argument in der Belegungsfunktion auftritt. Im Falle zusammengesetzter Werte sind Komponenten des Wertes über eine Auswahlvorschrift erreichbar. Die Auswahlvorschrift enthält als Argumente Indizes (bei Feldern), Selektoren (bei Datensätzen) oder Hinweise (bei Klassen) und einen Namen. Ein zusammengesetzter Wert ist eine Abbildung, d. h. eine Menge von Paaren der Form (a, w), wobei a ein Element seiner Argumentmenge ist. Ein Element einer solchen Argumentmenge zusammen mit dem Namen der Variablen, die der zusammengesetzte Wert belegt, soll nun ebenfalls Adresse heißen. Dadurch wird der Adressenbegriff gegenüber dem oben (II.3.1) eingeführten Begriff der Adresse erweitert und entspricht dadurch dem in konkreten Datenverarbeitungsanlagen üblichen Adressenbegriff.

Unter den gleichen Voraussetzungen wie für die Elementaraktionen $\mathbf{fk}_i$, **dk**, **kk** oder **bk** können Elementaraktionen $\mathbf{afk}_i$, **adk**, **akk** oder **abk** ablaufen, die Adressen bilden, die die nötigen Informationen zur Auswahl zusammenfassen und ϱ_K damit belegen. Im Falle einer Klasse soll die gebildete Adresse mit dem zur Auswahl benutzten Hinweis übereinstimmen.

Wenn die verwendeten Adressen so aufgebaut werden, daß ihre Strukturierung ersichtlich ist, so kann bei Belegung von ϱ_K mit einer Adresse die Elementaraktion **:=** dasselbe leisten wie eine der Elementaraktionen $\mathbf{fk}_i$**:=**, **dk:=**, **kk:=** oder **bk:=**. Diese Elementaraktionen könnten also wegfallen und jeweils durch die entsprechende Adressenbildung und durch **:=** ersetzt werden.

Die gebildeten Adressen sind als Werte für die Parametervermittlung von Bedeutung. Wenn eine Adresse zur Belegung eines Parameters p wird, so kann mit den Elementaraktionen **stapel** p, **wert** diese Adresse zur Belegung von ϱ_K werden und dann weiter verwendet werden. Entweder wird durch nochmalige Anwendung von **wert** der zugehörige (unter dieser Adresse gespeicherte) Wert zur Belegung von ϱ_K, oder durch Anwendung von := wird der betreffende Wert abgeändert. Darüber hinaus kann die Adresse auch zur nochmaligen Parametervermittlung als Wert benutzt werden.

3.9. Nichtdeterministische Erzeugung von Werten

Obwohl der Verarbeitungsautomat im allgemeinen deterministisch, d. h. eindeutig bestimmt, arbeitet, ist zur Ausführung einer Deklaration eine Bereitstellung eines beliebigen Wertes eines bestimmten Typs vorgesehen. Diese nichtdeterministische Erzeugung eines Wertes geschieht anhand einer Darstellung des Typs. Das erfordert bei zusammengesetzten Werten eine eventuell komplizierte Aktion.

Zur Erzeugung eines zusammengesetzten Wertes, der eine Abbildung ist, sind Informationen über den Definitionsbereich (die Argumentmenge) und den Wertebereich der Komponenten erforderlich. Bei Feldern ist der Definitionsbereich ein Produkt von Indexmengen, der Wertebereich der Komponenten ist beliebig wählbar und kann wieder ein zusammengesetzter Typ sein. Bei Datensätzen ist der Definitionsbereich eine Menge von Namen, und jedem Namen ist ein eigener Wertebereich zugeordnet. Klassen werden wie eindimensionale Vektoren behandelt, jedoch wird bei der erstmaligen Erzeugung eines Wertes nur ein fiktiver Wert dadurch erzeugt, daß der nicht im Definitionsbereich enthaltene Index 0 als Argument verwendet wird.

Als Beispiel für einen zusammengesetzten Typ sei

array [1 .. 2] **of array** [*Boolean*] **of array** [(*schwarz*, *weiss*)] **of** *integer*

betrachtet. Ein Wert ist z. B.

{(1, {(*false*, {(*schwarz*, 0), (*weiss*, 1)}),
    (*true*, {(*schwarz*, 1), (*weiss*, 0)})}),
 (2, {(*false*, {(*schwarz*, 0), (*weiss*, 0)}),
    (*true*, {(*schwarz*, 1), (*weiss*, 1)})})}.

Um einen derartigen Wert zu erzeugen, sind die in der Typdarstellung enthaltenen Informationen wesentlich:

1 .. 2

ist der Definitionsbereich des Typs,

array [*Boolean*] **of array** [(*schwarz*, *weiss*)] **of** *integer*

ist sein Wertebereich. Jeder Wert aus diesem Wertebereich hat

Boolean

als Definitionsbereich und

array [(*schwarz, weiss*)] **of** *integer*

als Wertebereich. Jeder Wert daraus hat

(*schwarz, weiss*)

als Definitionsbereich und

integer

als Wertebereich. Diese Informationen können nun als Belegungen der ϱ_i dienen, um daraus mit Hilfe einer Elementaraktion einen Wert des betreffenden Typs zu erzeugen. Zweckmäßigerweise strukturiert man die Folge der in den ϱ_i gespeicherten Informationen noch durch spezielle Kennzeichen. So kann man das Kennzeichen **of** verwenden, um Informationen über Definitionsbereich und Wertebereich zu trennen. Zum Beispiel kann die partielle Belegung

$b(\varrho_1) = \mathbf{A}$, $b(\varrho_2) = \mathit{integer}$, $b(\varrho_3) = \mathbf{W}$, $b(\varrho_7) = \mathbf{of}$,

$b(\varrho_5) = \mathit{schwarz}$, $b(\varrho_6) = \mathit{weiss}$, $b(\varrho_7) = \mathbf{M}$, $b(\varkappa) = 7$

benutzt werden, um mit einer Elementaraktion **feld** einen Wert des Typs **array** [(schwarz, weiss)] **of** *integer* zu konstruieren. Ist die Belegung aber

$b(\varrho_1) = \mathbf{A}$, $b(\varrho_2) = \mathit{integer}$, $b(\varrho_3) = \mathbf{W}$, $b(\varrho_4) = \mathbf{of}$, $b(\varrho_5) = \mathit{schwarz}$,

$b(\varrho_6) = \mathit{weiss}$, $b(\varrho_7) = \mathbf{M}$, $b(\varrho_8) = \mathbf{of}$, $b(\varrho_9) = \mathit{Boolean}$, $b(\varrho_{10}) = \mathbf{T}$,

$b(\varrho_{11}) = \mathbf{of}$, $b(\varrho_{12}) = 1$, $b(\varrho_{13}) = 2$, $b(\varrho_{14}) = \mathbf{I}$, $b(\varkappa) = 14$,

so kann durch **feld** ein Wert des oben betrachteten komplizierteren Datentyps konstruiert werden. Der Index des ersten ϱ_i wurde hier willkürlich als 1 gewählt, im allgemeinen ist er der Index des ersten freien Stapelelementes bei Beginn der Ausführung der Folge

stapel A, stapel *integer*, **stapel W, stapel of, stapel** *schwarz*,
stapel *weiss*, **stapel M, stapel of, stapel** *Boolean*, **stapel T,**
stapel of, stapel 1, stapel 2, stapel I

von Elementaraktionen, mit der diese Belegung der ϱ_i erzeugt wird. Durch eine Elementaraktion **feld** wird veranlaßt, daß für jeden Wert aus der Indexmenge [1, 2] ein Wert des Typs, der unterhalb des **of** in ϱ_{11} charakterisiert ist, erzeugt wird. Dabei zeigt **I** in ϱ_{14} an, daß ϱ_{12} und ϱ_{13} mit Intervallgrenzen belegt sind. Das Vorgehen ist damit rekursiv, denn die Werterzeugung ist wieder auf eine Werterzeugung zurückgeführt. Bei der Erzeugung eines solchen Wertes wird durch **T** in ϱ_{10} angedeutet, daß in ϱ_9 ein Typname — hier *Boolean* — gespeichert ist. Der zugehörige Typ soll als Indexmenge verwendet werden, daher muß bekannt sein, welche Menge durch *Boolean* dargestellt wird. Ist für das Argument *Boolean* (mit dem Niveau 0, um eine Verwechslung mit einem eventuell vorkommenden gleichen Namen auszuschließen) eine entsprechende Belegung vorhanden, kann das festgestellt werden. Wenn $b(\mathit{Boolean}) = (\mathit{false}, \mathit{true}, \mathbf{M})$ ist, so kann die Folge "*false, true,* **M**" statt "*Boolean*, **T**" nach entsprechender Verschiebung der anderen Informationen in den Stapel eingesetzt werden, um die betreffende

Indexmenge explizit zur Verfügung zu haben. Dazu wird angenommen, daß das Kennzeichen **M** auf eine davor gespeicherte Indexmenge aus einzelnen Werten — hier *false* und *true* — hinweist. Entsprechend ist die Folge "*schwarz*, *weiss*, **M**" zu verstehen, die die Menge {*schwarz*, *weiss*} als Indexmenge kennzeichnet. Der vor dem **of** in ϱ_4 charakterisierte Typ ist *integer*. Das in ϱ_1 gespeicherte **A** deutet an, daß dieser Typ nicht zusammengesetzt ist. Durch **W** in ϱ_3 wird festgelegt, daß aus der in ϱ_2 gepseicherten Typbezeichnung *integer* ein Wert abzuleiten ist, der beliebig aus diesem Typ gewählt werden kann. Hierzu kann in *b* ein Argument *integer* mit Niveau 0 vorhanden sein, das mit einer Menge zulässiger Werte belegt ist, z. B. {0} oder auch {0, 1, 2, ...}, wenn man im abstrakten Verarbeitungsautomaten unendliche Mengen als Werte zuläßt. Es ist noch zu bemerken, daß die in Stapel untergebrachten Namen eigentlich alle mit einer Niveauzahl versehen sein müßten, der Bequemlichkeit halber wird diese hier stets weggelassen.

Bei der Erzeugung eines Wertes eines mehrdimensionalen Feldes kann man ähnlich vorgehen, nur werden dann mehrere Indexmengen nacheinander angegeben, z. B.

$$b(\varrho_1) = \mathbf{A},\ b(\varrho_2) = \mathit{real},\ b(\varrho_3) = \mathbf{W},\ b(\varrho_4) = \mathbf{of},\ b(\varrho_5) = 1,\ b(\varrho_6) = 3,$$
$$b(\varrho_7) = \mathbf{I},\ b(\varrho_8) = 1,\ b(\varrho_9) = 5,\ b(\varrho_{10}) = \mathbf{I},\ b(\varkappa) = 10\,.$$

Hier erzeugt die Elementaraktion **feld** einen Wert des Typs

array [1 .. 3, 1 .. 5] **of** *real* ,

wenn man eine entsprechende Voraussetzung über die Reihenfolge der Indizes macht.

Zur Erzeugung eines Datensatzes kann man ähnlich vorgehen. Als Beispiel sei der Datensatztyp

record *tag*: 1 .. 31; *monat*: 1 .. 12; *jahr*: *integer* **end**

betrachtet. Im Stapel sei nun folgende partielle Belegung vorhanden:

$$b(\varrho_1) = \mathbf{A},\ b(\varrho_2) = \mathbf{S},\ b(\varrho_3) = 1,\ b(\varrho_4) = 31,\ b(\varrho_5) = \mathbf{I},\ b(\varrho_6) = \mathbf{W},$$
$$b(\varrho_7) = \mathbf{of},\ b(\varrho_8) = \mathit{tag},\ b(\varrho_9) = \mathbf{S},\ b(\varrho_{10}) = 1,\ b(\varrho_{11}) = 12,\ b(\varrho_{12}) = \mathbf{I},$$
$$b(\varrho_{13}) = \mathbf{W},\ b(\varrho_{12}) = \mathbf{of},\ b(\varrho_{15}) = \mathit{monat},\ b(\varrho_{16}) = \mathbf{S},\ b(\varrho_{17}) = \mathit{integer},\ b(\varrho_{18}) = \mathbf{W},$$
$$b(\varrho_{19}) = \mathbf{of},\ b(\varrho_{20}) = \mathit{jahr}.$$

Mit $K = b(\varkappa) = 20$ kann hieraus durch eine Elementaraktion **ds** ein Datensatz aufgebaut werden. Die in ϱ_2, ϱ_9 und ϱ_{16} gespeicherten **S** sollen jeweils den Beginn der Informationen für eine Komponente andeuten. Der Aufbau eines Wertes kann dann ähnlich wie bei einem Feld geschehen.

Hat der Datensatztyp Varianten, z. B.

record *a*: *real*; **case** *b*: *Boolean* **of**
false: (*c*: *real*);
true **end** ,

so kann durch Einführung weiterer Hilfswerte **K1**, **K2**, . . . und **V1**, **V2**, . . . der Stapel feiner strukturiert werden. Für das angeführte Beispiel kann ein Wert aus z. B. folgender Belegung des Stapels erzeugt werden:

$b(\varrho_1) = \mathbf{A}$, $b(\varrho_2) = \mathbf{S}$, $b(\varrho_3) = \mathit{real}$, $b(\varrho_4) = \mathbf{W}$, $b(\varrho_5) = \mathbf{of}$, $b(\varrho_6) = a$,

$b(\varrho_7) = \mathbf{K1}$, $b(\varrho_8) = \mathit{Boolean}$, $b(\varrho_9) = \mathbf{W}$, $b(\varrho_{10}) = \mathbf{of}$, $b(\varrho_{11})$, $= b$, $b(\varrho_{12}) = \mathbf{V1}$,

$b(\varrho_{13}) = \mathit{false}$, $b(\varrho_{14}) = \mathbf{S}$, $b(\varrho_{15}) = \mathit{real}$, $b(\varrho_{16}) = \mathbf{W}$, $b(\varrho_{17}) = \mathbf{of}$, $b(\varrho_{18}) = c$,

$b(\varrho_{19}) = \mathbf{V1}$, $b(\varrho_{20}) = \mathit{true}$, $b(\varrho_{21}) = \mathbf{S}$.

Hier ist $K = b(\varkappa) = 21$, und durch die Elementaraktion **ds** wird eine Variante ausgewählt, z. B. $\{(a, 3.14), (b, \mathit{true})\}$. Die **Vi** sollen zu den **Ki** mit gleichem **i** $= 1, 2, \ldots$ gehören. Das Kennzeichen **S** in ϱ_{21} ohne weitere zugehörige Information deutet darauf hin, daß die zu *true* gehörende Variante leer ist.

Die Erzeugung eines Wertes aus einer Klasse geschieht wie bei Feldern, nur wird statt der den Definitionsbereich bestimmenden Indexmenge die Maximalzahl der Komponenten verwendet. Ist also z. B. ein Wert des Typs

class 100 **of** *real*

zu erzeugen, so kann das mittels einer Elementaraktion **klasse** geschehen, die auf eine partielle Belegung

$b(\varrho_1) = \mathbf{A}$, $b(\varrho_2) = \mathit{real}$, $b(\varrho_3) = \mathbf{W}$, $b(\varrho_4) = \mathbf{of}$, $b(\varrho_5) = 100$

mit $K = b(\varkappa) = 5$ angewandt einen solchen Wert erzeugt und in ϱ_1 speichert, z. B. $(100, \{(0, x)\})$, wobei x eine beliebige reelle Zahl ist. Hier ist zu bemerken, daß erst durch Anwendung der Elementaraktion **neu** das fiktive Argument 0 durch das Argument 1 ersetzt wird, d. h. erst dann mit dem Wert operiert werden kann.

Weiter sei die Erzeugung von Werten von Mengen und Bändern betrachtet. Die Erzeugung von Mengen wurde in II.3.5 mit Hilfe von Elementaraktionen der Art **menge V** bereits betrachtet. Hier sei eine Elementaraktion **menge** eingeführt, die die nichtdeterministische Erzeugung einer Menge veranlaßt. Dazu wird wie bei der Erzeugung von Feldern in den ϱ_i eine mit **A** beginnende und mit **W** endende Beschreibung eines Datentyps gespeichert und auf diese die Elementaraktion **menge** angewandt. Ein Beispiel ist

$b(\varrho_1) = \mathbf{A}$, $b(\varrho_2) = 1$, $b(\varrho_3) = 100$, $b(\varrho_4) = \mathbf{I}$, $b(\varrho_5) = \mathbf{W}$.

Durch Anwendung von **menge** entsteht mit $K = b(\varkappa) = 5$ ein Wert des Typs **set of** 1 ·· 100, z. B. $\{1, 25, 75\}$.

Nach der Bemerkung in II.3.5 soll als Wert eines Bandes stets ein Tripel (linker Teil, rechter Teil, Bandzustand) verwendet werden. Durch eine Elementaraktion **band** — angewandt auf eine Belegung der ϱ_i wie bei der Erzeugung einer Menge — kann ein solcher Wert erzeugt werden. Dabei soll jedoch hier stets ein leeres Band erzeugt werden, da die nichtdeterministische Erzeugung nichtleerer Bänder praktisch zu Komplikationen führen kann. Der erzeugte Bandzustand ist *neutral*.

Obwohl Werte aus den Grunddatenmengen deterministisch erzeugt werden können, soll der Vollständigkeit halber auch dafür eine nichtdeterministische Erzeugung vorgesehen werden. Dazu soll eine Elementaraktion **skalar** dienen die, auf eine entsprechende Belegung der ϱ_i angewandt, einen Wert aus einer dort spezifizierten Grunddatenmenge ergibt. Z. B. wird aus $b(\varrho_1) = \mathbf{A}$, $b(\varrho_2) = $ $= integer$, $b(\varrho_3) = \mathbf{W}$ durch Anwendung von **skalar** ein ganzzahliger Wert nichtdeterministisch erzeugt.

Führt man noch ein spezielles Zeichen **P** ein, so kann dieses zur nichtdeterministischen Erzeugung von Hinweisen benutzt werden, wobei noch die betreffende Klassenvariable notiert wird. Z. B. liefert die Elementaraktion **skalar** bei Anwendung auf $b(\varrho_1) = \mathbf{A}$, $b(\varrho_2) = a$, $b(\varrho_3) = \mathbf{P}$, $b(\varrho_4) = \mathbf{W}$ einen auf einen beliebigen Wert der Klassenvariable *a* zeigenden Hinweis.

Die nichtdeterministische Erzeugung von Werten wurde hier nur an Beispielen betrachtet. Eine formale Darstellung wurde nicht angegeben, da diese Art der Werterzeugung nur von sekundärer Bedeutung ist, weil die erzeugten Werte nicht weiterverwendet werden sollen.

3.10. Typdefinitionen

In II.3.9 zeigte sich, daß für Namen von Datentypen (z. B. *Boolean*) ebenfalls Belegungen gebraucht werden, wenn diese als Indexmengen oder in anderer Weise benutzt werden. Eine solche Belegung kann nun einfach dadurch erzeugt werden, daß Beschreibungen des Datentyps als Folgen von Werten, die die ϱ_i belegen, gespeichert werden. Das kann mit Hilfe einer Elementaraktion **typ** geschehen, die darauf aufbaut, daß $b(\varrho_K)$ der Name des zu definierenden Typs ist und ab ϱ_{K-1} abwärts die Typbeschreibung gespeichert ist. Wird im ersten Beispiel von II.3.9 z. B. $K = b(\varkappa) = 15$ und $b(\varrho_{15}) = df$, so erzeugt die Elementaraktion **typ** eine Belegung b' mit

$$b'(df) = (\mathbf{A},\ integer,\ \mathbf{W},\ \mathbf{of},\ schwarz,\ weiss,\ \mathbf{M},\ \mathbf{of},\ Boolean,\ \mathbf{T},\ \mathbf{of},\ 1,\ 2,\ \mathbf{1})\ ,$$

$$b'(\varkappa) = 0\ .$$

In einem Pascalprogramm entspricht das der Einführung der Abkürzung *df* durch

df = **array** [1 .. 2] **of array** [*Boolean*] **of array** [(*schwarz*, *weiss*)] **of** *integer* .

3.11. Blockbildung

Beim rekursiven Aufruf einer Prozedur (vgl. I.6) kann eine Adresse (Paar aus Namen und Niveau) mehrfach mit Werten belegt werden. Dadurch verliert die Belegung ihre Eindeutigkeit, ist also keine Funktion mehr. Um der Belegung den Charakter einer Funktion zu erhalten, kann man die Namen ein zweites Mal kennzeichnen. Die erste Kennzeichnung ist das in II.3.1 eingeführte Niveau, das als *statisches Niveau* bezeichnet werden soll. Zusätzlich wird nun ein *dynamisches Niveau* eingeführt. Entsprechend der oben eingeführten Speicherung des aktuellen statischen Niveaus unter einem Hilfsnamen ν soll eine Hilfsname ϑ mit dem aktuellen dynamischen Niveau belegt sein. Das dynamische Niveau soll ebenfalls eine natürliche Zahl sein. Führt man die Bezeichnung $C = I \times I$ ein, so wird nun die Belegung als Abbildung $(N \times C \cup H) \to W$ definiert.

Eine partielle Belegung, deren Namen sämtlich das gleiche statische und auch das gleiche dynamische Niveau haben, soll *Belegungsblock* (kurz *Block*) heißen. Formal ist also ein Belegungsblock eine Menge $\{(x, w): x \in N \times \{c\}, c \in C, w \in W\}$. Im abstrakten Programm sollen jedoch nur Namen in Verbindung mit dem statischen Niveau verwendet werden. Kommt ein solches Element aus $N \times I$ — oben als Adresse bezeichnet — mehrfach in der Belegung vor, so ist bei einer Aktion unter Benutzung dieser Adresse dasjenige Argument aus der Belegung auszuwählen, welches das größte dynamische Niveau hat. Wird — wie in II.3.8 beschrieben — eine Adresse als Wert bei einer Parametervermittlung benutzt, soll sie jedoch das statische und das dynamische Niveau enthalten, d. h. ein Paar aus $N \times C$ sein. Wenn diese Adressenbegriffe unterschieden werden sollen, seien sie als statische Adresse und dynamische Adresse bezeichnet.

Zu der in II.3.7 betrachteten Elementaraktion **deklariere** ist zu ergänzen, daß das zur Belegung hinzuzufügende Paar jetzt $((b(\varrho_K), b(\vartheta)), b(\varrho_{K-1}))$ wird, wobei $(b(\varrho_K), b(\vartheta))$ als Bezeichnung für das Element aus $N \times C$ verwendet wird, das aus dem in ϱ_K gespeicherten Paar aus einem Namen und dem aktuellen statischen Niveau sowie dem in ϑ gespeicherten aktuellen dynamischen Niveau zusammengesetzt ist.

Obwohl die Einstellung der aktuellen statischen und dynamischen Niveaus mit den bisher beschriebenen Elementaraktionen möglich ist, seien einige weitere Elementaraktionen eingeführt. Durch die Elementaraktion **niveau** wird, falls ϱ_K mit einem Paar aus Namen und statischem Niveau belegt ist, das aus diesem Paar extrahierte und um 1 erhöhte Niveau zur Belegung von ϱ_K. Durch eine Elementaraktion **blockanfang** wird eine ϱ_K belegende Niveauzahl zur Belegung von ν, und gleichzeitig wird das ϑ belegende dynamische Niveau um 1 erhöht. Die bei der Ausführung von **niveau** vorgesehene Erhöhung des statischen Niveaus um 1 erfolgt, weil diese Elementaraktion beim Aufruf von Prozeduren verwendet wird. Vorher wird der Prozedurname zusammen mit seinem statischen Niveau in ϱ_K gespeichert, und es wird postuliert, daß die innerhalb eiens Prozedur (eines Unterprogramms) zu deklarierenden Größen ein um 1 höherer statisches Niveau als der Prozedurname haben sollen.

Eine weitere Elementaraktion **tilge** soll so wirken, daß unter der Voraussetzung, daß ϱ_K mit einem statischen Niveau belegt ist, dieses Niveau zur Belegung von ν wird. Danach wird das höchste dynamische Niveau festgestellt, das mit diesem statischen Niveau verbunden unter den Argumenten der Belegung vorkommt und kleiner als $b(\vartheta)$ ist. Es wird zur neuen Belegung von ϑ, und aus der Belegungsfunktion werden alle Elemente entfernt, deren dynamisches Niveau größer ist. Dazu soll eine Folge von Hilfsnamen σ_1, σ_2, ... eingeführt werden, in der bei **blockanfang** $\sigma_{b(\vartheta)}$ (mit dem neuen $b(\vartheta)$ als Index) mit dem alten aktuellen statischen Niveau ($b(\nu)$ vor Ausführung von **blockanfang**) belegt wird. In dieser Folge ist bei Ausführung von **tilge** mit $\sigma_{b(\vartheta)-1}$ beginnend rückwärts das erste Auftreten des statischen Niveaus aus ϱ_K zu suchen. Der Index i des betreffenden σ_i gibt dann das gesuchte dynamische Niveau an. Eine Elementaraktion **blockende** soll bewirken, daß ϱ_K mit $b(\sigma_{b(\vartheta)})$, d. h. dem statischen Niveau, das durch **blockanfang** zur Belegung von $\sigma_{b(\vartheta)}$ wurde, belegt wird.

3.12. Weitere Elementaraktionen

In Pascalprogrammen können einige spezielle Funktionen — sogenannte *Standardfunktionen* — auftreten, denen im abstrakten Verarbeitungsautomaten spezielle einstellige Elementaraktionen zugeordnet werden sollen. Sie dienen zur Berechnung elementarer analytischer Funktionen und anderer spezieller Funktionen. In realen Automaten können Funktionen wie Quadratwurzel und trigonometrische Funktionen nur genähert berechnet werden, da nur Algorithmen unter Benutzung der vier Grundrechnungsarten abgearbeitet werden können. Da in realen Automaten die Stellenzahl beschränkt ist, werden dort im allgemeinen Resultate genähert dargestellt. In abstrakten Automaten kann man jedoch annehmen, daß mit reellen Zahlen gearbeitet wird und daß den erwähnten Funktionen entsprechende Belegungsänderungen ausgeführt werden können.

In Tabelle 7 sind zugehörige einstellige Elementaraktionen zusammengestellt. Dabei ist $\langle T_p \rangle$ der Typ des Operanden, $\langle T_r \rangle$ der Typ des Resultates, die Bezeichnungen entsprechen denen von II.3.4. $\langle T_r \rangle = ri$ bedeutet, daß $\langle T_r \rangle = real$,

Tabelle 7: Spezielle einstellige Elementaraktionen

Elementaraktion	T_p	T_z	r
absolut	*ri*	*ri*	$\|p\|$
quadrat	*ri*	*ri*	p^2
sinus	*ri*	*real*	$\sin p$
cosinus	*ri*	*real*	$\cos p$
exp	*ri*	*real*	e^p
ln	*ri*	*real*	$\ln p$
wurzel	*ri*	*real*	$\sqrt{p}$
arctan	*ri*	*real*	$\arctan p$
ungerade	*integer*	*Boolean*	*true*, wenn p ungerade, sonst *false*
abschneiden	*real*	*integer*	r genügt $\|r - p\| < 1$ und $\|r\| \leqq \|p\|$
ordnungszahl	*char*	*integer*	Nummer von p in der geordneten Menge **C**
zeichen	*integer*	*char*	Umkehrung von **ordnungszahl**

wenn $\langle T_p \rangle = real$ und $\langle T_r \rangle = integer$, wenn $\langle T_p \rangle = integer$. Weiter ist $p = b(\varrho_K)$ und $r = b'(\varrho_K)$, wenn $b' = \delta(b, e)$ die Belegungsänderung bei Ausführung der Elementaraktion e beschreibt.

Eine weitere Elementaraktion **packen** dient dazu, aus einem Vektor von Zeichen n aufeinanderfolgende Zeichen zu entnehmen und diese in einem Wert vom Typ *alfa* zusammenzufassen. Sind $a_i, a_{i+1}, \dots, a_{i+n-1}$ n im Vektor a ab Index i aufeinanderfolgende Zeichen, so sollen sie nach Anwendung von **packen** in dieser Reihenfolge das erste bis n^{te} Zeichen eines Wertes aus $\mathbf{A} = \mathbf{C}^n$ bilden, wobei n die in II.1 erwähnte maschinenabhängig festgelegte Konstante ist. Die Elementaraktion **packen** ist dreistellig und operiert mit den Belegungen $a = b(\varrho_{K-2})$, $i = b(\varrho_{K-1})$, $z = b(\varrho_K)$, wobei $K = b(\varkappa)$, a und z Variable und i eine ganze Zahl sind. a muß mit einem Vektor von Zeichen belegt sein, in dessen Indexmenge das Intervall $[i, i + n - 1]$ enthalten sein muß. Nach Ausführung der Elementaraktion ist $b'(z)$ das erzeugte Wort vom Typ *alfa*. Voraussetzung ist, daß z mit Werten vom Typ *alfa* belegt werden darf, d. h., daß $b(z) \in alfa$ gilt. Weiter wird $b'(\varkappa) = b(\varkappa) - 3$, d. h., die Argumente von **packen** werden aus der Belegung entfernt.

Die Umkehrung der Elementaraktion **packen** ist die Elementaraktion **auflösen**. Mit $z = b(\varrho_K)$, $i = b(\varrho_{K-1})$, $a = b(\varrho_{K-2})$ und den gleichen Voraussetzungen über a, z und i wie soeben bringt diese Elementaraktion die n aufeinanderfolgenden Zeichen aus z in den Speicherzellen für $a_i, a_{i+1}, \dots, a_{i+n-1}$ unter. Wie oben werden die höchsten drei Informationen in den ϱ_j gelöscht.

Abschließend sei noch bemerkt, daß nicht beliebige Folgen von Elementaraktionen ausgeführt werden können. Es besteht die Einschränkung, daß jede Elementaraktion auf den Zustand, den die vorhergehende erzeugt hat, anwendbar sein muß. Bei der Einführung der einzelnen Elementaraktionen wurden die Voraussetzungen dafür angegeben. Dazu gehören z. B. Voraussetzungen über die Typen der zu verknüpfenden Werte, so ist die Elementaraktion **plus** nur für arithmetische Werte definiert, die Elementaraktion **oder** nur für Wahrheitswerte usw. Bei Anwendung von **deklariere** muß ϱ_K mit einem solchen Element aus $N \times I$ belegt sein, daß $(b(\varrho_K), b(\vartheta))$ noch nicht als Argument in b vorkommt. Vor der Deklaration muß der Wert in ϱ_{K-1} durch eine passende Folge von Elementaraktionen — wie in II.3.8 beschrieben — erzeugt werden.

Derartige Einschränkungen für Folgen ausführbarer Elementaraktionen spiegeln sich nun als Einschränkungen für die Aufstellung von Pascalprogrammen wider. Auf die in Pascalprogrammen möglichen Schreibweisen wird in den nächsten Abschnitten eingegangen.

4. Ausdrücke

In Programmierungssprachen werden Aktionen (Folgen von Elementaraktionen) durch möglichst einfache Texte beschrieben. Die Aktionen, die zur Berechnung von Werten dienen, werden im allgemeinen durch *Ausdrücke* dargestellt. Der Begriff des Ausdrucks tritt auch in Pascal auf. Seine Bestandteile sind Variable, Konstanten, Werte von Funktionen und Operationszeichen.

Tabelle 8: Pascal-Symbole für Elementaraktionen

Elementaraktion	Pascal-Symbol	Elementaraktion	Pascal-Symbol
plus	$+$	**größer**	$>$
minus	$-$	**nichtgrößer**	$\leqq$
mal	*	**in**	**in**
durch	/	**oder**	$\vee$
div	**div**	**vereinigung**	$\vee$
rest	**mod**	**und**	$\wedge$
invers	$-$	**durchschnitt**	$\wedge$
gleich	$=$	**differenz**	$-$
ungleich	$\neq$	**teil**	$\leqq$
kleiner	$<$	**umfaßt**	$\geqq$
nichtkleiner	$\geqq$	**negation**	$\neg$

Zunächst seien in Tabelle 8 Symbole zur Darstellung der zweistelligen und einstelligen Elementaraktionen aus II.3.3 und II.3.4 angegeben. Hierbei sind die Elementaraktionen **invers** und **negation** einstellig, alle anderen sind zweistellig. Um eine mit einer zweistelligen Elementaraktion abschließende Folge von Elementaraktionen darzustellen, wird in Pascal ebenso wie sonst üblich das entsprechende Symbol zwischen die Darstellungen der beiden vorher zu berechnenden (im Verarbeitungsautomaten ϱ_{K-1} und ϱ_K belegenden) Operanden geschrieben. Für die Darstellung der Operanden bestehen mehrere Möglichkeiten:

(1) Wenn ein Operand eine Konstante ist, wird eine ihrer Pascal-Darstellungen notiert.

(2) Wenn ein Operand der Wert einer Variablen ist, wird diese Variable notiert.

(3) In Prozeduren können auch formale Parameter als Operanden notiert werden. Der Wert ergibt sich aus dem beim Aufruf vermittelten aktuellen Parameter.

(4) Wenn ein Operand Resultat einer Aktion ist, wird die Darstellung dieser Aktion (ein Ausdruck) notiert und in Klammern eingeschlossen. In gewissen Fällen kann auf dieses Einklammern verzichtet werden.

Hiernach wird also die einstellige Elementaraktion **wert**, die das Ersetzen einer Variablen durch ihren Wert veranlaßt, in Pascalprogrammen nicht dargestellt. Für die Darstellung einer mit einer einstelligen Elementaraktion abschließenden Folge von Elementaraktionen gilt das Entsprechende. Dabei wird das Operationssymbol vor den Operanden gestellt. Weiter werden die Operanden selbst auch als Ausdrücke betrachtet. Sie können beliebig in Klammern eingeschlossen werden. Schließlich kann ein + als einstelliger Operator ohne Wirkung vor einem Operanden notiert werden.

Es ist auf jeden Fall darauf zu achten, daß die Operanden Werte eines Typs sind, auf den das betreffende Operationssymbol anwendbar ist. Das bedingt die Existenz von Deklarationen im Programm, die so angeordnet sein müssen, daß die entsprechenden Elementaraktionen **deklariere**, die die betreffenden Variablen als Argumente in die Belegung aufnehmen, vor Ausführung des Ausdrucks abgelaufen sind. Außerdem dürfen natürlich die Variablen noch nicht wieder aus der Belegung entfernt worden sein.

In den folgenden Beispielen für die Notation von Ausdrücken wird vorausgesetzt, daß entsprechende Deklarationen in einem umfassenden Programm existieren:

$$a + b,\quad -1,\quad x - 1,\quad +5,\quad +x,\quad (-5) * 2,\quad -(5 * 2),\quad (a + b) * c\,,$$

$$(a - b) * (-1),\quad a/7,\quad 0/a,\quad 5\ \mathbf{div}\ x,\quad i\ \mathbf{mod}\ (j + 1),\quad x > 1\,,$$

$$(x > 1) \wedge (x < 2),\quad \neg\, ((a \neq b) \wedge (a < c)),\quad 'A'\ \mathbf{in}\ m\,,$$

$$\neg\, ('A'\ \mathbf{in}\ m),\ (x + 1)\ \mathbf{in}\ n\,.$$

Für die beiden letzten Beispiele lauten die zugehörigen Folgen von Elementaraktionen:

stapel 'A', **stapel** *m*, **wert**, **in**, **negation**;
stapel *x*, **wert**, **stapel** 1, **plus**, **stapel** *n*, **wert**, **in**.

Dabei wird vorausgesetzt, daß *m*, *n* und *x* Variablennamen sind.

Tritt als Operand eine Menge auf, die mit Hilfe einer der in II.3.5 betrachteten Elementaraktionen **menge V** (**V** sei ein Grunddatentyp mit Ausnahme von Hinweisen) gebildet wird, so werden die Darstellungen der einzelnen diese Menge bildenden Elemente durch Kommata getrennt notiert und in eckige Klammern eingeschlossen, wie bereits in II.2.5 erwähnt wurde. Die leere Menge wird durch [ ] bezeichnet. Beispiele für Ausdrücke mit so dargestellten Mengen als Operanden sind $[1, 2, 3] \vee m$, a **in** $[a, b]$, $([a, b] \vee m) \wedge [b, c]$.

Als Operanden können auch *Komponenten* zusammengesetzter Werte auftreten, deren Extraktionen aus einem zusammengesetzten Wert durch die in II.3.5 betrachteten Elementaraktionen veranlaßt wird. Es handelt sich dabei um die Auswahl aus Feldern, Datensätzen, Klassen oder Bändern. Obwohl — abstrakt betrachtet— hier Funktionswerte vorliegen, werden diese Komponenten in Pascal und anderen Programmierungssprachen als Werte von Variablen betrachtet. Solche Variable können auch einzeln mit Werten belegt werden. Die in I.5 gegebene Erläuterung des Variablenbegriffs ist also entsprechend zu erweitern.

Eine Komponente eines n-dimensionalen Feldes wird durch eine Elementaraktion $\mathbf{fk}_n$ ausgewählt, wobei aufeinanderfolgende ϱ_i mit Werten der n Indizes und dem Feldnamen belegt sind. In Pascal wird ein solcher extrahierter Wert in der Form

⟨Feldname⟩ [⟨Index 1⟩, ... , ⟨Index *n*⟩]

notiert, wobei ⟨Index 1⟩, ... , ⟨Index *n*⟩ Ausdrücke sind, die Werte der Indextypen liefern, die zum betreffenden Feldnamen gehören (vgl. II.2.1). Beispiele sind *x*[1], *y*[*false*], *z*[*weiss*], *a*[1, 1], *x*[*r* + 1], *a*[*i*, *k* − 1], *y*[¬('A' **in** *m*)]. Die Indexausdrücke sind in der Reihenfolge zu notieren, in der sie als Argumente der betreffenden Komponente auftreten. Eine derartige Notation wird als indizierte Variable bezeichnet, ihr Wert ist von dem Typ, der in der Notation des Feldtyps (vgl. II.2.1) hinter **of** steht. Ist ein solcher Wert wieder ein Feld, so kann daraus nochmals eine Auswahl erfolgen. Die Schreibweise ist einfach so, daß eine entsprechende Folge von Indizes (Ausdrücken) ebenfalls in eckige Klammern eingeschlossen hinter dem ersten extrahierten Wert notiert wird. Das kann bei entsprechend deklarierten Feldern auch mehrfach geschehen. Beispiele sind *a*[1] [2] und *f*[*a*, 8] [*true*] [3]. In II.3.5 wurden für solche Fälle die Elementaraktionen $\mathbf{nfk}_i$ eingeführt, die zur Bereitstellung der Zwischenwerte (in den hier angegebenen Beispielen *a*[1], *f*[*a*, 8] und *f*[*a*, 8] [*true*]) für die weitere Extraktion sorgen.

Die Auswahl einer Komponente aus einem Datensatz wird entsprechend notiert, nur wird hier der Selektor hinter den Datensatznamen durch einen Punkt getrennt geschrieben. Ist die ausgewählte Komponente wieder zusammengesetzt, so kann die Auswahl wiederholt werden. Je nach Aufbau des zusammengesetzten Wertes können auch Auswahlen durch Selektoren und Indizes gemischt auftreten. Beispiele sind

(1) *datum.tag*,
(2) *rekord.name*[1] ,
(3) *liste*[25].*wert* .

Die Auswahl aus einer Klasse geschieht mit Hilfe eines Hinweises, der stets als Wert einer Hinweisvariablen darzustellen ist. Es sind auch indizierte Variable, Datensatzkomponenten, Klassenkomponenten und Bandkomponenten als Hinweisvariable zugelassen. Die Schreibweise ist so, daß der auswählende Hinweis vor einem Zeichen ↑ notiert wird. Der Name der Klassenvariablen tritt dabei nicht in Erscheinung, weil jede Hinweisvariable bei ihrer Deklaration bereits mit einer Klassenvariablen verbunden wird. Beispiele für die Notation von aus Klassen ausgewählten Werten sind

(1) *h*↑ ,
(2) p[3]↑ ,
(3) *h*↑.*zeiger*↑ ,
(4) *w*↑↑ .

In (1) ist *h* eine Hinweisvariable, *h*↑ bezeichnet den aus der zugehörigen Klasse ausgewählten Wert. In (2) bezeichnet *p* einen Vektor von Hinweisen, die Komponente *p*[3] ist ein den Wert *p*[3]↑ auswählender Hinweis. In (3) muß die Klassenkomponente *h*↑ ein Datensatz sein, aus dem durch den Selektor *zeiger* ein

Hinweis ausgewählt wird, der eine durch $h\uparrow.zeiger\uparrow$ bezeichnete Komponente der zugeordneten Klasse auswählt. In (4) muß die durch $w\uparrow$ bezeichnete Klassenkomponente wieder ein Hinweis sein, dessen zugeordnete Klassenkomponente mit $w\uparrow\uparrow$ bezeichnet wird.

Die aus einem Band auswählbare Komponente ist der erste Wert des rechten Teils und wird durch die Bandvariable mit nachfolgendem $\uparrow$ bezeichnet. Die Schreibweise entspricht also der einer Klassenkomponente. Bezeichnet eine solche Bandkomponente einen zusammengesetzten Wert, so sind die anderen erwähnten Auswahlmöglichkeiten entsprechend der Art dieses Wertes anwendbar. Beispiele sind $f\uparrow$, $f1\uparrow[2]$, $f2\uparrow.x$ und $f3\uparrow\uparrow$. Im letzten Beispiel muß $f3\uparrow$ ein Hinweis sein, $f3\uparrow\uparrow$ bezeichnet die durch ihn ausgewählte Klassenkomponente.

Als Operanden verwendbare Werte können durch längere Prozesse erzeugt werden, Es werden dann entweder in Klammern eingeschlossene Beschreibungen dieser Prozesse notiert oder es wird die Funktionsschreibweise verwendet. Diese hat den Vorteil, daß ein Prozeß durch Einführung von Parametern variiert werden kann. Auch die bisher erwähnten Elementaraktionen können als Funktionen angesehen werden, z. B. die Elementaraktion **plus** als eine Funktion mit zwei Parametern. In Pascalprogrammen besteht jedoch ein Unterschied in der Schreibweise zwischen den bisher betrachteten Elementaraktionen und den in II.3.12 eingeführten Elementaraktionen. Letztere werden so notiert, daß ein die Funktion charakterisierender Name gefolgt von einer eingeklammerten Liste von Argumenten niedergeschrieben wird. Die Argumente werden auch als *aktuelle Parameter* bezeichnet, als Trennzeichen zwischen ihnen dient das Komma. Diese Schreibweise entspricht also der in der Mathematik üblichen Funktionsschreibweise. Der eine Funktion charakterisierende Name ist entweder eine Standardbezeichnung, also für alle Pascalprogramme gleichartig festgelegt, oder es handelt sich um eine in einer *Funktionsdeklaration* eingeführte Bezeichnung. Eine solche Funktionsdeklaration beschreibt ein Unterprogramm, das einen Wert erzeugt.

Tabelle 9 gibt zu den in II.3 betrachteten und nicht in Tabelle 8 aufgeführten einstelligen Elementaraktionen zur Erzeugung von Funktionswerten die

Tabelle 9: Standardfunktionen in Pascal

Elementaraktion	Pascal-schreibweise	Elementaraktion	Pascal-schreibweise
nachfolger	*succ* (*x*)	**wurzel**	*sqrt* (*x*)
vorgänger	*pred* (*x*)	**arctan**	*arctan* (*x*)
absolut	*abs* (*x*)	**ungerade**	*odd* (*x*)
quadrat	*sqr* (*x*)	**abschneiden**	*trunc* (*x*)
sinus	*sin* (*x*)	**ordnungszahl**	*ord* (*x*)
cosinus	*cos* (*x*)	**zeichen**	*chr* (*x*)
exp	*exp* (*x*)	**bandende**	*eof* (*x*)
ln	*ln* (*x*)		

in Pascalprogrammen jeweils zu verwendende Schreibweise an, wobei x für das Argument steht. Die Typen von Parameter und Resultat wurden in II.3.4 (für *succ* und *pred*), in II.3.5 (für *eof*) und in II.3.12 angegeben. Alle Standardfunktionen können ebenso wie andere zu deklarierende Funktionen als Operanden des Resultattyps verwendet werden. Dabei können Ausdrücke jeweils vorgeschriebenen Typs als aktuelle Parameter (Argumente) auftreten. Beispiele für Ausdrücke unter Verwendung von Standardfunktionen sind:

$$abs(x + y),\quad succ(figur),\quad odd(i),\quad sqrt(sqr(x) + sqr(y)),$$
$$ord('A'),\quad eof(f),\quad trunc(sqr(z)),\quad 1 + sqrt(5)\ ,$$
$$exp(-sqr(x)) < 0.5,\quad odd(trunc(x)) \wedge (abs(x) < 10)\ .$$

Oben wurde bereits erwähnt, daß bei der Notation von Ausdrücken in gewissen Fällen Klammern um Operanden weggelassen werden können. Dazu dienen Vorrangregeln für Operatoren. Die Klammern um einen Teilausdruck, der wieder als Operand verwendet wird, können weggelassen werden, wenn der im Teilausdruck verwendete Operator eine höhere Priorität hat als der Operator, der diesen Teilausdruck als Operanden verarbeiten soll. Zum Beispiel hat der Multiplikationsoperator $*$ eine höhere Priorität als der Additionsoperator $+$. Im Ausdruck $(a * b) + c$ können also die Klammern weggelassen werden, man kann $a * b + c$ schreiben. Die Operatoren werden in vier Prioritätsklassen eingeteilt, denen Prioritäten 1 bis 4 zugeordnet werden (Tabelle 10).

Tabelle 10: Priorität von Operatoren

Priorität	Operatoren
4	$\neg$
3	$*$, /, **div**, **mod**, $\wedge$
2	$+$, $-$, $\vee$
1	$=$, $\neq$, $<$, $\leqq$, $\geqq$, $>$, **in**

Beispiele für das Weglassen von Klammern sind:

(1) $\neg a \wedge b$ statt $(\neg a) \wedge b$,
(2) $\neg(a < b) \vee c \wedge d$ statt $(\neg(a < b)) \vee (c \wedge d)$,
(3) $(a$ **in** $m) \vee \neg (b$ **in** $[1, 2])$ statt $(a$ **in** **m**$) \vee (\neg(b$ in $[1, 2]))$,
(4) i **div** $2 - 1$ statt $(i$ **div** $2) - 1$,
(5) $sqr(a) * b - sqr(b) * a$ statt $(sqr(a) * b) - (sqr(b) * a)$,
(6) $a + b \neq c * d$ statt $(a + d) \neq (c * d)$.

Weiter ist es möglich, Klammern um den linken Operanden eines zweistelligen Operators wegzulassen, wenn dieser linke Operand mittels eines Operators gleicher Priorität gebildet wurde. Beispiele hierfür sind

(7) $a - b + c$ statt $(a - b) + c$,
(8) $a/b * c$ statt $(a/b) * c$.

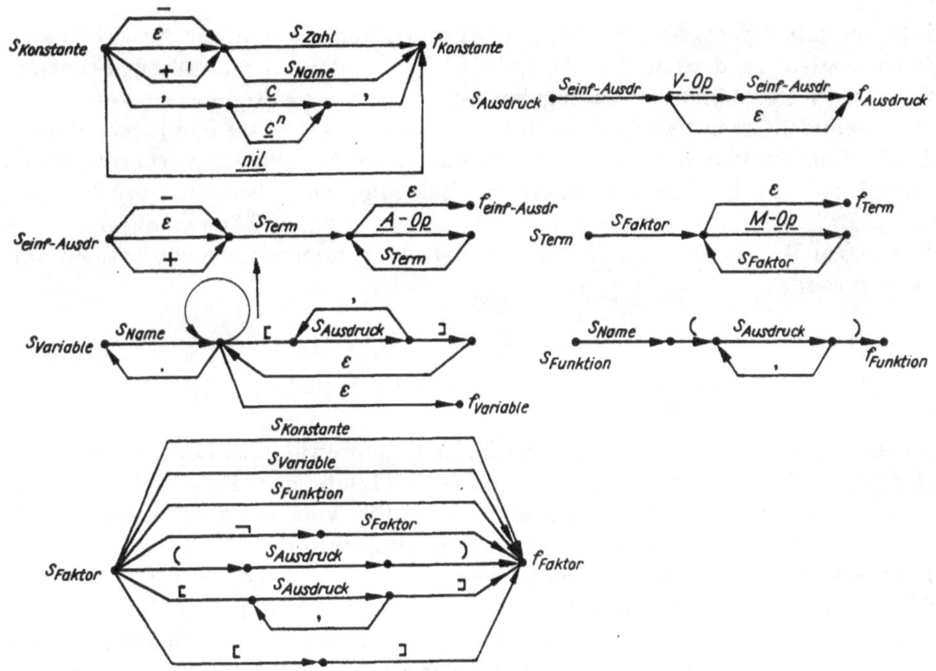

Abb. 13. Automatensystem zur Erzeugung von Ausdrücken

Entsprechendes gilt auch für das Weglassen von Klammern für den Operanden des einstelligen Operators $\neg$, ein Beispiel ist

(9) $\neg\ \neg a$ statt $\neg(\neg a)$.

In Abb. 13 ist ein Automatensystem mit dem Anfangszustand $s_{Ausdruck}$ dargestellt. Nicht jede von diesem Automatensystem erzeugbare Zeichenfolge ist ein Ausdruck, aber jeder Ausdruck ist als Ausgabewort dieses Automatensystems erzeugbar. Das liegt daran, daß Variable, Funktionen und Konstanten nur entsprechend dem jeweiligen Typ verwendet werden dürfen, der in einer Deklaration oder ggf. einer Konstantendefinition festgelegt wird. Die Bildungsmöglichkeiten für Ausdrücke hängen daher vom Kontext ab, der im hier dargestellten Automatensystem nicht berücksichtigt wird. Die durch ein solches Automatensystem beschriebene Sprache heißt daher auch *kontextfreie Sprache.*

In Abb. 13 sind wie üblich an den Kanten nur Ausgaben notiert. Die Notierungen **V-OP**, **A-OP** bzw. **M-OP** an einer Kante dienen als Ersatz für mehrere Kanten zwischen den gleichen Knoten, die jeweils mit einem *Vergleichsoperator, Additionsoperator* bzw. *Multiplikationsoperator* als Ausgabezeichen bewertet sind. Die betreffenden Zeichen sind in Tabelle 10 zu den Prioritäten 1, 2 und 3 notiert. Die Teilsysteme s_{Zahl} und s_{Name} sind bereits in Abb. 9 und Abb. 10 dargestellt. Entsprechend steht **C** für eine Ausgabe eines beliebigen Zeichens aus **C**,

d. h., die mit **C** bewertete Kante ist als Bündel von Kanten mit Ausgaben aller Zeichen aus **C** zu deuten. Die Ausgabe $\mathbf{C}^n$ bedeutet ähnlich, daß ein beliebiges Wort von *n* Zeichen aus **C** auszugeben ist.

Zusammenfassend sei festgehalten, daß Ausdrücke — wie bereits erwähnt — Beschreibungen von Wertberechnungen sind. Jeder berechnete Wert erscheint im abstrakten Verarbeitungsautomaten als Belegung des obersten Stapelelementes ϱ_K. Er kann weiter verarbeitet werden, d. h. wieder zur Berechnung eines Ausdrucks, zur Bewertung einer Variablen oder als Argument für eine Prozedur verwendet werden.

5. Variablendeklarationen, Typdefinitionen, Konstantendefinitionen

Wie in II.3.7 erläutert wurde, sind die Belegungsfunktionen, die als Zustände des abstrakten Verarbeitungsautomaten dienen, im Laufe eines Datenverarbeitungsprozesses aufzubauen. Das geschieht mit Hilfe von Variablendeklarationen. Durch eine *Variablendeklaration* wird die Belegungsfunktion um ein Paar (*Adresse*, *Wert*) erweitert. Die dazu dienende Elementaraktion **deklariere** wirkt auf einen Wert und eine Adresse (Name mit statischem Niveau).[1]) In Pascalprogrammen wird dieser Wert in einer Variablendeklaration als Darstellung des zugehörigen Typs notiert. Diese Darstellung folgt auf den zu deklarierenden Namen und einen Doppelpunkt. Das zugehörige statische Niveau wird nicht explizit dargestellt, es ist aber aus der Programmstruktur berechenbar. Die in Pascalprogrammen verwendbaren Typdarstellungen wurden in II.1 und II.2 angegeben. Es ist möglich, mehrere Deklarationen von Namen mit dem gleichen Typ zusammen zu notieren. In diesem Falle werden die Namen durch Kommata getrennt vor dem Doppelpunkt und der nachfolgenden Typdarstellung notiert.

Die benutzte Typdarstellung kann als Schreibweise für eine in II.3.9 beschriebene nichtdeterministische Werterzeugung angesehen werden. Hierzu sei bemerkt, daß zur Darstellung einer Parametervermittlung die gleiche Schreibweise für die formalen Parameter benutzt wird, aber der zur Belegung verwendete Wert vor dem Aufruf deterministisch erzeugt wird und als Typ nur ein Name auftreten darf. Beispiele für Variablendeklarationen sind:

(1) *x*: *real* ,
(2) *a*, *b*, *c*: *real* ,
(3) *i*, *j*, *k*: *integer* ,
(4) *b*1, *b*2: *Boolean* ,
(5) *s*11, *s*12: *alfa* ,
(6) *nz*: *char* ,
(7) *t*: 1 .. 31 ,
(8) *datum*: **record** *tag*: 1 .. 31; *monat*: 1 .. 12; *jahr*: 0 .. 2000 **end** ,

[1]) Da die Belegung eine Funktion ist, darf ein Name auf dem gleichen Niveau nicht mehrfach deklariert werden.

(9) *bestand*: **set of** *figur* ,
(10) *v*1,*v*2: *vektor*100 ,
(11) *z*1, *z*2: *union* ,
(12) *ber*1, *ber*2: *bericht* ,
(13) *bk*: **class** 50 **of** *bericht* ,
(14) *pbk*: *bk* ,
(15) *in*: **file** 8 **of** *char* ,
(16) *mat*: **array** [1 .. 10, 1 .. 10] **of** *real* .

In den Beispielen (9) bis (12) werden in II.1 und II.2.6 definierte Typen benutzt.

In Abb. 14 ist ein Automatensystem zur Erzeugung von Variablendeklarationen dargestellt. Sein Anfangszustand ist $s_{Var\text{-}Dekl}$. Die Teilsysteme mit den

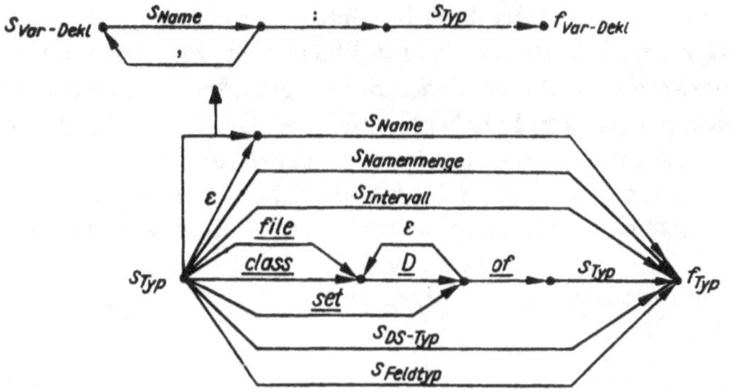

Abb. 14. Automatensystem zur Erzeugung von Variablendeklarationen

Anfangszuständen s_{Name}, $s_{Intervall}$, $s_{Feldtyp}$ und $s_{DS\text{-}Typ}$ wurden bereits früher dargestellt (Abb. 10, 11, 12). **D** bezeichnet wie in Abb. 9 die Ausgabe einer Ziffer.

Typdefinitionen wurden in II.1 und II.3.10 betrachtet. Durch eine Elementaraktion **typ** wird ein Name mit einer Darstellung des Typs belegt. Die Schreibweise wurde in II.3.10 angegeben.

In II.1 wurden *Konstantendefinitionen* und ihre Schreibweise eingeführt. Im Verarbeitungsautomaten kann man die in Konstantendefinitionen belegten Namen wie Variable behandeln. Die Konstantendefinition wird dann in einer Folge von Elementaraktionen "**stapel** $x1$, **stapel** $x2$, **:=**" abgearbeitet, wobei $x2$ die definierende Konstante und $x1$ den zu definierenden Namen mit dem zugehörigen statischen Niveau bezeichnen. Bei Verwendung dieser Konstanten müssen dann die zwei Elementaraktionen **stapel** $x1$ und **wert** ablaufen.

In Abb. 15 sind Teilsysteme mit den Anfangszuständen s_{TD} und s_{KD} zur Erzeugung von Typdefinitionen und Konstantendefinitionen dargestellt. Beispiele sind in II.1 und II.3.10 enthalten. Die Teilsysteme mit den Anfangszuständen $s_{Konstante}$ und s_{Typ} wurden in Abb. 13 und 14 dargestellt.

Bei der Verwendung *mehrfach* deklarierter oder definierter Namen ist zu beachten, daß ein solcher Name stets diejenige Adresse (Paar aus Namen und statischem Niveau) im abstrakten Programm darstellt, die das größtmögliche statische Niveau hat. Dieses Niveau darf aber nicht größer als das aktuelle statische Niveau sein. Man sagt auch, daß der Name einen *Gültigkeitsbereich* hat

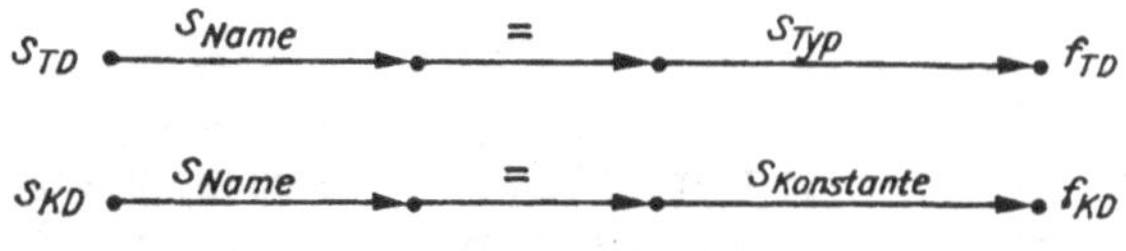

Abb. 15. Teilsysteme zur Erzeugung von Typdefinitionen und Konstantendefinitionen

in dem er verfügbar ist. Dieser Gültigkeitsbereich ist das Unterprogramm (die *Prozedur* oder *Funktion*), innerhalb dessen er deklariert ist, mit Ausnahme darin enthaltener Unterprogramme, in denen er neu deklariert oder definiert wird. Das gesamte Unterprogramm heißt auch *Lebensbereich* des Namens. Ein Pascalprogramm ist in diesem Zusammenhang ebenfalls als Prozedur anzusehen.

Bei der Vermittlung Adressen darstellender aktueller Parameter an formale Parameter werden statisches und dynamisches Niveau mitgeführt. Dadurch ist über einen formalen Parameter evtl. auch eine Größe mit höherem statischen Niveau als das aktuelle statische Niveau verfügbar.

6. Wertzuweisungen

Wertzuweisungen beschreiben die Ausführung einer der in II.3.2 und II.3.5 betrachteten Elementaraktionen **:=**, **fk**$_j$**:=**, **dk:=**, **kk:=**, **bk:=**. Diese Elementaraktionen dienen zur Belegungsänderung, bei zusammengesetzten Werten wird eine ausgewählte Komponente geändert. Die Schreibweise in Pascalprogrammen ist so, daß zunächst die zu belegende Variable (ein Name für Grunddatentypen oder eine der in II.4 behandelten Auswahlvariablen für Komponenten) notiert wird, danach ein Zeichen := und dann ein Ausdruck. Der Typ dieses Ausdrucks, d. h. der Typ des Wertes, dessen Berechnung durch diesen Ausdruck dargestellt wird, muß mit dem Typ der vor := stehenden Variablen übereinstimmen. Dieser Typ wird in einer Deklaration festgelegt (vgl. II.5). Statt einer Variablen kann auch ein formaler Parameter vor := stehen[1]). Dieser ist beim Aufruf mit einer Adresse zu belegen. Schließlich werden Wertzuweisungen noch benutzt, um in Funktionsdeklarationen den Funktionswert festzuhalten, dann ist der Funktionsname vor := zu notieren.

Eine Ausnahme zur Regel der *Typübereinstimmung* bilden Variable vom Typ *real*, die mit Werten vom Typ *integer* belegt werden können. Diese Werte werden dabei in die äquivalenten Werte vom Typ *real* umgewandelt. Im Gültigkeits-

[1]) vgl. II. 3.8 (Seite 68)

bereich einer Deklaration "*x*: *real*" kann also z. B. eine Wertzuweisung "*x* := 1" notiert werden. Eine weitere Ausnahme ist die Bewertung einer Variablen vom Typ *integer* mit einem Wert aus einer Teilmenge der ganzen Zahlen. Sind z. B. die Deklarationen "*i*: *integer*" und "*i*1: 1 .. 100" gültig, so ist "*i* := *i*1" eine zulässige Wertzuweisung. Der Wert von *i*1 liegt dabei stets zwischen 1 und 100.

Beispiele für Wertzuweisungen zu den in II.5 deklarierten Variablen bzw. zu deren Komponenten sind:

(1) *x* := 1;
(2) *a* := 0.1; *b* := *a* + 1; *c* := *sqr*(*b*);
(3) *i* := 0; *j* := *j* + 1; *k* := *j* **div** 2;
(4) *b*1 := *true*; *b*2 := *odd*(*j*);
(5) *s*11 := '8—TUPEL—'; *s*12 := *s*11;
(6) *nz* := 'A';
(7) *t* := *datum.tag*
(8) *datum.tag* := 1; *datum.monat* := 9; *datum.jahr* := 1974;
(9) *bestand* := [*koenig*, *turm*, *laeufer*, *bauer*];
(10) *v*1[1] := 0; *v*2[100] := *v*1[1];
(11) *ber*1.*abt* := 'A27—B⊔⊔⊔'; *ber*1.*prod*[1] := *ber*2.*prod*[5];
*ber*1. *prozent* := 12.1;
(12) *z*1.*s* := *r*; *z*1.*a*1 := 5.1; *z*2.*s* := *b*; *z*2.*a*3 := *false*;
(13) *pkb*↑ := *ber*2; *pbk*↑.*abt* := *ber*1.*abt*;
(14) *pbk* := **nil**;
(15) *in*↑ := 'A';
(16) *mat*[1,1] := *x*; *mat*[*i*,*j*] := *a*; *mat*[*sqr*(*i*), *j* + 1] := *b* .

Zu Beispiel (12) ist zu bemerken, daß hier die Typdefinitionen *rib* = (*r*, *i*, *b*) und *union* = **record case** *s*: *rib* **of** *r*: (*a*1: *real*); *i*: (*a*2: *integer*); *b*: (*a*3: *Boolean*) **end** (vergl. II.2.6) verwendet werden. Um die in einer Belegung der Datensatzvariablen *z*1 bzw. *z*2 zu wählende Variante festzulegen, wird das Kennzeichen (hier *s*) mit einem Wert des Typs *rib* belegt. Entsprechend können aus dem Variantenteil des Datensatzes (hier besteht er nur aus dem Variantenteil) nur die zugehörigen Selektoren benutzt werden. Hier sind es im Falle des Kennzeichens *r* der Selektor *a*1 und im Falle des Kennzeichens *b* der Selektor *a*3.

Einschränkend ist zu bemerken, daß Wertzuweisungen an Klassenvariable oder Bandvariable nicht zulässig sind, dagegen sind Wertzuweisungen der Form *a* := *b* erlaubt, bei denen *a* und *b* gleichartige Feldvariable oder Datensatzvariable sind.

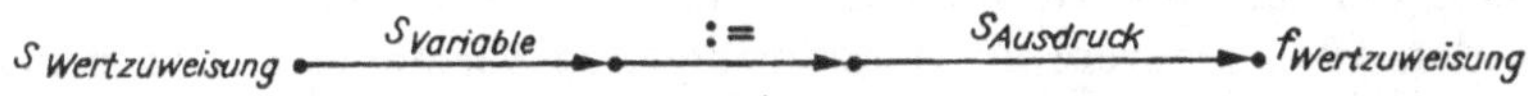

Abb. 16. Teilsystem zur Erzeugung von Wertzuweisungen

Abb. 16 zeigt einen Automaten zur Erzeugung von Wertzuweisungen. Die Teilsysteme mit den Anfangszuständen $s_{Variable}$ und $s_{Ausdruck}$ wurden in Abb. 13 dargestellt.

7. Programmsteuerung

Für den Ablauf eines Programms ist die Verbindung einzelner Folgen von Elementaraktionen zu einem Datenverarbeitungsprozeß wesentlich. Abstrakt kann ein Programm durch einen Automaten oder ein Automatensystem (das *abstrakte Programm*) dargestellt werden (vgl. 1.4 und 1.5). Das abstrakte Programm gibt Befehle aus, die im abstrakten Verarbeitungsautomaten als *Elementaraktionen* verarbeitet werden. Neben diesen Befehlsausgaben muß ein in einer Programmierungssprache geschriebenes Programm auch die *Zustandsübergänge* im zugeordneten abstrakten Programm beschreiben. Ist das abstrakte Programm ein Automatensystem, so sind direkte Zustandsübergänge und Übergänge in Teilsysteme (*Aufrufe*) sowie Übergänge zurück ins aufrufende Teilsystem (*Rücksprünge* bei Erreichen eines Endzustandes) darzustellen.

In Pascalprogrammen ist es wie auch in Programmen anderer Programmierungssprachen möglich, ein Unterprogramm (ein Teilsystem des abstrakten Programms) so zu beenden, daß zu einem angegebenen Zustand eines aktiven Teilsystems übergegangen wird. Ein *aktives Teilsystem* ist ein durch Aufruf verlassenes Teilsystem, dessen Durchlaufung noch nicht beendet wurde. Da derartige Übergänge in rekursiven Automatensystemen nicht vorgesehen sind, sollen hier *Kellerautomaten* als abstrakte Programme verwendet werden (vgl. I.6). Anders als beim Rücksprung in einem Automatensystem können hier gleichzeitig mehrere Teilsysteme beendet werden.

Jeder Schritt beim Lauf eines abstrakten Programms ist ein Übergang zwischen zwei Zuständen, der im allgemeinen mit der Ausgabe eines Befehls verbunden ist. Es ist nun nicht üblich, in Programmierungssprachen alle Zustände eines abstrakten Programms explizit darzustellen. In dem in I.4 angegebenen Beispiel eines abstrakten Programms bestand die Zustandsmenge aus Befehlsadressen (ganzen Zahlen), und der Übergang erfolgte im allgemeinen zur nächsthöheren Befehlsadresse. Nur in gewissen Fällen, die durch Sprungbefehle dargestellt wurden, wurde diese Reihenfolge geändert. Es ist hiernach zweckmäßig, die Menge der Zustände eines abstrakten Programms als *geordnete* Menge anzusehen. Im allgemeinen erfolgen dann Zustandsübergänge von einem Zustand zum nächsten im Sinne dieser Ordnung. In einem in einer Programmierungssprache geschriebenen Programm wird dieser Übergang nur implizit durch die Beschreibung der mit ihm verbundenen Elementaraktion dargestellt. In vielen Fällen werden auch mehrere aufeinanderfolgende Elementaraktionen zu einer Darstellung verknüpft. In Pascal geschieht das z. B. in den bereits betrachteten Ausdrücken und Wertzuweisungen.

Wird bei Übergängen jedoch diese durch die Ordnung der Zustandsmenge gegebene natürliche Reihenfolge nicht eingehalten, so ist das explizit zu notieren. Es ist dann der *Zielzustand* so zu kennzeichnen, daß ein Übergang zu ihm beschreibbar ist, und die betreffenden Übergänge zu diesem Zielzustand sind darsind zustellen. Aufrufe von Teilsystemen sind entsprechend zu behandeln. Daher sind in Programmierungssprachen häufig mehrere Möglichkeiten vorgesehen, um Zustände und Übergänge darzustellen. Weit verbreitet ist die Einführung von *Marken* und *Sprunganweisungen*. Andere Möglichkeiten sind durch die Kennzeichnung von Anfängen und Enden von Zyklen gegeben. Vom Ende eines *Zyklus* wird normalerweise zu seinem Anfang übergegangen. Dabei sind allerdings Bedingungen zu notieren, die durch Ausgaben des abstrakten Verarbeitungsautomaten (vgl. Abb. 5) gesteuert werden. Die Anfangszustände und Endzustände von Teilsystemen sind ebenfalls so darzustellen, daß Aufrufe und Rücksprünge möglich werden.

Die Eingabe des abstrakten Programms soll in jedem Schritt $b(\varrho_K)$ sein, d. h. der zuletzt vom abstrakten Verarbeitungsautomaten berechnete Wert. Im allgemeinen sind die Zustandsübergänge unabhängig von der Eingabe, ihre Abhängigkeit von der Eingabe wird durch besondere Konstruktionen dargestellt, dazu finden die Zeichen **if**, **case**, **until**, **while**, **to**, **downto** Verwendung.

Zustände des abstrakten Programms können durch *Marken* (in Pascal ganze Zahlen) und als Anfangszustände von Teilsystemen durch Namen (*Prozedurnamen* oder *Funktionsnamen*) dargestellt werden. Eine Marke bzw. ein Name ist also ein Code für einen Zustand und muß daher innerhalb des zugehörigen Gültigkeitsbereiches eindeutig identifizierbar sein. Der Gültigkeitsbereich ist wie bei deklarierten Variablen die Prozedur oder die Funktion, in der die Marke bzw. die Prozedur oder Funktion enthalten ist, und zwar der kleinste derartige Bereich. Prozedurnamen, Funktionsnamen und Marken werden wie Variablennamen mit einem Niveau versehen. Als belegende Werte treten Zustände des abstrakten Programms auf. Man kann dann ebenso wie von Variablendeklarationen von *Prozedurdeklarationen*, *Funktionsdeklarationen* und *Markendefinitionen* sprechen. Dabei werden die betreffenden Namen oder ganzen Zahlen zusammen mit dem zugehörigen Niveau als Argumente verwendet und mittels einer Elementaraktion **deklariere** mit dem entsprechenden Wert belegt. Dieser Wert ist hier determiniert, eine Elementaraktion **stapel** ζ, wobei ζ einen Zustand des abstrakten Programms darstellt, kann diesen Wert bereitstellen.

Während Variablendeklarationen, Funktionsdeklarationen und Prozedurdeklarationen am Anfang eines Blockes notiert werden, werden *Markendefinitionen* im Programm an der Stelle notiert, an der die zu markierende Anweisung beginnt. Diese beschreibt die Folge von Elementaraktionen, deren erstes Element beim Übergang vom betreffenden Zustand aus als Ausgabe des abstrakten Programms auftritt. Trotz dieser Art der Notation ist die Definition, d. h. die Belegung der Markenbezeichnung mit einem Zustand, am Anfang des Teilsystems auszuführen. Allerdings kann bei der unten angegebenen expliziten Realisierung von Sprunganweisungen (Zustandsübergängen) auf die Belegung der Markenbezeichnung mit einem Zustand verzichtet werden, da diese Belegung nicht benutzt wird.

Die *Zustandsübergänge* im abstrakten Programm können in folgender Art klassifiziert werden:

(1) Übergang zum im Sinne der Ordnung der Zustände nachfolgenden Zustand.
(2) Explizit angegebener Übergang zu einem Zustand im gleichen Teilsystem (Unterprogramm).
(3) Aufruf eines Teilsystems.
(4) Rücksprung aus einem Teilsystem zum Nachfolgezustand des aufrufenden Zustandes.
(5) Explizit angegebener Übergang zu einem Zustand in einem anderen aktiven Teilsystem.

In einem Kellerautomaten der in I.6 beschriebenen Art können diese Übergänge in folgender Weise durch Achttupel der Automatenrelation γ beschrieben werden. Dabei dient *Band* 1 zur Eingabe, *Band* 2 zur Ausgabe und *Band* 3 als Kellerband:

(1) $(z_n, 1, \varepsilon, z_{n+1}, 2, e, 0, 0)$,
wobei z_n und z_{n+1} aufeinanderfolgende Zustände sind und e eine auszugebende Elementaraktion ist, die vom Verarbeitungsautomaten zu verarbeiten ist.
(2) $(z_n, 1, \beta, z', 2, \varepsilon, 0, 0)$ oder $(z_n, 1, \beta, z', 2,$ **lösche**$, 0, 0)$,
wobei β für ε oder für eine vom abstrakten Verarbeitungsautomaten zu liefernde Eingabe steht, die mit der Elementaraktion **lösche** (K um 1 erniedrigen) wieder gelöscht werden kann. Um in jedem Falle einen Zustandsübergang zu definieren, sind so viele derartige Achttupel zu notieren, daß alle in z_n möglichen Ausgaben des Verarbeitungsautomaten erfaßt werden.
(3) Zum Aufruf eines Teilsystems wird zunächst der Anfangszustand des Teilsystems in ϱ_K gespeichert. Dazu dienen die Elementaraktionen
stapel (*Prozedurname, Niveau*), **wert** bzw. **stapel** *Parameter,* **wert**.
Letzterer Fall tritt ein, wenn die aufgerufene Prozedur über einen Parameter vermittelt wird (vgl. II.3.8). Danach ist der Anfangszustand als Ausgabe des Verarbeitungsautomaten im abstrakten Programm zur Eingabe verfügbar. Weiter ist es erforderlich, den Rücksprungzustand z_{n+1} auf *Band* 3 zu speichern. Wenn der oben angegebene Befehl **wert** beim Übergang vom Zustand z_n (Vorgängerzustand für z_{n+1} im Sinne der Ordnung der Zustände) zu einem festen Hilfszustand h_1 ausgegeben wird, so sind die Achttupel

$(z_{n-1}, 1, \varepsilon, z_n, 3, z_{n+1}, 0, \mathrm{r})$ und

$(z_n, 1, \varepsilon, h_1, 2,$ **wert**$, 0, 0)$

zur Ausführung des Aufrufs in die Automatenrelation des abstrakten Programms aufzunehmen. Eine in der Automatenrelation für alle Anfangs-

zustände s_i enthaltene Menge von Achttupeln der Form (h_1, 1, s_i, s_i, 2, **lösche**, 0, 0) veranlaßt dann den Sprung zum Anfangszustand des aufgerufenen Teilsystems. Dort werden die Elementaraktionen
stapel (*Prozedurname*, *Niveau*), **niveau**, **blockanfang**
und gegebenenfalls weitere Elementaraktionen zur Parametervermittlung ausgeführt. Die Elementaraktion **blockanfang** (vgl. II.3.11) bewirkt die Belegung von ν mit dem aktuellen statischen Niveau der aufgerufenen Prozedur und von ϑ mit dem aktuellen dynamischen Niveau sowie von $\sigma_{b(\vartheta)}$ mit dem statischen Niveau der aufrufenden Prozedur.

(4) Beim Rücksprung wird durch zwei Elementaraktionen **blockende** und **tilge** veranlaßt, daß das Niveau der aufrufenden Prozedur wiederhergestellt wird und der Teil der Belegung, der zur beendeten Prozedur gehört, gelöscht wird. Dieser Teil der Belegung enthält die lokalen Größen der Prozedur. Danach ist der Kopf von *Band* 3 nach links zu verschieben, von ihm der Rücksprungzustand zu lesen und zu diesem überzugehen. Dazu kann bei Ausführung von **tilge** zu einem festen Hilfszustand h_2 übergegangen werden, und die Achttupel

(h_2, 3, ε, h_3, 2, ε, 1, 0) und

(h_3, 3, z, z, 2, ε, 0, 0) für alle Rücksprungzustände z

sind in die Automatenrelation des abstrakten Programms aufzunehmen.

(5) Um aus einem Teilsystem mit dem statischen Niveau i_1 in ein Teilsystem mit dem statischen Niveau i_2 überzugehen, muß $i_2 < i_1$ sein. Die statischen Niveaus der aktiven Teilsysteme sind in den σ_i gespeichert. Durch eine Folge von Elementaraktionen
stapel (*Markenname*, *Niveau*), **niveau**, **tilge**
wird erreicht, daß das statische Niveau des Teilsystems, in dem der Zielzustand liegt, zum aktuellen statischen Niveau wird und daß aus der Belegung die Teile mit höherem dynamischen Niveau gelöscht werden (vgl. II.3.11). Der Übergang zum Zielzustand kann dann wie in (2) direkt in die Automatenrelation des abstrakten Programms aufgenommen werden.

8. Programmaufbau

Ein Pascalprogramm ist so aufgebaut, daß es im allgemeinen aus 5 Teilen besteht:

(1) Teil der Konstantendefinitionen,
(2) Teil der Typdefinitionen,
(3) Teil der Variablendeklarationen,
(4) Teil der Prozedur- und Funktionsdeklarationen,
(5) Anweisungsteil.

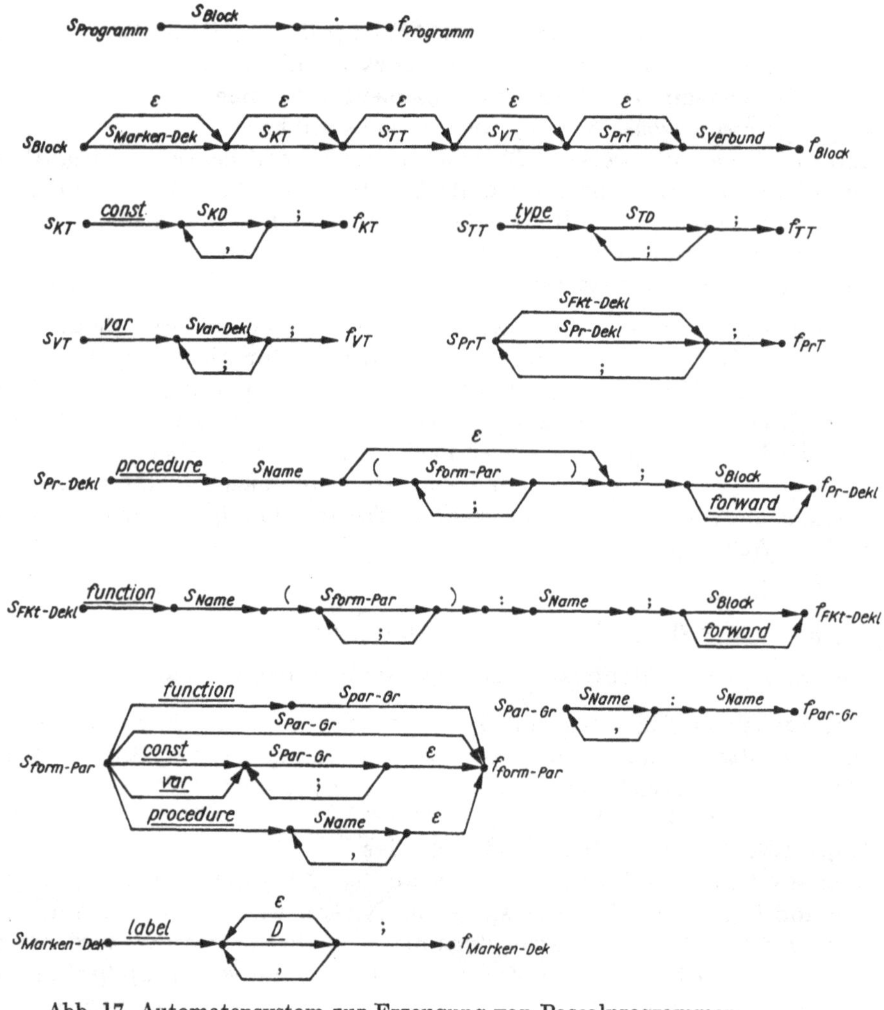

Abb. 17. Automatensystem zur Erzeugung von Pascalprogrammen

Jeder der ersten vier Teile kann auch wegbleiben. Diese Teile werden durch eines der Zeichen **const**, **type**, **var**, **procedure** oder **function** eingeleitet. Abb. 17 zeigt ein Automatensystem zur Erzeugung von Pascalprogrammen, wobei wieder zu bemerken ist, daß nicht jedes Ausgabewort dieses Automatensystems ein Pascalprogramm ist, wohl aber jedes Pascalprogramm durch dieses Automatensystem generiert werden kann. Der Anfangszustand des Systems ist $s_{Programm}$. Einige der in Abb. 17 enthaltenen Teilsysteme wurden bereits früher dargestellt oder werden später betrachtet.

Der Anweisungsteil eines Programms (ebenso auch der Anweisungsteil einer Prozedurdeklaration oder Funktionsdeklaration) ist eine *Verbundanwei-*

sung. Eine solche Anweisung ist eine Folge von Anweisungen. Diese wird durch Zusammenfassung wieder zu einer Anweisung, die als Einheit betrachtet wird. Eine Verbundanweisung ist die Darstellung eines Teilsystems des abstrakten Programms, in dem im allgemeinen noch die vorher auszuführenden Elementaraktionen zur Parametervermittlung und zur Deklaration lokaler Größen enthalten sind. Der Aufbau einer Verbundanweisung wird durch das in Abb. 18

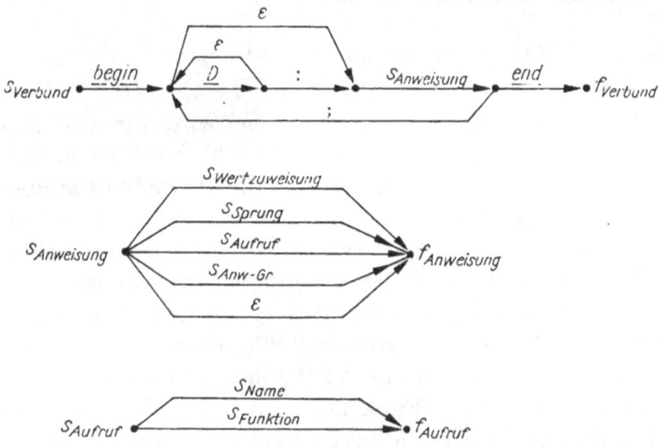

Abb. 18. Teilsysteme zur Erzeugung von Verbundanweisungen

dargestellte Teilsystem des Automatensystems zur Erzeugung von Pascalprogrammen beschrieben. Dabei bedeutet **D** wie üblich (auch in Abb. 17) die Ausgabe einer Ziffer. Durch eine Ziffernfolge wird eine Marke dargestellt, die durch : getrennt vor einer Anweisung stehen kann (*Markendefinition*). Es ist zu beachten, daß anders als in der Programmierungssprache ALGOL 60 vor einer Anweisung nicht mehrere Marken stehen dürfen und Marken auch nicht vor Anweisungen in anderen Anweisungsgruppen (bedingte Anweisungen, Wiederholungsanweisungen, Datensatzanweisungen) stehen dürfen. Letzteres wurde jedoch im revidierten Pascal [4] geändert.

Dadurch, daß Marken *lokale* Größen sind, ist es nicht möglich, von außen in eine Verbundanweisung zu springen. Das entspricht dem Verbot, in einem abstrakten Programm, das ein Automatensystem oder ein Kellerautomat mit Teilsystemen ist, in ein nichtaktives Teilsystem anders als durch einen Aufruf überzugehen.

Der Übergang zu einem in der Ordnung der Zustände des abstrakten Programms nicht unmittelbar folgenden Zustand wird durch eine *Sprunganweisung* beschrieben, in der der Zielzustand als Marke codiert angegeben ist. Liegt dieser Zielzustand außerhalb des aktuellen Blocks, so ist vor diese Marke noch das Wort *exit* zu setzen. Als aktueller Block ist in diesem Zusammenhang das Programmstück anzusehen, das durch ein Teilsystem mit dem Anfangszustand s_{Block} erzeugt wird und die Sprunganweisung so umfaßt, daß zwischen dem erzeugten **begin** und der Sprunganweisung kein weiteres **begin** auftritt. In Abb. 19 ist ein Teilsystem zur Erzeugung von Sprunganweisungen dargestellt.

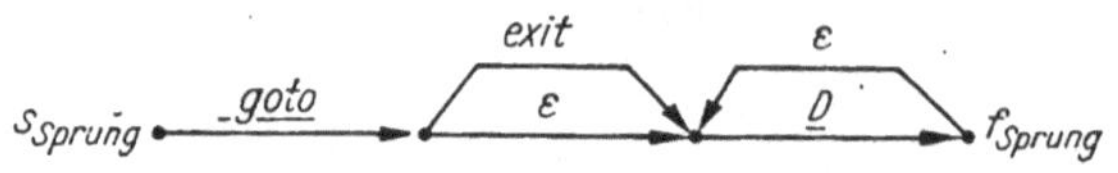

Abb. 19. Teilsystem zur Erzeugung von Sprunganweisungen

Ein *Aufruf* einer Prozedur (eines Unterprogramms) wird durch Notieren des Prozedurnamens angegeben. Er stellt den Aufruf eines Teilsystems in einem abstrakten Programm (II.7, Punkt (3)) dar. Enthält die Prozedur Parameter, so werden die zu vermittelnden Werte als aktuelle Parameter in der gleichen Reihenfolge wie die in der Prozedurdeklaration angegebenen formalen Parameter notiert. Der i^{te} Parameter erhält den i^{ten} in einer eingeklammerten Liste von Wertdarstellungen (aktuellen Parametern) dargestellten Wert zugewiesen. Der Typ des Wertes muß der in der Prozedurdeklaration für den Parameter geforderte Typ sein. Dabei wird allerdings der Typbegriff noch dadurch erweitert, daß auch Prozedurnamen und Funktionsnamen als aktuelle Parameter zulässig sind. Der vermittelte Wert ist in diesen Fällen ein Zustand des abstrakten Programms. Das Teilsystem s_{Aufruf} zur Erzeugung von Prozeduraufrufen ist identisch mit dem in Abb. 13 enthaltenen Teilsystem $s_{Funktion}$.

Die Parameter einer Prozedur sind in vier Gruppen eingeteilt: Konstantenparameter, Variablenparameter, Prozedurparameter und Funktionsparameter. Als zugeordnete aktuelle Parameter können Ausdrücke, Variable, Prozedurnamen und Funktionsnamen auftreten, jede Art für eine der vier Gruppen. Die Werte sind im ersten Falle Grunddaten, im zweiten Falle Adressen (vgl. II.3.1 und II.3.8) und im dritten und vierten Falle Zustände des abstrakten Programms. In einer Prozedurdeklaration (ebenso in einer Funktionsdeklaration) sind diese Parameterklassen durch Vorsetzen der Zeichen **const** (dieses kann auch wegbleiben), **var**, **procedure** und **function** unterschieden. Parameternamen können zu Parametergruppen zusammengefaßt werden (Teilsystem mit Anfangszustand $s_{Par\text{-}Gr}$ in Abb. 17), alle Parameter einer solchen Gruppe erhalten den gleichen Typ. Dieser Typ ist bei Konstantenparametern der Typ der Werte, die zur Belegung der Parameter verwendet werden dürfen, wobei wieder Parameter des Typs *real* mit Werten des Typs *integer* belegbar sind. Bei Variablenparametern bezeichnet der angegebene Typ den Typ der Werte, die die vermittelte Adresse belegen dürfen. Bei Funktionsparametern schließlich ist der Typ des Resultates der Funktion angegeben.

Die für formale Parameter verwendete Notierung beschreibt die Ausführung von Paaren von Elementaraktionen der Form

stapel (Parametername, Niveau), **deklariere**

zur Parametervermittlung. Die Angabe eines Typs findet im abstrakten Programm kein Gegenstück, sie dient nur dazu, als Kontext die Verbindung mit dem Typ des zugeordneten aktuellen Parameters herzustellen. Es ist also im abstrakten Programm nicht erlaubt, beliebige Werte zur Parametervermittlung zu erzeugen, sondern nur solche, die mit dem zugeordneten formalen Parameter verträglich sind. Hierdurch wird die Menge der abstrakten Programme, die durch Pascalprogramme darstellbar ist, eingeschränkt. Derartige Einschränkungen sind jedoch erforderlich, um die Ausführbarkeit von Programmen zu sichern. Bei der Vermittlung von Adressen als Werte für Variablenparameter beachte man, daß gegenüber dem sogenannten Namensaufruf in ALGOL 60 der Unterschied besteht, daß die Adresse nur einmal vor dem Aufruf berechnet wird, während in ALGOL 60 die Adresse bei jeder Verwendung des zugeordneten formalen Parameters berechnet wird.

Nach Ausführung der Parametervermittlung läuft die eigentliche Prozedur ab. Hierzu gehört die Abarbeitung der in ihr enthaltenen Deklarationen und Definitionen (Konstantendefinitionen, Typdefinitionen, Variablendeklarationen Prozedur- und Funktionsdeklarationen sowie Markendefinitionen). Hierauf wurde in II.4.6 und II.3.7 eingegangen. Für Prozedurdeklarationen und Funktionsdeklarationen kann ähnlich wie für Konstantendefinitionen durch Elementaraktionen

stapel (*Name*, *Niveau*), **stapel** ζ, :=

eine Belegung des Prozedur- oder Funktionsnamens mit einem Zustand ζ des abstrakten Programms erfolgen, gleiches gilt für Markendefinitionen.

Für *Funktionsdeklarationen* ist noch eine Besonderheit zu beachten. Durch eine Funktion wird ein Wert erzeugt, der zwischenzeitlich in die Belegung aufzunehmen ist. Dazu wird lokal in der Funktionsprozedur der Funktionsname nochmals deklariert, also mit einem statischen Niveau, das um 1 höher ist als das statische Niveau, unter dem die Funktion deklariert ist. Es wird nun in Pascal gefordert, daß dieser Funktionsname mindestens einmal innerhalb der zur Funktionsprozedur gehörenden Verbundanweisung auf der linken Seite einer Wertzuweisung (d. h. vor :=) vorkommen muß. Es ist deswegen auszuschließen, daß der Funktionsname innerhalb der Funktionsdeklaration als lokale Größe nochmals deklariert wird.[1]) Im abstrakten Programm entspricht das einer Bewertung des Funktionsnamens mit dem Niveau des Prozedurinneren. Der bei seiner Deklaration zu benutzende Typ ist der Typ der Funktion, der am Anfang der Funktionsdeklaration zwischen : und ; notiert wird. Dieser Typ muß ein Grunddatentyp sein, in Abb. 17 entspricht dieser Notierung eine mit s_{Namen} bewertete Kante.

---

[1]) Man beachte jedoch, daß bei Verwendung des Funktionsnamens in einem (rekursiven) Aufruf innerhalb der Funktionsdeklaration der Name mit dem statischen Niveau der deklarierten Funktion versehen ist. Hier besteht also eine Ausnahme zu der in II.3.1 formulierten Regel über die Verfügbarkeit von Namen, wonach unter gleichen Namen nur der mit dem höchsten Niveau verfügbar ist.

Ein Beispiel einer Funktionsdeklaration ist

function *kubik* (**const** x : *real*) : *real*;
begin *kubik* := $x * x * x$ **end**

Nimmt man an, daß das statische Niveau, unter dem die Funktionsdeklaration erfolgt, 1 ist, und daß der Anfangszustand des zugehörigen Teilsystems im abstrakten Programm ζ_1 ist, so entsprechen dieser Schreibweise zwei Folgen von Elementaraktionen:

(1) **stapel** (*kubik*, 1), **stapel** ζ_1, :=.
(2) **stapel** (*kubik*, 1), **niveau**, **blockanfang**,
stapel (x, 2), **deklariere**,
stapel A, **stapel** *real*, **stapel W**, **skalar**, **stapel** (*kubik*, 2); **deklariere**,
stapel (*kubik*, 2), **stapel** (x, 2), **wert**,
stapel (x, 2), **wert**, **mal**, **stapel** (x, 2), **wert mal**, :=,
stapel (*kubik*, 2), **wert**, **blockende**, **tilge**.

Die erste Folge von Elementaraktionen wird im abstrakten Programm in demjenigen Teilsystem erzeugt, in dem die Funktionsdeklaration erfolgt. Die zweite Folge wird in dem der Funktionsprozedur entsprechenden Teilsystem mit dem Anfangszustand ζ_1 erzeugt, in ihr werden die lokalen Adressen (x, 2) und (*kubik*, 2) deklariert. Dabei wird (x, 2) mit einem aktuellen Parameter als Wert belegt, *kubik* mit einem nichtdeterministisch erzeugten Wert (vgl. II.3.8). Nach der eigentlichen Rechnung, die (*kubik*, 2) belegt, wird der Wert von (*kubik*, 2) nochmals als Funktionswert in ϱ_K gespeichert und der Rücksprung mit **blockende** und **tilge** vorbereitet.

9. Anweisungsgruppen

Nach Abb. 17 zählen Wertzuweisungen, Sprünge, Aufrufe und Anweisungsgruppen zu den Anweisungen. Zu den Anweisungsgruppen gehören Verbundanweisungen, bedingte Anweisungen, Wiederholungsanweisungen und Datensatzanweisungen. Der Aufbau von Verbundanweisungen wurde in Abb. 18 bereits dargestellt. Sie treten unter anderem in Prozedur- und Funktionsdeklarationen auf. *Bedingte Anweisungen* haben den Zweck, die Ausführung von Programmstücken von zu berechnenden Bedingungen abhängig zu machen. Das gleiche gilt für *Wiederholungsanweisungen*, bei denen die wiederholte Ausführung eines Programmstücks von Bedingungen abhängt. Eine *Datensatzanweisung* ist nur eine abkürzende Schreibweise für eine Anweisung, in der Datensatzkomponenten vorkommen, bei deren Notation aber die Datensatzvariable weggelassen wird. Diese wird stattdessen vor der Anweisung zwischen Zeichen **with** und **do** notiert.

Abb. 20 zeigt Teilsysteme zur Erzeugung von Anweisungsgruppen. Die Teilsysteme mit den Anfangszuständen $s_{Konstante}$, s_{Name}, $s_{Variable}$, $s_{Ausdruck}$, und $s_{Anweisung}$ wurden bereits früher dargestellt (Abb. 10, 12, 13, 17).

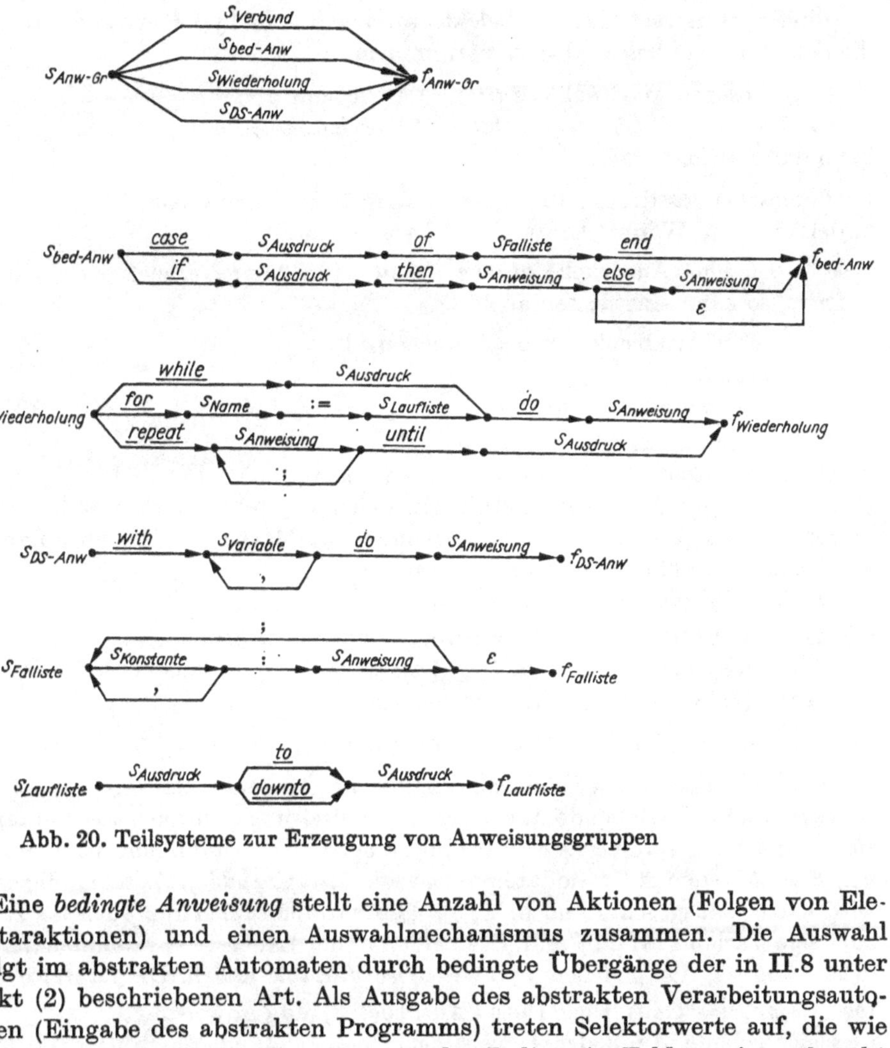

Abb. 20. Teilsysteme zur Erzeugung von Anweisungsgruppen

Eine *bedingte Anweisung* stellt eine Anzahl von Aktionen (Folgen von Elementaraktionen) und einen Auswahlmechanismus zusammen. Die Auswahl erfolgt im abstrakten Automaten durch bedingte Übergänge der in II.8 unter Punkt (2) beschriebenen Art. Als Ausgabe des abstrakten Verarbeitungsautomaten (Eingabe des abstrakten Programms) treten Selektorwerte auf, die wie Werte von Selektoren in Datensätzen oder Indizes in Feldern eingeschränkt sind. Der in einer bedingten Anweisung hinter **case** notierte Ausdruck (Selektorausdruck) dient zur Berechnung des Selektorwertes. In der Falliste sind Konstante desjenigen Typs notiert, der Resultattyp dieses Ausdrucks ist (vgl. III.4). Dieser Typ ist auf die Grunddatenmengen mit Ausnahme von **R** und **P** beschränkt. Die Notierung dieser Konstanten erfolgt vor einem Doppelpunkt (eventuell auch mehrere Konstanten durch Kommata getrennt), der vor der Anweisung steht, die auszuführen ist, wenn der Wert des Selektorausdrucks diese Konstante ist. Nach Ausführung dieser Anweisung ist die gesamte bedingte Anweisung abgearbeitet. Ist hinter : keine Anweisung notiert, so wird bei Eintritt des betreffenden Falls nichts ausgeführt.

Ein Sonderfall ist, daß der Selektorausdruck vom Typ *Boolean* ist, d. h. nur die Selektorwerte *true* und *false* vorkommen. Statt

case ⟨Boolescher Ausdruck⟩ **of** *true*: ⟨Anweisung 1⟩;
false: ⟨Anweisung 2⟩ **end**

kann dann auch einfach

if ⟨Boolescher Ausdruck⟩ **then** ⟨Anweisung 1⟩ **else** ⟨Anweisung 2⟩

notiert werden. Wenn ⟨Anweisung 2⟩ wegfällt, d. h.

case ⟨Boolescher Ausdruck⟩ **of** *true*: ⟨Anweisung 1⟩; *false*: **end**

auftritt, so kann stattdessen auch

if ⟨Boolescher Ausdruck⟩ **then** ⟨Anweisung 1⟩

notiert werden.

Die *Wiederholungsanweisung*

while ⟨Ausdruck⟩ **do** ⟨Anweisung⟩

ist gleichbedeutend mit der bedingten Anweisung

⟨Marke⟩ : **if** ⟨Ausdruck⟩ **then begin** ⟨Anweisung⟩; **goto** ⟨Marke⟩ **end**,

in der ⟨Marke⟩ eine sonst nicht vorkommende Marke ist. Der vorkommende Ausdruck muß daher vom Typ *Boolean* sein.

Die Wiederholungsanweisung

repeat ⟨Anweisung 1⟩; ...; ⟨Anweisung *n*⟩ **until** ⟨Ausdruck⟩,

in der ⟨Ausdruck⟩ wieder vom Typ *Boolean* ist, ist gleichbedeutend mit

⟨Marke⟩: ⟨Anweisung 1⟩; ...; ⟨Anweisung *n*⟩;
if ¬ (⟨Ausdruck⟩) **then goto** ⟨Marke⟩.

Dabei ist ⟨Marke⟩ wieder eine sonst nicht vorkommende Marke.

Die mit **for** beginnende Wiederholungsanweisung soll auch als Laufanweisung bezeichnet werden. Der hinter **for** stehende Name muß eine Variable einer von **P** verschiedenen Grunddatenmenge sein (*Laufvariable*). Zweckmäßigerweise wird auch **R** ausgeschlossen, d. h., als Laufvariable sollen nun auch als Indizes zulässige Variable erlaubt sein. Die beiden in der Laufliste vorkommenden Ausdrücke müssen den gleichen Typ wie diese Variable haben. Die Laufanweisung

for ⟨Name⟩ := ⟨Ausdruck 1⟩ **to** ⟨Ausdruck 2⟩ **do** ⟨Anweisung⟩

ist gleichbedeutend mit der Anweisungsfolge

if ⟨Ausdruck 1⟩ ≦ ⟨Ausdruck 2⟩ **then** ⟨Name⟩ := ⟨Ausdruck 1⟩;
⟨Marke⟩: **if** ⟨Ausdruck 1⟩ ≦ ⟨Ausdruck 2⟩ **then**
begin ⟨Anweisung⟩; ⟨Name⟩ := *succ* (⟨Name⟩);
goto ⟨Marke⟩ **end**.

Dabei ist ⟨Marke⟩ wieder eine sonst nicht vorkommende Marke und *succ* ist die Nachfolgefunktion (vgl. III.4). Die Laufanweisung

for ⟨Name⟩ := ⟨Ausdruck 1⟩ **downto** ⟨Ausdruck 2⟩ **do** ⟨Anweisung⟩

kann entsprechend umgeschrieben werden in

if ⟨Ausdruck 1⟩ ≧ ⟨Ausdruck 2⟩ **then** ⟨Name⟩ := ⟨Ausdruck 1⟩;

⟨Marke⟩: **if** ⟨Ausdruck 1⟩ ≧ ⟨Ausdruck 2⟩ **then**
begin ⟨Anweisung⟩; ⟨Name⟩ := *pred* (⟨Name⟩);
goto ⟨Marke⟩ **end**,

wobei *pred* die Vorgängerfunktion ist. Es wird vorausgesetzt, daß durch die in der Laufanweisung als Bestandteil enthaltene Anweisung keine Variable geändert wird, die zur Berechnung von ⟨Ausdruck 2⟩ verwendet wird. Auch die Laufvariable, d. h. die in der Laufanweisung vor := stehende Variable, darf nicht geändert werden.

Beispiele für die betrachteten Anweisungen sind:

(1) **case** n **of** 1: $x := a - b$;
2: **case** *farbe* **of** *weiss*: $s(x)$;
schwarz: $t(a, b)$ **end**;
3: $x := x + 1$ **end**

(2) **if** $x < 0$ **then** $x := -x$

(3) **if** p = **nil then** *new*(p) **else goto** *exit*1

(4) **while** $(x > 1) \wedge (x < 2)$ **do begin** $x := x + h$; *ausgabe*($f(x)$) **end**;

(5) **repeat** $x := x + h$; *ausgabe*($f(x)$) **until** $x \geqq 2$

(6) **for** $i := 1$ **to** n **do** $x[i] := i$

(7) **for** $i := 1$ **to** n **do for** $j := 1$ **to** n **do**
begin $s := 0$; **for** $k := 1$ **to** n **do** $s := s + a[i, k] * b[k, j]$ **end**

(8) **for** *stein* := *dame* **downto** *bauer* **do** *pruefe* (*stellung*)

(9) **with** *datum* **do if** *monat* = 12 **then**
begin *monat* := 1; *jahr* := *jahr* + 1 **end**
else *monat* := *monat* + 1

Zum Beispiel (9) ist zu bemerken, daß dazu vorauszusetzen ist, daß *datum* als Datensatzvariable deklariert ist (Beispiel (8) in II.5). Damit wird Beispiel (9) eine Abkürzung für die längere Anweisung

(9′) **if** *datum.monat* = 12 **then**
begin *datum.monat* := 1; *datum.jahr* := *datum.jahr* + 1 **end**
else *datum.monat* := *datum.monat* + 1.

Es können zwischen **with** und **do** auch mehrere Datensatzvariable aufgezählt werden, die Abkürzungsregel ist dann für alle diese Datensatzvariablen anzuwenden.

10. Standardprozeduren

In II.4 wurden Standardfunktionen betrachtet. Ebenso sind auch Standardprozeduren vorgesehen, für die ebenso wie für die Standardfunktionen keine Deklarationen im Programm erforderlich sind. Standardprozeduren beschreiben gewisse Aktionen mit Bändern sowie die in II.3.5 und II.3.12 eingeführten Elementaraktionen **neu**, **neu**$_n$, **packen** und **auflösen**.

Zur Bandbehandlung wurden in II.3.5 Elementaraktionen **rechts**$_a$, **rechts**$_e$, **zurück**, **leer** und **bandende** eingeführt. Die Elementaraktion **bandende** wird durch die Standardfunktion *eof* dargestellt. Für die Darstellung der anderen Elementaraktionen sind Standardprozeduren vorgesehen, und zwar mit den Namen *put* für **rechts**$_a$, *get* für **rechts**$_e$, *reset* für **zurück**, *rewrite* für **leer**. Zum Aufruf dieser Standardprozeduren wird als aktueller Parameter eine Bandvariable benutzt. Weiter sind Standardbandvariable *input* und *output* vorgesehen, deren Typ **file** *k* **of** *char* ist (vgl. II.2.3), wobei *k* für eine von der jeweiligen Realisierung der Sprache abhängige natürliche Zahl steht. Diese Standardvariablen sind mit Bändern mit festen Bandzuständen (und zwar entsprechend den Variablennamen *input* bzw. *output*) belegt. Zwei Standardfunktionen *read* und *write* dienen zur Verarbeitung dieser Bänder. Sie arbeiten so, als wären sie entsprechend

procedure *read* (**var** *ch*: *char*);
    begin *ch* := *input* ↑; *get* (*input*) **end**

und

procedure *write* (**const** *ch*: *char*);
    begin *output* ↑ := *ch*; *put* (*output*) **end**

deklariert. Im Falle von *write* kann man voraussetzen, daß der rechte Teil des *output* zugeordneten Bandes leer ist. Durch "*output* ↑ := *ch*" wird der rechte Teil das Zeichen, mit dem *ch* belegt ist. Durch "*put*(*output*)" wird anschließend dieses Zeichen an den bisherigen linken Teil angefügt, der rechte Teil wird leer.

Den Elementaraktionen **neu** bzw. **neu**$_n$, **packen** und **auflösen** entsprechen Standardprozeduren mit den Namen *new*, *pack* und *unpack*. In *new* wird als aktueller Parameter (bzw. erster aktueller Parameter) eine Hinweisvariable benutzt, die weiteren aktuellen Parameter sind (bei der Darstellung eines **neu**$_n$) Selektorwerte. Der Prozeduraufruf *pack*(*a*, *i*, *z*) veranlaßt, daß *n* Zeichen $a[i], \ldots, a[i+n-1]$ in dieser Reihenfolge zu einem Wert vom Typ *alfa* zusammengesetzt werden, der die Variable *z* dieses Typs belegt. Ein Aufruf *unpack*(*z*, *a*, *i*) veranlaßt umgekehrt die Auflösung des Wertes von *z* in *n* Einzelzeichen, die in $a[i]$ bis $a[i+n-1]$ gespeichert werden.

11. Ergänzungen

11.1. Zusätzliche Deklarationen

Das in Abb. 17 enthaltene Teilsystem mit dem Anfangszustand $s_{Marken\text{-}Dek}$ dient zur Erzeugung zusätzlicher Informationen. Diese beschreiben keine Elementaraktionen, sondern weisen nur darauf hin, daß innerhalb des Programms oder der betreffenden Prozedur Markendefinitionen (Marke vor :) vorkommen, die als Zielmarken einer mit *exit* versehenen Sprunganweisung auftreten. Ein solcher Sprung führt aus einer im Inneren der betreffenden Prozedur aufgerufenen Prozedur heraus. In anderen Fällen ist die Notation einer solchen Markendeklaration nicht erforderlich, aber für derartige Marken, die Ziel "nichtlokaler Sprünge" sind, müssen sie zusätzlich angegeben werden.

Eine weitere Ergänzung betrifft die Deklaration von Prozeduren und Funktionen, die in der Reihenfolge des Aufschreibens vor ihrer Deklaration verwendet werden. In einem solchen Falle ist eine Pseudodeklaration vor der Verwendung der Prozedur zu notieren. Diese Pseudodeklaration hat die Form

procedure ⟨Name⟩; **forward**

oder

procedure ⟨Name⟩ (⟨Liste formaler Parameter⟩); **forward**.

Statt **procedure** kann auch **function** stehen. Wenn später die eigentliche Prozedur- oder Funktionsdeklaration folgt, so ist dort die eingeklammerte Liste formaler Parameter wegzulassen.

Ein Beispiel soll das erläutern. Eine Funktion f sei für natürliche Zahlen als Argumente rekursiv mit Hilfe einer zweiten Funktion g durch

$$f(n) = n \cdot g(n-1) \quad \text{für } n > 1\,, \quad f(1) = 1$$

$$g(n) = n + f(n) \qquad \text{für } n \geqq 1$$

definiert. Wenn man diese Vorschrift direkt programmieren will, so sind zwei Funktionsdeklarationen zu notieren:

```
function f (n: integer); begin if n > 1 then f :=n g * (n − 1)
                                         else f := 1 end
function g (n: integer); begin g := n + f(n) end
```

Wird in einem Programm die Deklaration für f vor der von g notiert, so wird g vor seiner Deklaration aufgerufen. Wird umgekehrt die Deklaration von g vor der von f notiert, so wird f vor seiner Deklaration aufgerufen. Ein Programm zur Berechnung z. B. der ersten 10 Funktionswerte und ihrer Ausgabe auf ein Band kann mit Verwendung der **forward**-Notation folgende Form haben:

```
var n: integer; aus: file 8 of integer;
function g (n: integer); forward;
function f (n: integer); begin if n > 1 then f := n * g(n − 1)
                                   else f := 1 end;
function g; begin g := n + f(n) end;
begin for n := 1 to 10 do
      begin aus ↑ := f(n); put(aus) end.
```

11.2. Mehrdeutigkeiten

In einer Programmierungssprache sollen keine Mehrdeutigkeiten auftreten. Das besagt, daß jeder Programmtext nur Beschreibung eines einzigen abstrakten Programms sein darf. Wird — wie hier durchgeführt — eine Programmierungssprache so definiert, daß Regeln zur Konstruktion von Beschreibungen für abstrakte Programme angegeben werden, so ist nicht sicher, daß für zwei verschiedene abstrakte Programme nicht dieselbe Beschreibung entsteht.

Ein Beispiel wird durch bedingte Anweisungen der Art

case ⟨Ausdruck 1⟩ **of** *true*: **case** ⟨Ausdruck 2⟩ **of**
true: ⟨Anweisung 1⟩; *false*: ⟨Anweisung 2⟩ **end**;
false: **end**

und

case ⟨Ausdruck 1⟩ **of** *true*: **case** ⟨Ausdruck 2⟩ **of** *true*: ⟨Anweisung 1⟩;
false: **end**
false: ⟨Anweisung 2⟩ **end**

geliefert. Nach der in II.9 angegebenen Abkürzungsregel kann die erste Anweisung durch

if ⟨Ausdruck 1⟩ **then case** ⟨Ausdruck 2⟩ **of**
true: ⟨Anweisung 1⟩; *false*: ⟨Anweisung 2⟩ **end**

abgekürzt werden, die zweite durch

if ⟨Ausdruck 1⟩ **then case** ⟨Ausdruck 2⟩ **of**
true: ⟨Anweisung 1⟩; *false*: **end else** ⟨Anweisung 2⟩

abgekürzt werden. Wird die Abkürzungsregel nochmals angewandt, entsteht in beiden Fällen

if ⟨Ausdruck 1⟩ **then if** ⟨Ausdruck 2⟩ **then** ⟨Anweisung 1⟩
else ⟨Anweisung 2⟩

Wird jedoch die innere bedingte Anweisung in **begin** und **end** eingeschlossen, so entsteht einmal

if ⟨Ausdruck 1⟩ **then begin if** ⟨Ausdruck 2⟩ **then** ⟨Anweisung 1⟩
else ⟨Anweisung 2⟩ **end**

und einmal

if ⟨Ausdruck 1⟩ **then begin if** ⟨Ausdruck 2⟩ **then** ⟨Anweisung 1⟩ **end**
else ⟨Anweisung 2⟩.

Um die entstandene Mehrdeutigkeit zu beheben, ist im Pascal-Bericht festgelegt, daß eine bedingte Anweisung der Form

if ⟨Ausdruck 1⟩ **then if** ⟨Ausdruck 2⟩ **then** ⟨Anweisung 1⟩
else ⟨Anweisung 2⟩

als Anweisung der ersten angegebenen Art zu interpretieren ist.

Zu den Mehrdeutigkeiten ist noch zu bemerken, daß es ein kompliziertes und nicht allgemein lösbares Problem ist, zu entscheiden, ob eine als Menge ihrer Texte (durch gewisse Konstruktionsregeln) gegebene Sprache eindeutig ist.

11.3. Eingabe

In I.4 wurde ein Automatennetz mit einem Eingabeautomaten als Modell eines Datenverarbeitungsprozesses betrachtet. Der Eingabeautomat entstand durch

Aufspaltung des Verarbeitungsautomaten in den Eingabeautomaten und den inneren Verarbeitungsautomaten. In Pascalprogrammen wird die Eingabe durch Zugriff zur aktuellen Komponente eines Bandes (vgl. II.3.5 und II.5), die mit ⟨Bandname⟩↑ bezeichnet wird, dargestellt. Ein Eingabeband wird als gegeben betrachtet, über seine externe Herstellung wurde bisher nichts ausgeführt. In II.3.9 wurde eine Elementaraktion **band** eingeführt, die ein leeres Band mit dem Zustand *neutral* erzeugt. Dadurch ist innerhalb eines Modells, das aus dem in II.3 betrachteten Verarbeitungsautomaten und einem abstrakten Programm zur Erzeugung von Befehlen für die im Verarbeitungsautomaten ablaufenden Elementaraktionen besteht, keine Eingabe möglich, wenn mit der leeren Belegung gestartet wird. Durch Verwendung eines Modells und eines Eingabeautomaten wie in Abb. 7 kann dieser Nachteil beseitigt werden. Da in Pascalprogrammen Eingaben von verschiedenen Bändern möglich sind, ist eine Beschränkung auf die sequentielle Eingabe einzelner Werte wie in I.4 nicht zulässig. Überdies erfolgt die eigentliche Eingabe im abstrakten Verarbeitungsautomaten durch eine Elementaraktion **bk** in Verbindung mit der Elementaraktion **rechts**$_e$ (vgl. II.3.5). Der Eingabeautomat kann jedoch dazu dienen, die Belegung eines zu deklarierenden Bandnamens mit einer Folge von Werten zu veranlassen. Diese Belegung geschieht im abstrakten Verarbeitungsautomaten wie üblich durch eine Elementaraktion **deklariere**, wobei jedoch ϱ_{K-1} mit dem Eingabeband belegt sein soll. Dieses Eingabeband wird vom Eingabeautomaten wie üblich an der höchsten Stelle des Stapels gespeichert. Der Eingabeautomat kann so aufgebaut sein, daß seine Zustände Paare aus Wertfolgen und einer Kennzeichnung der Wertfolge sind. Eine solche Kennzeichnung kann z. B. ein Name sein, der unabhängig von dem Pascalprogramm ist, das den betrachteten Datenverarbeitungsprozeß beschreibt. Nimmt man an, daß sich der Eingabeautomat in einem Anfangszustand α_0 befindet, der aus einer Leerkennzeichnung Λ und einem leeren Band zusammengesetzt ist, so soll er durch **suche** Γ in einen Zustand γ mit dem Kennzeichen Γ überführt werden. Eine Elementaraktion **eingabe** bewirkt dann die Ausgabe eines Befehls **stapel** β, wobei β ein Band ist, dessen linker Teil leer ist, dessen rechter Teil die zum Zustand γ gehörende Wertfolge ist und dessen Zustand *input* ist (vgl. II.3.5). Der Eingabeautomat soll durch den Befehl **eingabe** wieder in den Anfangszustand α_0 überführt werden. Der Verarbeitungsautomat wird durch den Befehl **stapel** β veranlaßt, ϱ_K mit β zu belegen. Durch eine Befehlsfolge

suche Γ, **eingabe**, **stapel** f, **deklariere**

wird also der Name f (mit statischem und dynamischem Niveau verbunden) in die Belegung als Argument aufgenommen und mit dem Band β belegt. Die beiden Befehle **suche** Γ und **eingabe** erscheinen jedoch nicht in einem Pascalprogramm. Ein Pascalprogramm muß also noch durch zusätzliche Angaben ergänzt werden, die diese Zuordnung zwischen einem Bandnamen und einer (im Eingabeautomaten vorhandenen) Wertfolge herstellen. Das geschieht bei konkreten Datenverarbeitungsprozessen durch Einbettung des Pascalprogramms in eine Ablaufbeschreibung (Jobsteuerung).

Für den Standardbandnamen *input* (vgl. II.10) ist eine Deklaration nicht erforderlich. Es muß jedoch festgelegt werden, welches aktuelle Band anfänglich diesen Namen belegt. Dabei handelt es sich um ein Band aus Zeichen (Werten vom Typ *char*). Die zugehörige Befehlsfolge ebenso wie die Befehlsfolge zur Deklaration des Standardbandnamens *output* kann daher an den Anfang jedes abstrakten Programms gesetzt werden.

Die Deklaration eines Namens als Bandvariable in einem Pascalprogramm erfolgt unabhängig von der Art des erzeugten Bandes (leeres Band im Zustand *neutral* oder Eingabeband im Zustand *input*) in der gleichen Form durch Notation der Typdarstellung

file ⟨natürliche Zahl⟩ **of** ⟨Typ⟩

hinter dem zu deklarierenden Namen (getrennt durch :). Die Voraussetzung, daß ein Eingabeband nur Elemente eines Typs enthalten darf, ist im Eingabeautomaten zu berücksichtigen, d. h., durch die Befehlsfolge

suche Γ, **eingabe**

muß ein Band entsprechenden Typs bereitgestellt werden. Ist das nicht der Fall, so ist die Benutzung des Bandes unzulässig. Hiernach besteht also die zusätzliche Kontextbedingung (vgl. II.3.2), daß der Eingabeautomat so beschaffen sein muß, daß das Kennzeichen Γ mit einem Band eines Typs verbunden ist, der im abstrakten Programm bei jeder Benutzung des Bandes zu berücksichtigen ist. Im Pascalprogramm erscheint dieser Typ bei der Deklaration hinter **of**.

12. Beispiele

Das Programmieren in einer Programmierungssprache geschieht im allgemeinen so, daß ein Datenverarbeitungsvorgang laufend feiner untergliedert wird. Es wird also von gewissen Aktionen ausgegangen und überlegt, wie diese Aktionen als Folgen weniger umfangreicher Aktionen dargestellt werden können. Dabei sind vor allem Wiederholungen von Teilaktionen zu betrachten, nach Möglichkeit ist eine häufige Wiederholung gleichartiger Teilaktionen anzustreben. Weiter ist es zweckmäßig, Aktionen mit Hilfe von Unterprogrammen darzustellen. Durch diese Maßnahmen werden kürzere und übersichtlichere Programme erzielt. Schließlich ist die Aufgliederung so weit zu treiben, daß bis auf Elementaraktionen eines Verarbeitungsautomaten oder auf Elemente der Sprache, die auch aus mehreren Elementaraktionen zusammengesetzt sein können, zurückgegangen wird.

Die Programmierung wird am besten durch Üben erlernt. Hier ist nicht beabsichtigt, eine Programmierungsanleitung zu geben. Es sollen nur anhand einiger Beispiele Möglichkeiten der Programmierung in Pascal gezeigt werden, und es soll die typische Form von Pascalprogrammen und Pascalprozeduren ersichtlich werden.

Zunächst seien einige Prozedur- und Funktionsdeklarationen angegeben. Bei der Verwendung von Feldern ist zu beachten, daß als Indextyp bei Verwendung ganzer Zahlen als Indizes nur Intervalle mit konstanten Grenzen in Frage kommen, also nicht wie in ALGOL 60 variable Grenzen auftreten können. Außerdem sind als Typen für formale Parameter nur Namen zugelassen. Es sei daher angenommen, daß Typdefinitionen

*v*020 = **array** [0 .. 20] **of** *real*,

*v*110 = **array** [1 .. 10] **of** *real* und

*mat*110110 = **array** [1 .. 10, 1 .. 10] **of** *real*

in einem umfassenden Programm notiert sind.

```
(1) function polynom (a: v020; x: real; grad: integer) : real;
        var s: real; i: integer;
        begin s := a[grad]; for i := grad − 1 downto 0 do
                        s := s * x + a[i]; polynom := s end

(2) function skalprod (x, y: v110; n: integer) : real;
        var s: real; i: integer;
        begin s := 0; for i := 1 to n do s := s + x[i] * y[i];
            skalprod := s end

(3) procedure matmult (var a, b, c: mat110110; n: integer);
        var s : real; i, j, k: integer;
        begin for i := 1 to n do for j := 1 to n do
            begin s := 0; for k := 1 to n do
                s := s + a[i, k] * b[k, j]; c[i, j] := s end end

(4) procedure tafel (a, b, h: real; var aus: file 8 of real;
                    function f: real); var x : real;
        begin x := a; while x ≦ b do
            begin aus↑ := x; put(aus); aus↑ := f(x); put(aus);
                x := x + h end end
```

Zu den Beispielen (1) bis (3) ist zu beachten, daß *grad* $\leqq$ 20 und $n \leqq 10$ sein muß. Zu Beispiel (4) ist zu bemerken, daß beim Aufruf von *tafel* der dem formalen Parameter *f* zugeordnete aktuelle Parameter der Name einer Funktion mit einem reellen Parameter und reellem Resultat sein muß. Ein Programm unter Verwendung der Prozedurdeklarationen (1) und (4) ist

```
(5) type v020 = array [0 .. 20] of real;
    var grad, i : integer; g,anfang,ende,schritt : real;
        koeff : v020; eingabe,ausgabe : file 8 of real;
    procedure lies (z: real);
        begin z := eingabe↑; get(eingabe) end;
    function polynom ··· (s. o.) ···;
    procedure tafel ··· (s. o.) ···;
```

```
function pol (x: real): real;
    begin pol := polynom(koeff, x, grad) end;
    begin lies(g); grad := trunc(g);
          for i := 0 to grad do lies(koeff [i]);
          for i := grad + 1 to 20 do koeff [i] := 0;
          lies(anfang); lies(ende); lies(schritt);
          tafel(anfang, ende, schritt, ausgabe, pol) end.
```

Ein weiteres Beispiel zeigt die Verwendung von Datensätzen und Klassen:

```
(6) type vorgang = record nummer, tag, monat, jahr: integer;
                          betrag: real; zeiger: ↑ archiv end;
         konto = record name: array [1 .. 3] of alfa;
                        nummer: integer; saldo: real;
                        sperre: Boolean; hinweis: ↑ archiv;
                        weiter: ↑ konten end;
    var element: vorgang; konten: class 10000 of konto;
        archiv: class 10000 of vorgang; stamm: file 8 of konto;
        eingabe, archivband: file 8 of vorgang; p: ↑ archiv;
        s: ↑ konten; anfang: konto;
    begin repeat new(p); p↑ := archivband↑; get(archivband)
          until eof(archivband);
          anfang := stamm↑; get(stamm); repeat new(s);
          s↑ := stamm↑; get(stamm) until eof(stamm);
          s := anfang.weiter;
          repeat element := eingabe↑; get(eingabe);
             while s↑.nummer = element.nummer do s := s↑.weiter;
             with s↑ do
             begin element.zeiger := hinweis; new(p); hinweis := p;
                saldo := saldo + betrag; sperre := saldo < 0 end;
             p↑ := element until eof(eingabe) end.
```

Man beachte zu diesem Beispiel, daß die Konten (Datensätze in der Klasse *konten*) so angeordnet sein können, daß sie zu einem Ring verkettet sind. In diesem Ring ist jedes Konto über den Hinweis *weiter* mit dem nächsten verbunden, das letzte Konto wieder mit dem ersten.

Schließlich sei noch ein Beispiel für eine Prozedur, in der Mengen benutzt werden, angegeben. Hierzu sei vorausgesetzt, daß ein Typ *karte* als Menge von Namen in einer Typdefinition definiert ist.

```
(7) procedure sortieren (const a, e: karte;
                 var hand, farbe: set of karte; umfang: integer);
       var k: karte;
       begin farbe := [ ]; umfang := 0; for k := a to e do
          begin if k in hand then
             begin farbe := farbe ∨ k; umfang := umfang + 1
       end end end
```

III. Die Programierungssprache ALGOL 68

1. Grunddaten

Die Darstellung der Programmierungssprache ALGOL 68 soll analog zur Darstellung der Programmierungssprache Pascal erfolgen. Da ähnliche Grundkonzeptionen vorliegen (beide Sprachen basieren auf der älteren Sprache ALGOL 60), kann die Beschreibung von ALGOL 68 in vielen Fällen auf die Beschreibung von Pascal in Kapitel II zurückgreifen.

ALGOL 68 dient wie Pascal zur Beschreibung von Datenverarbeitungsprozessen, die mit Daten operieren, die Grunddaten sind oder aus ihnen zusammengesetzt sind. Auch hier sind nicht alle Grunddaten direkt (als Konstante) darstellbar. Die Grunddatenmengen sind

(1) die Menge **R** (der reellen Zahlen),
(2) die Menge **I** (der ganzen Zahlen),
(3) die Menge **B**′ (der Wahrheitswerte **false** und **true**),
(4) die Menge **P**′ (von Hinweisen),
(5) die Menge **C**′ (von Zeichen),
(6) die Menge **empty**, die nur aus dem "leeren Wert" besteht.

Gegenüber Pascal ist die Schreibweise der Wahrheitswerte verändert, **false** und **true** werden als Zeichen angesehen. Die Menge **P**′ der Hinweise wird umfassender verwendet als die Menge **P** der Hinweise in Pascal, die dort zur Auswahl von Klassenkomponenten dient. In ALGOL 68 spielen die Hinweise (sie werden im ALGOL 68-Bericht als Namen bezeichnet) eine wesentliche Rolle. Variable sind prinzipiell mit Hinweisen als Werte belegt, diese Hinweise treten wieder als Argumente in der Belegung auf und sind erst mit dem in den meisten Anwendungen zu benutzenden Wert belegt. Die Hinweise entsprechen den Maschinenadressen in konkreten Datenverarbeitungsanlagen. Die Belegung eines Hinweises mit einem Wert wird in ALGOL 68 auch als *Referenz* bezeichnet, der Hinweis "bezieht sich auf" den ihn belegenden Wert.

In ALGOL 68 werden nun nicht die Mengen **R** und **I** direkt verwendet, sondern jeweils maschinenabhängig zu definierende Teilmengen. Diese Teilmengen sind $\mathbf{R}_0 \subseteq \mathbf{R}$, $\mathbf{R}_1 \subseteq \mathbf{R}$, $\mathbf{R}_{-1} \subseteq \mathbf{R}$, $\mathbf{R}_2 \subseteq \mathbf{R}$, $\mathbf{R}_{-2} \subseteq \mathbf{R}$ usw. sowie $\mathbf{I}_0 \subseteq \mathbf{I}$, $\mathbf{I}_1 \subseteq \mathbf{I}$, $\mathbf{I}_{-1} \subseteq \mathbf{I}$, $\mathbf{I}_2 \subseteq \mathbf{I}$, $\mathbf{I}_{-2} \subseteq \mathbf{I}$ usw. Sie unterscheiden sich durch die verwendete Stellenzahl. Eine nichtnegative Zahl aus $\mathbf{R}_n$ (bzw. $\mathbf{I}_n$) wird durch Vorsetzen von n Zeichen **long** vor eine ebenso wie in Pascal zu notierende Zahl dargestellt, ein Wert aus $\mathbf{R}_{-n}$ (bzw. $\mathbf{I}_{-n}$) durch Vorsetzen von n Zeichen **short**. Werte aus $\mathbf{R}_0$ und $\mathbf{I}_0$ werden wie in Pascal dargestellt (vgl. Abb. 9 in II.1). Es wird angenommen, daß $\mathbf{R}_{k-1} \subseteq \mathbf{R}_k$ und $\mathbf{I}_{k-1} \subseteq \mathbf{I}_k$ gilt, d. h., daß die Stellenzahl der Darstellung mit wachsendem Index k der Mengen $\mathbf{R}_k$ und $\mathbf{I}_k$ nicht kleiner wird. Wie üblich seien diese Zahlendarstellungen als (*arithmetische*) *Konstante* bezeichnet. Welche Zahlen in einer konkreten Datenverarbeitungsanlage durch derartige Zahlendarstellungen tatsächlich beschrieben werden, ist maschinenabhängig zu definieren. Um mit einem abstrakten Verarbeitungsautomaten determiniert arbeiten zu können, kann man wie für Pascal in II.1 beschrieben vorgehen und die den Zahlendarstellungen im üblichen arithmetischen Sinne entsprechenden (abstrakten) Zahlen im Verarbeitungsautomaten benutzen. Das bedeutet aber, daß die evtl. notierten **long** und **short** in diesem Falle ignoriert werden. Es ist jedoch zu beachten, daß die Anzahl der **long** oder **short** den *Typ* (in ALGOL 68 auch als *Wertart* bezeichnet) des notierten Wertes mit festlegen. Beispiele für arithmetische Konstanten sind: 15, **long** 3.14159265, **short** 2, **short short** 0, 0.1e−1, **long** 1e12, **long long** 125e−23.

Die Elemente von $\mathbf{P}'$ (Hinweise) können nicht als Konstante dargestellt werden mit Ausnahme eines speziellen Hinweises **nil**, der auf keine Information hinweist (Leeradresse).

Die Elemente von $\mathbf{C}'$ (Zeichen) werden wieder maschinenabhängig festgelegt, jedoch sollen in $\mathbf{C}'$ mindestens folgende Zeichen enthalten sein:

a, *b*, *c*, *d*, *e*, *f*, *g*, *h*, *i*, *j*, *k*, *l*, *m*, *n*, *o*, *p*, *q*, *r*, *s*, *t*, *u*, *v*, *w*, *x*, *y*, *z*, 0, 1, 2, 3, 4, 5, 6, 7, 8, 9, **e**, **i**, (,), ., ,, +, −, ″, $\underline{.}$

Um ein Element aus $\mathbf{C}'$ in ALGOL 68 als Konstante darzustellen, wird es in Anführungsstriche eingeschlossen. Zeichenkonstanten sind also z. B. ″$\underline{.}$″, ″a″, ″0″, ″+″. Eine Besonderheit tritt bei Darstellung des Zeichens ″ (Anführungsstriche) auf, das verdoppelt wird und außerdem noch in die Anführungsstriche eingeschlossen wird. Die Darstellung der Zeichenkonstante für Anführungsstriche ist also ″″″″. Diese Besonderheit ist damit zu begründen, daß auch Zeichenfolgen als Konstante (Felder von Zeichen) verwendet werden und die Anführungsstriche am Ende einer Zeichenfolge leicht erkennbar sein sollen.

Wie in Pascal sind auch in ALGOL 68 Bezeichnungen für die Grunddatenmengen vorgesehen, diese Bezeichnungen heißen *Erklärer*. Sie sind

real für $\mathbf{R}_0$
int für $\mathbf{I}_0$
long ⋯ **long real** für $\mathbf{R}_n$ } (n-mal **long**)
long ⋯ **long int** für $\mathbf{I}_n$ }
short ⋯ **short real** für $\mathbf{R}_{-n}$ } (n-mal **short**)
short ⋯ **short int** für $\mathbf{I}_{-n}$ }
bool für $\mathbf{B}'$
char für $\mathbf{C}'$
void für {**empty**}

Die Hinweise werden in ALGOL 68 danach eingeteilt, mit Werten welchen Typs (Typ = Datenmenge) sie belegt werden können. Es gibt also Hinweise auf die verschiedenen Arten reeller Werte, ganzzahliger Werte, auf Wahrheitswerte usw. In einem abstrakten Verarbeitungsautomaten kann man die entsprechenden Teilmengen von Hinweisen als disjunkt ansehen, in konkreten Automaten ist das im allgemeinen nicht der Fall. Die Bezeichnung dieser Mengen von Hinweisen geschieht nun in ALGOL 68 durch Vorsetzen des Zeichens **ref** vor die betreffende Typbezeichnung. Es gibt also Mengen von Hinweisen, die mit **ref real**, **ref int**, **ref bool**, **ref char**, **ref long real**, **ref short int** bezeichnet sind usw. Da diese Teilmengen von **P**′ ebenfalls Typen sind, kann auch auf ihre Elemente mit Hinweisen Bezug genommen werden. Daher existieren weitere Teilmengen von **P**′, die mit **ref ref real**, **ref ref int**, **ref ref bool** usw. bezeichnet werden. Da diese Bildungen unbeschränkt fortsetzbar sind, kann man auch Typen wie **ref ref ref long long real** bilden. Diese Menge enthält Hinweise, die mit Hinweisen belegt werden, deren Werte wieder Hinweise sind, die mit reellen Zahlen der durch **long long** charakterisierten Stellenzahl belegt werden.

2. Abgeleitete Daten

Wie in Pascal können aus Grundmengen von Werten neue Mengen von Werten gebildet werden. In die Menge **P**′ der Hinweise werden entsprechend Teilmengen von Hinweisen zu diesen neuen Wertmengen aufgenommen. Die bildbaren Wertmengen sind in ALGOL 68 auf *Felder* (vgl. II.2.1) und *Datensätze* (vgl. II.2.2) beschränkt.

2.1. Felder

Ein *Feld* ist eine Abbildung des Produktes einer festen Anzahl von Indexmengen in einen Typ (eine Menge gleichartiger Daten). Die *Indexmengen* sind in ALGOL 68 auf Intervalle ganzer Zahlen beschränkt. Die Anzahl der Indizes, die als Argumente in einer solchen Abbildung auftreten, heißt die Dimension des Feldes. Wie in ALGOL 68 allgemein üblich, sind Werte entweder als Konstante oder als Belegungen von Hinweisen erreichbar, d. h., sie werden entweder durch eine Konstante oder durch eine Variable, die mit einem Hinweis belegt ist, dargestellt.

Zur Definition von Mengen von Feldern werden Angaben über Definitionsbereich und Wertebereich gebraucht. In ALGOL 68 wird als *Feldtyp* eine Abbildung angesehen, in der als Argumente n-tupel aus beliebigen ganzen Zahlen zugelassen sind (Indexkombinationen), und in der der Wertebereich durch einen anzugebenden Typ festgelegt ist. Dieser Resultattyp ist beliebig wählbar, kann also z. B. auch wieder ein Feldtyp sein. Es besteht also gegenüber Pascal der Unterschied, daß innerhalb eines Feldtyps keine Intervallgrenzen für die Indizes (Komponenten der n-tupel) festgelegt sind. Es ist allerdings in ALGOL 68 auch möglich und üblich, diese Grenzen festzulegen. Eine Menge von Feldern, bei denen der Definitionsbereich derartig eingeschränkt ist, soll einen *Feldteiltyp* bilden.

Sowohl für Feldtypen als auch für Feldteiltypen sind in ALGOL 68 Darstellungen vorgesehen. Diese Darstellungen sind durch ein Automatensystem nach Abb. 21 erzeugbar. Die Darstellung eines Feldteiltyps erfolgt durch einen

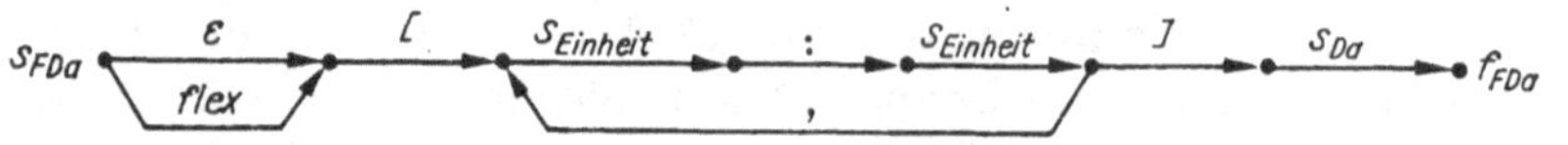

Abb. 21. Teilsystem zur Erzeugung von Felderklärern

(aktuellen) *Felderklärer* (mit Angabe von Grenzen für die Indizes), die Darstellung eines Feldtyps durch einen Felderklärer mit vorgesetztem Zeichen **flex**. Das Teilsystem für die Erzeugung von Felderklärern hat den Anfangszustand s_{FDa}.

Ein Teilsystem mit dem Anfangszustand s_{Da} dient zur Erzeugung beliebiger (aktueller) Erklärer. Das Teilsystem mit dem Anfangszustand $s_{Einheit}$ dient zur Erzeugung einer Einheit. Eine *Einheit* ist in ALGOL 68 die Darstellung eines Teilprozesses des Datenverarbeitungsprozesses. Jede Einheit erzeugt einen Wert. Hier ist die Einschränkung zu ergänzen, daß die angeführten Einheiten ganzzahlige Werte erzeugen. Zu den Einheiten gehören Ausdrücke (Formeln), aber es können auch kompliziertere Prozesse in einer Einheit zusammengefaßt werden. Hier besteht ein wesentlicher Unterschied zu Pascal, wo nur Konstante als Intervallgrenzen auftreten können. Die Bedeutung der berechneten Einheiten entspricht der Bedeutung in Pascal, für jeden Index wird die untere Grenze des Definitionsintervalls vor dem Doppelpunkt angegeben, die obere Grenze nach dem Doppelpunkt. Gegenüber Pascal besteht in der Notation weiter der Unterschied, daß die Zeichen **array** und **of** entfallen und der Doppelpunkt als Trennzeichen an die Stelle der beiden Punkte tritt.

Beispiele für Felderklärer sind:

[1:2] **real**; [0:n, 1:n] **bool**; [$n + 1$:m] **ref int**;

[1:n] [1:n] **real**; **flex** [1:0] **char**

Zum letzten Beispiel ist zu bemerken, daß nach **flex** beliebige Grenzen angegeben werden können, durch **flex** wird angedeutet, daß die Menge aller Intervalle als Menge von Definitionsbereichen zugelassen ist. In der notierten Reihenfolge sind die angegebenen Erklärer Darstellungen folgender verbal zu charakterisierender Feldteiltypen bzw. Feldtypen:

Menge der reellwertigen Vektoren mit Indexgrenzen 1 und 2;

Menge der Matrizen mit den Grenzen 0 und n für den ersten Index (Zeilenindex) und Grenzen 1 und n für den zweiten Index (Spaltenindex) und Wahrheitswerten als Matrixkomponenten;

Menge der Vektoren (mit Indexgrenzen $n + 1$ und m) von Hinweisen auf ganze Zahlen;

Menge der Vektoren (mit Indexgrenzen 1 und n), deren Komponenten jeweils Vektoren (ebenfalls mit Indexgrenzen 1 und n) reeller Zahlen sind;

Menge aller Vektoren von Zeichen.

Werden in ALGOL 68 Variable für Felder benutzt, so sind diese stets mit Hinweisen belegt, die ihrerseits mit Feldern belegt sind. Es werden nun zwei Arten von Hinweisen auf Felder unterschieden, *feste* und *flexible Hinweise.* Ein fester Hinweis ist stets mit Werten eines Feldteiltyps belegt, d. h. mit Feldern mit festen Grenzen. Ein flexibler Hinweis darf dagegen mit Werten eines Feldtyps belegt werden, d. h. mit Feldern mit beliebigen Grenzen. Diese flexiblen Hinweise können als Verallgemeinerung der Klassenvariablen von Pascal angesehen werden. Dort darf der Umfang eines Vektors bis zu einem angegebenen Maximalumfang wachsen. Die beiden Arten von Hinweisen werden durch den Zusatz des bereits erwähnten Zeichens **flex** bei flexiblen Hinweisen unterschieden.

Bei der Notierung der Erklärer für Mengen von Hinweisen auf Felder ist eine Besonderheit zu beachten. Ein derartiger Erklärer beginnt mit dem Zeichen **ref**, darauf folgt ein sogenannter *virtueller Erklärer.* Die virtuellen Erklärer unterscheiden sich in der Anwendung im abstrakten Verarbeitungsautomaten von den bisher betrachteten aktuellen Erklärern. Ein aktueller Erklärer dient zur Bereitstellung von Speicherplatz, ein virtueller Erklärer dagegen gibt nur eine Kontextbeziehung an. Aktuelle Erklärer beschreiben also Elementaraktionen des Verarbeitungsautomaten, virtuelle Erklärer sind nur Hilfsbezeichnungen. Allerdings kann ein virtueller Erklärer hinter **ref** als Bestandteil eines aktuellen Erklärers auftreten. Äußerlich unterscheidet sich ein virtueller Erklärer für eine Grunddatenmenge nicht von einem aktuellen Erklärer, bei Feldern hingegen werden die Grenzen weggelassen, nach Belieben kann auch der Doppelpunkt weggelassen werden. Zu den oben als Beispiele angegebenen aktuellen Felderklärern können also virtuelle Erklärer wie folgt notiert werden: [ ] **real**, [: ,:] **bool**, [:] **ref int**, [ ] [ ] **real**, **flex** [ ] **char**. Durch Vorsetzen von **ref** entstehen dann Erklärer für Hinweise auf Feldtypen (nicht auf Feldteiltypen). Hier unterscheiden sich aktuelle und virtuelle Erklärer nicht in der Schreibweise. Virtuelle Erklärer können wegen des Fehlens von Intervallgrenzen für Indexmengen auch als Beschreibungen von Feldtypen angesehen werden. Das in Abb. 22 angegebene Teilsystem mit dem Anfangszustand s_{FDv} beschreibt die

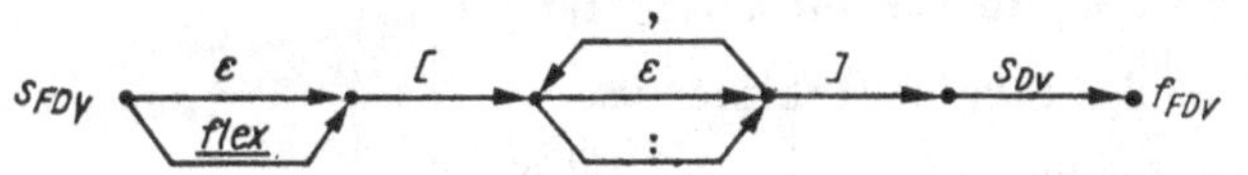

Abb. 22. Teilsystem zur Erzeugung virtueller Felderklärer

Erzeugung virtueller Felderklärer. Dabei bezeichnet s_{Dv} den Anfangszustand eines Teilsystems zur Erzeugung von virtuellen Erklärern.

Eine Bemerkung ist noch zu den aktuellen Felderklärern zu machen. Ein Feldteiltyp ist an sich nur definiert, wenn in jeder Indexmenge die obere Intervallgrenze nicht kleiner als die untere Intervallgrenze ist. In der Darstellung in ALGOL 68 wird nun keine Voraussetzung über die Größe der Grenzen gegeben (das ist auch nicht möglich, da solche Grenzen unter Umständen erst berechnet werden). Ist dann in einem aktuellen Erklärer eine obere Grenze kleiner als die untere Grenze, so ist der Definitionsbereich des Feldes leer; der Feldteiltyp wird zur leeren Menge. Wird jedoch **flex** vorgesetzt, wie oben in **flex** [1:0] **char**, so werden die Grenzen ignoriert, daher ist es hier belanglos, ob die als zweite angegebene "obere Grenze" kleiner ist als die zuerst angegebene "untere Grenze".

2.2. Datensätze

Wie in Pascal ist ein Datensatz als Abbildung einer Menge von Namen (Selektoren) in die Menge aller Werte definiert. Dabei besteht ebenso die Einschränkung, daß jeder Name nur mit Werten eines Typs (bei Feldwerten evtl. auch nur mit Werten eines Teiltyps) belegt werden darf. Die Möglichkeit, Datensätze mit Varianten zu versehen, entfällt in ALGOL 68. Datensätze werden in ALGOL 68 auch als Strukturen bezeichnet, die Darstellung der Mengen von Datensätzen beschreibenden Erklärer beginnt mit dem Zeichen **struct**. Abb. 23

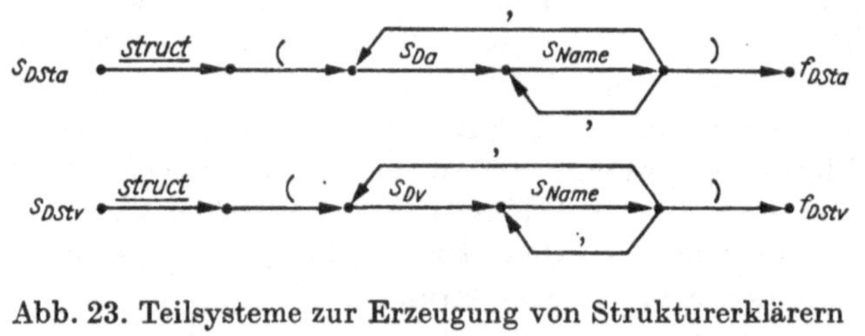

Abb. 23. Teilsysteme zur Erzeugung von Strukturerklärern

zeigt ein Teilsystem zur Erzeugung von Erklärern für Strukturen mit den Anfangszuständen s_{DSta} für aktuelle bzw. s_{DStv} für virtuelle Erklärer. Das Teilsystem mit dem Anfangszustand s_{Name} ist wie in Pascal (Abb. 10) beschaffen.

Ein Beispiel für einen aktuellen Strukturerklärer ist

struct ([1:2] [1:*n*] **char** *name*, **int** *tag*, **int** *monat*, **int** *jahr*),

ein entsprechender virtueller Strukturerklärer ist

struct ([ ] [ ] **char** *name*, **int** *tag*, **int** *monat*, **int** *jahr*).

Bei der Konstruktion von Erklärern für Strukturen und Felder ist darauf zu achten, daß keine *Rekursivitäten* auftreten. Diese Möglichkeit besteht, weil es in ALGOL 68 ebenso wie in Pascal Typdefinitionen gibt, die es erlauben, Abkürzungen für Erklärer einzuführen. Kurz gesagt, ist auszuschließen, daß durch laufendes Ersetzen der Abkürzungen durch ihre Definitionen nicht abbrechende Notationen entstehen. Dabei ist es jedoch möglich, an sich entstehende Rekursivitäten durch Vorsetzen eines **ref** zu unterbrechen, die Ersetzungsregel wird nur auf aktuelle Erklärer angewandt.

Anders als in Pascal können sowohl Werte von Feldern als auch Werte von Datensätzen in ALGOL 68 dargestellt werden, wobei vorauszusetzen ist, daß die Darstellung aller einzelnen Komponenten durch Werte möglich ist. Dazu werden die Werte für die betreffenden Komponenten durch Kommata getrennt und eingeklammert notiert. Die Reihenfolge ist bei Datensätzen durch die Reihenfolge der Notierung im Strukturerklärer gegeben. Bei Feldern ist sie so bestimmt, daß zunächst der zuletzt angegebene Index alle Werte zwischen der unteren und oberen Grenze durchläuft, danach der vorletzte um 1 erhöht wird usw. Bei Datensätzen wird verlangt, daß in der Darstellung mindestens zwei Komponenten enthalten sind.

2.3. Routinen

In ALGOL 68 werden auch *Routinen* (*Unterprogramme* oder *Prozeduren*) als Werte angesehen, d. h., in einer Belegung können Routinen als Werte von Argumenten (Namen oder Hinweisen) auftreten. Eine Routine kann abstrakt als Teilsystem eines abstrakten Programms verbunden mit einer Menge partieller Belegungen angesehen werden. Diese Belegungen müssen so beschaffen sein, daß alle im betreffenden Teilsystem vorkommenden Bezeichnungen und ggf., wenn deren Werte Hinweise sind, auch diese Hinweise als Argumente darin ent-
wenn deren Werte Hinweise sind, auch diese Hinweise als Argumente in ihr enthalten sind. Auch Routinen können als Konstante (*Routinetexte*) dargestellt werden. Eine solche Darstellung besteht aus einer Überschrift und einer Einheit als Darstellung eines Datenverarbeitungsprozesses. In der Überschrift sind Angaben über die Parameter und den Resultattyp der Routine enthalten. Anders als bei Prozeduren in Pascal wird in ALGOL 68 durch jede Routine (mit Ausnahme von Sprüngen, vgl. III.7) ein Wert erzeugt, evtl. der leere Wert **empty**. Der Fall des Resultatwerts **empty** entspricht den Prozeduren in Pascal, die anderen Fälle entsprechen den Funktionen von Pascal. Abb. 24 zeigt ein Teil-

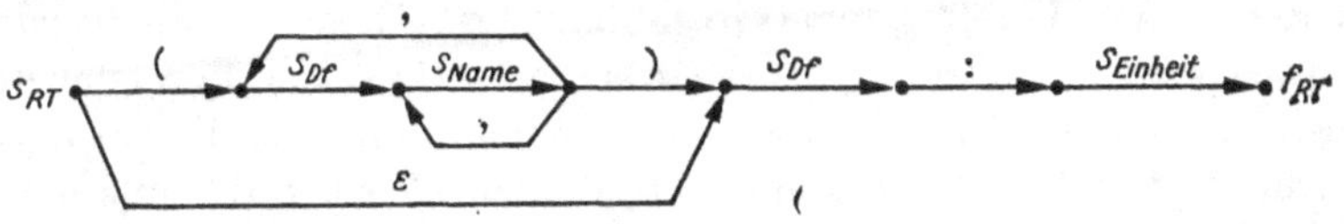

Abb. 24. Teilsystem zur Erzeugung von Routinetexten

system zur Erzeugung von Routinetexten. Dabei bezeichnet s_{Df} den Anfangszustand eines Teilsystems zur Erzeugung formaler Erklärer. Ein solcher *formaler Erklärer* unterscheidet sich normalerweise nicht von einem virtuellen Erklärer, er darf nur kein **flex** enthalten. Falls die eingeklammerte Liste vorhanden ist, bezeichnen die in ihr enthaltenen Namen die formalen Parameter, davor sind die Typen der beim Aufruf der Routine vermittelbaren aktuellen Parameter durch formale Erklärer dargestellt notiert. Vor dem Doppelpunkt steht der Resultattyp, darauf folgt die Darstellung des bei Aufruf der Routine auszuführenden Datenverarbeitungsprozesses.

Beispiele für Routinetexte sind

(1) (**real** x) **real** : $x * x * x$

(2) (**real** x, **int** y) **real** : $x + y$

(3) **void**: *print* $(u + v)$

Auch Routinen werden in Typen zusammengefaßt. Diese Typen unterscheiden sich nach dem Resultattyp sowie der Anzahl und den Typen der Parameter. Dabei werden die Parametertypen durch formale Erklärer dargestellt. Die Darstellung eines Erklärers für Routinetypen beginnt mit dem Zeichen **proc** (für Prozedur). Die Erzeugung von Erklärern für Routinetypen wird durch das Teilsystem mit dem Anfangszustand s_{RD} in Abb. 25 dargestellt. Die als Beispiel

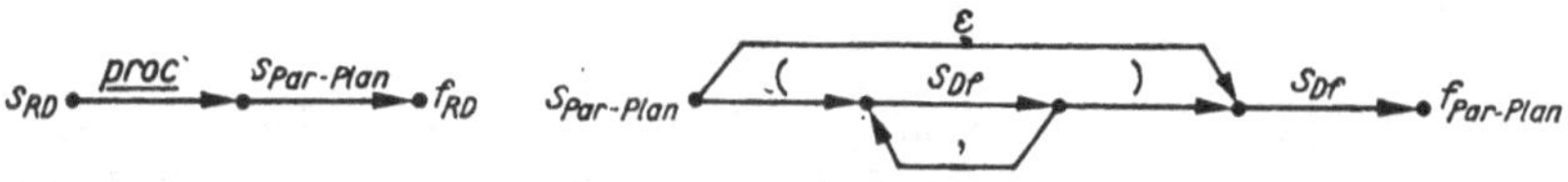

Abb. 25. Teilsysteme zur Erzeugung von Erklärern für Routinetypen

angeführten Routinen gehören in die Typen **proc(real)real**, **proc(real,int)real** und **proc void**.

2.4. Typdefinitionen und Vereinigungstypen

Wie bereits erwähnt, ist es in ALGOL 68 ähnlich wie in Pascal möglich, neue Typen durch *Typdefinitionen* (auch als *Wertartdeklarationen* bezeichnet) einzuführen. Während in Pascal Mengen von Namen als Typen eingeführt werden können, gibt es diese Möglichkeit in ALGOL 68 nicht. Es besteht jedoch die Möglichkeit, bekannte Typen zu vereinigen. Die Vereinigungsmengen von Typen bilden zwar einen neuen Typ (einen *Vereinigungstyp*), aber die Elemente einer solchen Datenmenge (die Werte) werden stets als Werte eines der Typen angesehen, aus denen der Vereinigungstyp gebildet ist. Diese Typen werden als disjunkt vorausgesetzt, um einem Wert stets eindeutig einen Typ zuordnen zu können. Wie in Pascal werden auch die Typen **real** und **int** (und die daraus durch Vorsetzen von **long** und **short** entstehenden Typen) als disjunkt angesehen.

Zweck der Einführung von Vereinigungstypen ist, Hinweise (Adressen) mit Werten mehrerer Typen belegen zu können. Es sind in ALGOL 68-Programmen auch *Abfragen* vorgesehen, mit denen festgestellt werden kann, aus welchem der Teiltypen eines Vereinigungstyps ein Wert ist, der einen solchen Hinweis belegt. Vereinigungstypen werden nun durch Erklärer dargestellt, die mit dem Zeichen **union** beginnen, worauf eingeklammert eine Liste von Erklärern der Typen folgt, die zu vereinigen sind. Es besteht jedoch die Einschränkung, daß ein Typ A nicht mit einem Routinetyp vereinigt werden darf, dessen Resultattyp A ist, und auch nicht mit einem Typ aus Hinweisen auf Werte aus A. Abb. 26 zeigt ein Teilsystem zur Erzeugung von Erklärern für Vereinigungs-

Abb. 26. Teilsystem zur Erzeugung von Erklärern für Vereinigungstypen

typen. Dabei ist s_{Df} wie oben ein Teilsystem zur Erzeugung von formalen Erklärern. Es bestehen hier in der Schreibweise keine Unterschiede zwischen aktuellen, formalen und virtuellen Erklärern.

Die *Typdefinitionen* (Wertartdeklarationen) führen Abkürzungen für Typen ein, deren Erklärer mit den bisher eingeführten Hilfsmitteln beschrieben werden. Dabei ist — wie bereits erwähnt — darauf zu achten, daß keine rekursiven Definitionen auftreten, d. h. ein Typ nicht direkt durch sich selbst definiert wird. Die Schreibweise für eine Wertartdeklaration ist durch das Teilsystem mit dem Anfangszustand s_{MD} in Abb. 27 bestimmt. Dabei erzeugt das nicht dargestellte

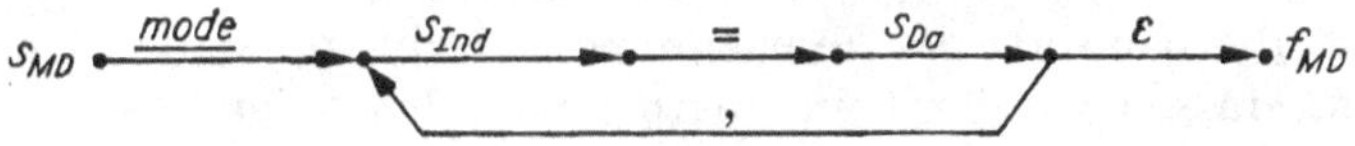

Abb. 27. Teilsystem zur Beschreibung von Typdefinitionen

Teilsystem mit dem Anfangszustand s_{Ind} einen aus halbfett gedruckten Buchstaben und Ziffern zusammengesetzten Namen, der syntaktisch wie ein Name gebildet ist.

Beispiele sind

(1) **mode compl** = **struct**(**real** *re*, *im*)
(2) **mode longcompl** = **struct**(**long real** *re*, *im*)
(3) **mode bits** = **struct** ([1 : *bits width*] **bool** ℵ)
(4) **mode bytes** = **struct** ([1 : *bytes width*] **char** ℵ)
(5) **mode string** = **flex** [1:0] **char**
(6) **mode sema** = **struct** (**ref int** ℵ)
(7) **mode text** = **ref** [ ] [ ] [ ] **char**
(8) **mode flextext** = **ref flex** [ ] **flex** [ ] **flex** [ ] **char**
(9) **mode pos** = **struct** (**int** *p*, *l*, *c*)
(10) **mode book** = **struct**(**flextext** *text*, **pos** *lpos*, **string** *idf*, **bool** *putting*)
(11) **mode bfile** = **struct**(**ref book** *book*, **ref bfile** *next*)

Diese Beispiele sind dem revidierten Bericht über ALGOL 68 entnommen. Beispiele für unerlaubte Konstruktionen sind **mode a** = **a**, **mode b** = **ref b**, **mode c** = **proc c**, **mode d** = **union**(**real**, **d**), **mode e** = **struct**(**int** *i*, **e** *e*), **mode f** = [1:2] **f**. Dagegen ist eine Wertarterklärung der Form **mode g** = **struct**(**int** *i*, **ref g** *g*) zulässig, da hier eine Menge von Datensätzen definiert wird, in der die *i*-Komponente ganzzahlig ist, die *g*-Komponente als Werte Hinweise auf Werte der Wertart **g** hat. In **mode b** = **ref b** fehlt dagegen das abschirmende **struct**. Ein in einer derart definierten Menge enthaltener Wert wäre dann ein Hinweis auf einen Hinweis, der wieder auf einen Hinweis verweist usw. Da aber nur endliche Verweisketten gebildet werden dürfen, ist eine derartige Definition unzulässig. In **mode h** = **struct**(**ref h** *h*) dagegen ist ein Wert ein Datensatz, der eine mit *h* auszuwählende Komponente hat, die auf einen gleichartigen Datensatz verweist. Genauer soll hier auf die auftretenden Probleme nicht eingegangen werden.[1]) Bei der praktischen Verwendung von Typdefinitionen sollte entweder der zu definierende Typ nicht (auch nicht indirekt) im definierenden Erklärer auftreten oder nur in der Form mit vorgesetztem **ref** innerhalb eines Strukturerklärers.

In ALGOL 68-Programmen sind die oben unter (1) bis (7) angeführten Typen als Standards verwendbar (d. h. ohne explizite Notation der Typdefinition). Weiter ist es möglich, Werte der Typen **string** und **bits** als Konstanten zu notieren. Für Werte vom Typ **string** (*Zeichenreihen*) sind diese Konstanten Folgen von Zeichen des Typs **char**, die in Anführungsstriche eingeschlossen sind. Dabei gilt die Festlegung, daß innerhalb einer solchen Folge vorkommende Anführungsstriche verdoppelt werden. Beispiele sind: *"abc"*, *"algol 68"*, *""""a""""*. Das letzte Beispiel ist die Notation der Zeichenreihe *"a"*, die aus drei Zeichen besteht. Formal ist ein solcher Wert ein Vektor, etwa *"abc"* der Vektor $\{(1,a), (2,b), (3,c)\}$ (vgl. II.2.1).

Für Werte vom Typ **bits** gibt es mehrere Konstantendarstellungen. Diese Werte können als nichtnegative Dualzahlen (mit den Ziffern 0 und 1) oder als Zahlen zur Basis 4 (mit den Ziffern 0 bis 3), zur Basis 8 (mit den Ziffern 0 bis 7) oder zur Basis 16 (mit den "Ziffern" 0 bis 15 unter Verwendung der Darstellungen *a* für 10, *b* für 11, *c* für 12, *d* für 13, *e* für 14, *f* für 15) geschrieben werden. Vor einer solchen Ziffernfolge sind die betreffende Basis der Zahlendarstellung (2, 4, 8 oder 16) und ein *r* zu notieren. Beispiele sind 2*r*110, 4*r*103, 8*r*77, 16*r*1*f*. Vor derartigen Konstanten können wie bei Zahlen noch **long** oder **short** notiert werden. Um aus einer solchen Darstellung einen Wert des Typs **bits** herzustellen, wird der hinter *r* stehende Teil in eine Folge von Nullen und Einsen umgewandelt, wobei bei der Basis 2 die Originalfolge ungeändert bleibt, bei Basis 4 die Ziffern 0 durch 00, 1 durch 01, 2 durch 10 und 3 durch 11 ersetzt werden. Bei Basis 8 wird jede Ziffer durch eine Folge von drei Nullen und Einsen ersetzt, bei Basis 16 durch eine Folge von vier Nullen und Einsen. Die Umwandlung erfolgt entsprechend der üblichen Dualschreibweise (000, 001, 010, 011, 100, 101, 110, 111) bzw. (0000, 0001, 0010, 0011, 0100, 0101, 0110, 0111, 1000, 1001, 1010, 1011, 1100, 1101, 1110, 1111). Dann wird jede 0 durch **false** ersetzt und jede 1 durch **true**. Die so erhaltene Folge von **false** und **true** wird den Komponenten des in der Struktur enthaltenen Feldes von rechts beginnend vom höchsten Index an rückwärts zugeordnet und mit **false** aufgefüllt. Dabei ist der höchste Index bitswidth maschinenabhängig festgelegt, bei vorgesetzten **long** oder **short** wird er durch entsprechende andere Konstanten ersetzt. Ist z. B. *bitswidth* = 5, so ist 2*r*1011 eine Darstellung von

(ℵ, {(1, **false**), (2, **true**), (3, **false**), (4, **true**), (5, **true**)}). (Vgl. S. 119)

---

1) vgl. jedoch III.10.

3. Abstrakter Verarbeitungsautomat

3.1. Einführung

In II.3 wurde ein abstrakter Verarbeitungsautomat eingeführt, der zur Modellierung von Datenverarbeitungsprozessen dient. Diese Datenverarbeitungsprozesse können durch Pascalprogramme beschrieben werden. Der Verarbeitungsautomat wurde so konstruiert, daß er den Möglichkeiten der Sprache Pascal angepaßt war. Die von diesem Verarbeitungsautomaten verarbeitbaren Elementaraktionen bzw. Folgen von Elementaraktionen können in Pascalprogrammen einfach bsechrieben werden.

Die mit diesem Verarbeitungsautomaten erzeugbaren Datenverarbeitungsprozesse können — soweit in ALGOL 68 beschreibbare Daten benutzt werden — auch durch ALGOL 68-Programme dargestellt werden. Da aber die in ALGOL 68 und in Pascal verwendeten Datenmengen nicht völlig übereinstimmen, weiter die Art der zugrundeliegenden Belegungen verschieden ist und außerdem in ALGOL 68 teilweise andere Elementaraktionen berücksichtigt werden, ist es zweckmäßig, einen anderen Verarbeitungsautomaten zu konstruieren. Dieser Verarbeitungsautomat dient dann als Grundlage für die Modellierung von Datenverarbeitungsprozessen, die durch ALGOL 68-Programme beschreibbar sind.

Die dem Verarbeitungsautomaten zugrundeliegende *Zustandsmenge* hat *Belegungsfunktionen* als Elemente. Während im Verarbeitungsautomaten von II.3 die Argumente der Belegungsfunktion Namen mit statischem und dynamischem Niveau oder Hilfsnamen sind, kommen im hier einzuführenden Verarbeitungsautomaten *Hinweise* (*Adressen*) hinzu. In II.3.8 wurden ebenfalls Adressen betrachtet, die Adressen von Komponenten zusammengesetzter Werte wurden dort als Auswahlvorschriften gebildet. Hier sollen dagegen Hinweise als selbständige Elemente angesehen werden. Im Gegensatz zu Pascal sind Werte von Variablen stets nur mit Hilfe von Hinweisen zugänglich, in Pascal galt das nur für Komponenten von Klassen. Für Hinweise gibt es mit Ausnahme des leeren Hinweises **nil** keine Darstellungen durch Konstanten. Diese besondere Eigenschaft von ALGOL 68-Programmen bewirkt auch, daß im zu konstruierenden Verarbeitungsautomaten die Elementaraktion $:=_A$ (entspricht $:=$ im Verarbeitungsautomaten von II.3) nur auf Hinweise anwendbar ist. Bei der Darstellung in ALGOL 68-Programmen werden dazu prinzipiell Namen verwendet, die mit Hinweisen belegt sind. Generell sollen im hier betrachteten Verarbeitungsautomaten alle Hinweise und Routinen mit statischem und dynamischem Niveau versehen werden. Alle anderen Werte erhalten ebenso wie Namen ein statisches Niveau.

Wie in II.3 soll der hier betrachtete Verarbeitungsautomat mit einem Stapel von Hilfsnamen ϱ_i arbeiten. Der maximale Stapelindex K belege einen Hilfsnamen $\varkappa$, das aktuelle statische Niveau einen Hilfsnamen ν und das aktuelle dynamische Niveau einen Hilfsnamen ϑ. Die Belegung des maximalen Stapelelements ϱ_K mit einer Zeichenfolge x (Namen- oder Konstantendarstellung) soll, wie in II.3.6 beschrieben, durch eine Elementaraktion **stapel**$_A$ x ausgelöst werden. Ebenso soll die in II.3.11 eingeführte Folge von Hilfsnamen σ_i übernommen werden. Die dort eingeführte Unterteilung der Belegung in Blöcke wird beibehalten. Zusätzlich wird noch eine besondere Art von Hinweisen eingeführt, die das statische Niveau 0 und ebenso das dynamische Niveau 0 erhalten. Die Menge dieser Hinweise sei als *Halde* [1] bezeichnet. Bei der Generierung von Hinweisen wird zu jedem Hinweis ein zugehöriger Wert (der Wert, auf den sich der Hinweis bezieht) mit erzeugt. Es ist zweckmäßig, jeden Hinweis mit einer Stufennummer, der Referenzstufe, zu versehen. Ein Hinweis, der sich auf einen Hinweis der Stufe i bezieht, hat die Stufe $i + 1$. Werte, die keine Hinweise sind, können dann als Werte der Referenzstufe 0 angesehen werden.

Die in II.3.11 eingeführten Elementaraktionen **blockanfang**, **blockende**, **niveau** und **tilge** können demnach in den hier betrachteten Verarbeitungsautomaten übernommen werden. Dazu ist zu bemerken, daß auch ALGOL 68-Programme eine *Blockstruktur* haben. Während in Pascal die Blöcke Unterprogramme sind, sind es in ALGOL 68 sogenannte *abgeschlossene Klauseln*. Deklarationen lokaler Größen haben als *Gültigkeitsbereich* eine abgeschlossene Klausel mit Ausnahme darin enthaltener abgeschlossener Klauseln, in denen eine lokale Größe neu deklariert wird. Abgeschlossene Klauseln werden bei der Niederschrift eines Programms durch Einschließen in die Zeichen **begin** und **end** vom übrigen Programm abgeteilt. In einer abgeschlossenen Klausel können wieder abgeschlossene Klauseln enthalten sein, die Verwendung von **begin** und **end** entspricht der von öffnenden und schließenden Klammern in der Arithmetik. Analog zu Pascal wird festgelegt, daß die innerhalb einer abgeschlossenen Klausel lokalen Größen ein um 1 höheres statisches Niveau haben als die in der diese unmittelbar umschließenden abgeschlossenen Klausel.

3.2. Elementare Wertberechnungen

In dem aufzubauenden Verarbeitungsautomaten soll eine Anzahl von Elementaraktionen verwendet werden, die aus gestapelten Werten neue Werte berechnen. Dabei stammen die zu verarbeitenden Werte aus Grunddatenmengen mit der Ausnahme von Hinweisen oder aus einigen Mengen abgeleiteter Daten, und zwar aus den durch die Erklärer **string** sowie **bits**, **bytes** und **compl** in III.2.4 eingeführten Wertarten. Bei den letzten drei Erklärern können auch evtl. mehrere **long** oder **short** vorgesetzt werden.

Um den Effekt dieser Elementaraktionen darzustellen, werden sie wieder in zweistellige und einstellige Elementaraktionen eingeteilt. Bei den zweistelligen Elementaraktionen sind ϱ_{K-1} mit dem ersten Operanden und ϱ_K mit dem zweiten Operanden belegt. Nach Ausführung der Elementaraktionen werden die beiden Operandenwerte gelöscht, K wird um 1 verringert, und ϱ_K (mit dem neuen Index K) wird mit dem Resultat belegt. Bei einstelligen Elementaraktionen ist der Operand Belegung von ϱ_K, er wird durch das Resultat ersetzt.

In den folgenden Tabellen sind diese Elementaraktionen zusammengestellt. Dabei werden folgende Abkürzungen verwendet:

(1) *rik* für **real** oder **int** oder **compl**

(2) *RIK* für den Resultattyp **int** bei zweistelligen Elementaraktionen, deren Operanden beide den Typ **int** haben, für den Resultattyp **real**, wenn die Operanden von einem der Typen **real** oder **int** sind, für den Resultattyp **compl**, wenn mindestens ein Operand vom Typ **compl** ist. Bei einstelligen Operationen stimmen Resultattyp und Operandentyp aus *rik* überein. Wird *RI* notiert, so wird bei komplexem Operanden das Resultat einer einstelligen Operation reell.

(3) *ri* für **real** oder **int**

(4) *R* für **real**

(5) *I* für **int**

(6) *B* für **bool**

(7) *BF* für **bits**

(8) *C* für **char**

(9) *CF* für **bytes**

(10) *S* für **string**

(11) *K* für **compl**

(12) *T* für beliebige der in (1) bis (11) erwähnten Typen

Die Art der Elementaraktion wird bei zweistelligen Elementaraktionen in der Form $L(X \times Y \rightarrow Z)$ oder $L(X \times Y) \rightarrow Z$ oder $X \times Y \rightarrow Z$ dargestellt, wobei X für den Typ des ersten Operanden steht, Y für den des zweiten Operanden und Z für den Resultattyp. Ein vorgesetztes L bedeutet, daß vor die Erklärer innerhalb der Klammern die jeweils gleiche Anzahl von **long** oder **short** gesetzt werden kann. Entsprechend wird die Art der einstelligen Elementaraktion durch $L(X \rightarrow Z)$, $L(X) \rightarrow Z$ oder $X \rightarrow Z$ dargestellt. Weiter sei der Wert des ersten Operanden mit p bezeichnet, der des zweiten mit q, der des Resultats mit r.

Zu Tabelle 11 ist zu bemerken, daß $[p/q]$ die absolut größte ganze Zahl ist, die absolut nicht größer als p/q ist. Das Vorzeichen von $[p/q]$ ist das von p/q. Mit $r \equiv p (mod\ q)$ wird der nichtnegative Rest von p modulo q bezeichnet, z. B. wird $2 \equiv 17 (mod\ 5)$ und $3 \equiv -17 (mod\ 5)$.

In Tabelle 12 sind Operationen an Wahrheitswerten und Vergleichsoperationen dargestellt. Bei Verknüpfungen der Art $L(BF \times BF \rightarrow BF)$ werden gleichlange Vektoren von Wahrheitswerten komponentenweise verknüpft. Das Resultat ist wieder ein Vektor von Wahrheitswerten. Die Verknüpfungen der Art $L(T \times T) \rightarrow B$ dienen zum Vergleich gleichartiger Werte, wobei die Typen **real**, **int** und **compl** untereinander ebenso verträglich sind wie **char** und **string**. Bei den Vergleichen **kleiner**$_A$, **nichtkleiner**$_A$, **größer**$_A$ und **nichtgrößer**$_A$ darf **compl** nicht als Operandentyp verwendet werden, daher wird dort $T - K$ statt T notiert. Beim Vergleich von Werten der Typen **bits** bzw. **long** ··· **long bits** oder **short** ··· **short bits** werden die Folgen von Wahrheitswerten als Dualzahlen betrachtet, wobei **false** als 0 und **true** als 1 interpretiert wird und das Gewicht der i-ten Komponente 2^{N-i} ist, wenn N die Anzahl der Komponenten

Tabelle 11: Zweistellige arithmetische Elementaraktionen

Elementaraktion	Art	Erläuterung
plus$_A$	$L(rik \times rik \to RIK)$	$r = p + q$
minus$_A$	$L(rik \times rik \to RIK)$	$r = p - q$
mal$_A$	$L(rik \times rik \to RIK)$	$r = p \cdot q$
durch$_A$	$L(ri \times ri \to R)$ $L(ri \times K \to K)$ $L(K \times ri \to K)$	$r = p/q$
potenz$_A$	$L(rik \times I \to RIK)$	$r = p^q$
komplex$_A$	$L(ri \times ri \to K)$	$r = p + q \cdot i, \left(i = \sqrt{-1}\right)$
div$_A$	$L(I \times I \to I)$	$r = [p/q]$
rest$_A$	$L(I \times I \to I)$	$r \equiv p \ (mod\ q), \ (r \geqq 0)$

Tabelle 12: Zweistellige Prüfaktionen

Elementaraktion	Art	Erläuterung
oder$_A$	$B \times B \to B$ $L(BF \times BF \to BF)$	$r = p \vee q$
und$_A$	$B \times B \to B$ $L(BF \times BF \to BF)$	$r = p \wedge q$
gleich$_A$	$L(T \times T) \to B$	$r = (p = q)$
ungleich$_A$	$L(T \times T) \to B$	$r = (p \neq q)$
kleiner$_A$	$L((T - K) \times (T - K)) \to B$	$r = (p < q)$
nichtkleiner$_A$	$L((T - K) \times (T - K)) \to B$	$r = (p \geqq q)$
größer$_A$	$L((T - K) \times (T - K)) \to B$	$r = (p > q)$
nichtgrößer	$L((T - K) \times (T - K)) \to B$	$r = (p \leqq q)$

Tabelle 13: Zweistellige Elementaraktionen mit Bitfolgen und Zeichenketten

Elementaraktion	Art	Erläuterung
element$_A$	$L(BF) \times I \to B$ $L(CF) \times I \to C$	Auswahl des q^{ten} Elements der Folge
verschiebe links$_A$	$L(BF) \times I \to L(BF)$	verschiebe p um q Stellen nach links
verschiebe rechts$_A$	$L(BF) \times I \to L(BF)$	verschiebe p um q Stellen nach rechts
verkette$_A$	$(C \cup S) \times (C \cup S) \to S$	$r = pq$
vervielfache$_A$	$(C \cup S) \times I \to S$ $I \times (C \cup S) \to S$	$r = p^q$ $r = q^p$

ist. Beim Vergleich von Werten der Typen **bytes**, **char** oder **string** wird die lexikographische Ordnung verwendet. So gilt z. B. *"a"* $<$ *"ab"*, *"aba"* $<$ *"abb"* und *"abb"* $<$ *"ac"*, wenn vorausgesetzt wird, daß innerhalb der Menge von Zeichen eine Ordnung definiert ist, in der *a* vor *b* und *b* vor *c* steht.

In Tabelle 13 bedeutet Linksverschiebung von p um q Stellen, daß der in der Struktur p enthaltene Bitvektor eine Verschiebung um q Stellen nach links erfährt, wenn $q \geqq 0$. Im Falle $q < 0$ wird um $|q|$ Stellen nach rechts verschoben. Eine Linksverschiebung besagt ein Verschieben in Richtung auf Komponenten mit niedrigerem Index. Die Stellen mit den Indizes 1 bis q von p entfallen in r, dafür werden q Stellen mit den Indizes $N - q + 1$ bis N durch **false** ersetzt. Faßt man p und r als Dualzahlen auf, so wird $r \equiv 2^q \cdot p (mod\ 2^N)$ für $q \geqq 0$, $r = [2^q \cdot p]$ für $q < 0$, wobei $[2^q \cdot p]$ die größte ganze Zahl bezeichnet, die kleiner als $2^q \cdot p$ ist. Die Rechtsverschiebung um q Stellen bedeutet eine Linksverschiebung um $-q$ Stellen.

Bei der Verkettung von Zeichen oder Zeichenketten werden 2 Zeichenketten nacheinander notiert, die Längen addieren sich. Z. B. entsteht bei Anwendung von **verkette** auf *"a"* und *"bc"* eine Zeichenkette *"abc"*. Das q-fache Verketten ($q > 0$) von p mit sich selbst ist mit p^q bezeichnet. Für $q \leqq 0$ ist p^q undefiniert.

Die Auswahl eines Elementes aus einer Bitfolge (Wert vom Typ **bits**) oder Bytefolge (Wert vom Typ **bytes**) wird direkt unter die Elementaraktionen aufgenommen, obwohl sie mit dem üblichen Auswahlmechanismus erfolgen könnte, weil der Selektor in den Erklärern für **bits** und **bytes** in ALGOL 68-Programmen nicht zugänglich sein soll. Er wird daher auch durch das in Programmen nicht notierbare Zeichen $\aleph$ bezeichnet.

Die in Tabelle 14 zusammengestellten einstelligen Elementaraktionen beschreiben Wertumformungen, die in Datenverarbeitungsanlagen meist recht einfach realisierbar sind (mit Ausnahme der Elementaraktionen **absolut**$_A$ und **argument**$_A$ für komplexe Zahlen). Zu den Elementaraktionen **verlängere**$_A$ und **verkürze**$_A$ ist zu bemerken, daß diese nicht für Typen mit vorgesetztem **short** ausführbar sind, **verkürze**$_A$ nur für Typen mit vorgesetztem **long**. Bei **verlängere**$_A$ wird die Darstellung der Zahl in die des Typs mit einem **long** mehr umgewandelt, bei **verkürze**$_A$ in die des Typs mit einem **long** weniger. Zu **real** $\rightarrow$ **int** ist zu bemerken, daß $[p]$ die größte ganze Zahl bezeichnet, die nicht größer als p ist. Die Elementaraktion **bits** $\rightarrow$ **int** bewirkt die Darstellung eines Wertes vom Typ **bits**, der als Dualzahl (vgl. III.2.4) interpretiert werden kann, als entsprechende ganze Zahl. Die Elementaraktion **int** $\rightarrow$ **bits** ist die Umkehrung. **packen bool**$_i$ steht für eine Elementaraktion aus einer Menge von Elementaraktionen, die einen Vektor von Wahrheitswerten in eine Bitfolge (Typ **bits** mit i vorgesetzten **long**, bei $i < 0$ mit $-i$ vorgesetzten **short**) umwandelt. Mit **packen char**$_i$ wird eine Zeichenkette in einen ggf. mit Leerzeichen aufgefüllten Wert vom Typ **bytes** umgewandelt. In Tabelle 15 sind Elementaraktionen zur Berechnung der Werte elementarer analytischer Funktionen und zur Berechnung einer Pseudo-Zufallszahl zusammengestellt. Für diese Elementaraktionen sind in ALGOL 68 Standardfunktionen vorgesehen.

Tabelle 14: Einstellige Elementaraktionen

Elementaraktion	Art	Erläuterung
bool → int	$B \to I$	wenn $p =$ **true**, dann $r = 1$, sonst $r = 0$.
negation$_A$	$L(BF \to BF)$ $B \to B$	$r = \neg p$ (bei Bitfolgen komponentenweise)
inversion$_A$	$L(rik) \to L(RIK)$	$r = -p$
absolut$_A$	$L(rik) \to L(RI)$	$r = \|p\|$
verlängere$_A$	$L(rik) \to (L+1)\,(RIK)$ $L(BF) \to (L+1)\,(BF)$ $L(CF) \to (L+1)\,(CF)$	$r = p$
verkürze$_A$	$L(rik) \to (L-1)\,(RIK)$ $L(BF) \to (L-1)\,(BF)$ $L(CF) \to (L-1)\,(CF)$	$r = p$
ungerade	$L(I) \to B$	$r =$ **true**, wenn p ungerade sonst $r =$ **false**
vorzeichen$_A$	$L(ri) \to B$	$r = \text{sign}\,(p)$
runden$_A$	$L(r) \to I$	r ganzzahlig, $\|r - p\| \leqq \frac{1}{2}$. Für $\|r - p\| = \frac{1}{2}$ zusätzlich $\|r\| < \|p\|$.
real → int	$L(r) \to L(I)$	$r = [p]$
realteil$_A$	$L(K) \to L(R)$	$r = \Re(p)$
imaginärteil$_A$	$L(K) \to L(R)$	$r = \Im(p)$
argument$_A$	$L(K) \to L(R)$	$r = \varphi$, wenn $p = e^{i\varphi}$ $(0 \leqq \varphi < 2\pi)$
konjugiert$_A$	$L(K) \to L(R)$	$r = \bar{p}$ ($\bar{p}$ konjugiert komplexe Zahl zu p)
bits → int	$L(BF) \to L(I)$	$r = p$
int → bits	$L(I) \to L(BF)$	$r = p$
char → int	$C \to I$	r ist eine dem Zeichen p zugeordnete ganze Zahl
int → char	$I \to C$	Umkehrung dieser Zuordnung
packen bool$_i$	$[\,]B \to L(BF)$	$r = p$
packen char$_i$	$S \to L(CF)$	$r = p$

Tabelle 15: Weitere einstellige Elementaraktionen

Elementaraktion	Art	Erläuterung
wurzel$_A$	$L(R \to R)$	$r = \sqrt{p}$
exp$_A$	$L(R \to R)$	$r = e^p$
ln$_A$	$L(R \to R)$	$r = \ln p$
cosinus$_A$	$L(R \to R)$	$r = \cos p$
sinus$_A$	$L(R \to R)$	$r = \sin p$
arccos$_A$	$L(R \to R)$	$r = \arccos p$
arcsin$_A$	$L(R \to R)$	$r = \arcsin p$
tan$_A$	$L(R \to R)$	$r = \tan p$
arctan$_A$	$L(R \to R)$	$r = \arctan p$
zufall$_A$	$L(\textbf{ref}\ I \to R)$	(siehe Text)

Zur Elementaraktion **zufall**$_A$ ist zu bemerken, daß das Argument p ein Hinweis ist, der mit einer nichtnegativen ganzen Zahl belegt ist. Die Schreibweise $L($**ref** $I \rightarrow R)$ ist so zu deuten, daß das Argument aus einem der Typen **ref int**, **ref long** ··· **long int**, **ref short** ··· **short int** stammen kann und der Resultatwert entsprechend vom Typ **real**, **long** ··· **long real** oder **short** ··· **short real** mit der gleichen Anzahl von **long** bzw. **short** ist. Es wird nun angenommen, daß der zulässige Zahlbereich der durch p referierten ganzen Zahl in einer Pseudozufallsfolge angeordnet ist. Besetzt diese Zahl darin die Stelle $j(p)$, so wird durch die Elementaraktion **zufall**$_A$ die der Stelle $j(p) + 1$ zugeordnete Zahl entnommen und durch eine die Gleichverteilung invariant lassende Transformation in das Intervall $0 \leqq r < 1$ abgebildet. Ist z. B. der Zahlenbereich für **short short short int** auf $[-9, 9]$ beschränkt, die Pseudozufallsfolge $\{7, 3, 4, 6, 2, 0, 1, 9, 8\}$ und die Abbildung auf $[0, 1)$ durch $r = z/10$ (wobei z die Pseudozufallszahl ist) festgelegt, so wird etwa ein mit 6 belegter Hinweis vom Typ **ref short short short int** durch **zufall**$_A$ auf 0.2 abgebildet. Hierzu ist noch zu bemerken, daß durch **zufall**$_A$ auch die den Hinweis p belegende Zahl mit geändert wird (eine im klassischen Funktionsbegriff nicht vorgesehene Aktion). Im Beispiel ist also nach Ausführung von **zufall**$_A$ der Argumenthinweis mit 2 statt mit 6 belegt.

Weitere Elementaraktionen dienen dazu, die Grenzen von Feldern festzustellen. Ist ϱ_K mit einem beliebigen Vektor belegt, so wird durch die Elementaraktion **oben**$_1$ die obere Grenze seiner Indexmenge zur Belegung von ϱ_K, durch **unten**$_1$ die untere Grenze der Indexmenge. Bei mehrdimensionalen Feldern können die Grenzen einer beliebigen Indexmenge der n Indexmengen ermittelt werden. Dazu sei wieder ϱ_K mit einem Feld belegt, ϱ_{K-1} mit einer ganzen Zahl j. Durch **oben** wird dann die obere Grenze der j-ten Indexmenge festgestellt und entsprechend durch **unten** ihre untere Grenze. Dabei wird vorausgesetzt, daß $0 < j \leqq n$ gilt, wenn n die Dimension des Feldes ist. Danach wird wie üblich K um 1 erniedrigt und das neue ϱ_K mit dem berechneten Wert belegt.

Schließlich seien in Tabelle 16 noch einige Elementaraktionen zusammengestellt, die die Besonderheit haben, daß sie in ALGOL 68-Programmen im allgemeinen nicht explizit notiert werden, sondern sich im Kontext widerspiegeln. Es handelt sich dabei um Umwandlungen eines Wertes in einen Wert eines zweiten Typs. In einigen Fällen ist es allerdings erforderlich, dafür einen speziellen Typwandler zu notieren, der aus einem Erklärer für den Zieltyp und eingeklammert einer Darstellung des umzuwandelnden Wertes besteht. Zu den in einem ALGOL 68-Programm nicht explizit zu notierenden Elementaraktionen gehört auch die Bereitstellung eines Wertes, der ein ϱ_K belegendes Argument (einen Namen mit statischem Niveau oder einen Hinweis mit statischem und dynamischem Niveau) belegt. Hierzu soll wie in Pascal die Elementaraktion **wert**$_A$ dienen. Obwohl die Belegung von Hinweisen ebenfalls mit dieser Elementaraktion gewonnen werden kann, sollen zusätzlich Elementaraktionen **inhalt**$_j$ ($j \geqq 0$, ganz) eingeführt werden, die aus einer Belegungskette von Hinweisen den Wert j-ter Stufe als Belegung von ϱ_K bereitstellen, wobei anfangs ein Hinweis k-ter Stufe ($k \geqq j$) ϱ_K belegen muß.

Tabelle 16: Elementaraktionen zur Typumwandlung

Elementaraktion	Erläuterung
wert$_A$	$b'(\varrho_K) = b(b(\varrho_K))$
inhalt$_j$	$b'(\varrho_K) = b(\varrho_K)$, wenn *Stufe* $(b(\varrho_K)) = j$
	$b'(\varrho_K) = b^{k-j+1}(\varrho_K)$, wenn *Stufe* $(b(\varrho_K)) = k > j$
int → **real**	$b'(\varrho_K) = u_{i,r}(b(\varrho_K))$
real → **compl**	$b'(\varrho_K) = u_{r,k}(b(\varrho_K))$
bits → [ ]**bool**	$b'(\varrho_K) = u_{b,bf}(b(\varrho_K))$
bytes → [ ] **char**	$b'(\varrho_K) = u_{c,cf}(b(\varrho_K))$
aufreihen$_A$	$b'(\varrho_K) = u_{t,v}(b(\varrho_K))$
entwerten$_A$	$b'(\varrho_K) =$ **empty**

In Tabelle 16 ist b' die Belegung nach Ausführung der Elementaraktion, b die Belegung vor Ausführung der Elementaraktion. Die Funktion *Stufe* $(b(\varrho_K))$ ist nur definiert, wenn $b(\varrho_K)$ ein Hinweis ist, und bezeichnet die in III.3.1 eingeführte Referenzstufe. b^s bedeutet eine s-fach iterierte Anwendung von b. Mit $u_{i,r}$, $u_{r,k}$, $u_{b,bf}$ und $u_{c,cf}$ werden Umwandlungsfunktionen bezeichnet, die Werten eines Typs (**int**, **real**, **bits** bzw. **bytes**) die äquivalenten Werte eines zweiten Typs (**real**, **compl**, [ ] **bool** bzw. [ ] **char**) zuordnen. Dabei können auch jeweils gleichviel **long** oder **short** vor die Typen gesetzt werden. Mit $u_{t,v}$ wird die Umwandlung eines Typs T in einen Wert des Vektortyps [1:1] T beschrieben. Hier könnte auch $b'(\varrho_K) = (1, b(\varrho_K))$ notiert werden.

3.3. Auswahl aus Feldern und Datensätzen

Wie in Pascal können Komponenten aus Feldern und Datensätzen ausgewählt und behandelt werden. In ALGOL 68 brauchen durch die Forderung, daß zu verarbeitende Werte entweder Konstante sind oder als Belegungen von Hinweisen auftreten, nicht verschiedene Elementaraktionen für die Wertgewinnung und die Belegungsänderungen in Abhängigkeit von Feldtypen oder Datensatztypen verwendet zu werden. Bei Feldern ist in ALGOL 68 zusätzlich die Bildung von Teilfeldern einfach darstellbar. Daher ist es zweckmäßig, diese durch Elementaraktionen zu beschreiben und die Komponentenwahl als Spezialfall anzusehen.

Ein n-dimensionales Feld ist eine Abbildung

$$F: I_1 \times I_2 \times \cdots \times I_n \to W\,,$$

wobei die I_k Intervalle ganzer Zahlen sind. Eine solche Abbildung kann auf eine Abbildung

$$F': I_1' \times I_2' \times \cdots \times I_n' \to W$$

eingeschränkt werden, wobei $I_k' \subseteq I_k$ gilt und die I_k' ebenfalls Intervalle sind. Die Einschränkung erfolgt so, daß aus der Abbildung F diejenigen Paare entnommen werden, deren Argumente (Indexkombinationen) in $I'_1 \times I'_2 \times \cdots \times I'_n$ liegen. Es ist also $F' \subseteq F$. Man könnte diese Einschränkung F' als Teilfeld von F bezeichnen, im allgemeinen wird jedoch erst eine weitere Einschränkung F'' Teilfeld genannt. Diese wird aus F' dadurch erhalten, daß in den als Argumente in F' auftretenden n-tupeln diejenigen Komponenten weggelassen werden, für die die zugehörige Indexmenge I'_j nur aus einem Element (einem Index) besteht. Sind also r Indizes wegzulassen, so sind die Argumente von F'' m-tupel mit $m = n - r$. F'' heißt dann m-dimensionales Teilfeld von F.

Die in II.2.1 als Beispiel benutzte Matrix

$$F = \{((1, 1), 0), ((1, 2), 1), ((1, 3), 2), ((2, 1), 1), ((2, 2), 2), ((2, 3), 3)\}$$

mit den Indexmengen $I_1 = [1, 2]$ und $I_2 = [1, 3]$ kann z. B. auf

$$F'_1 = ((1, 1), 0), ((1, 2), 1), ((2, 1), 1), ((2, 2), 2)\}$$

eingeschränkt werden. Hier sind $I'_{11} = I_1 = [1, 2]$ und $I'_{21} = [1, 2]$ die Teilindexmengen. Da keine von diesen Teilindexmengen nur ein Element hat, ist $F''_1 = F'_1$ ein zweidimensionales Teilfeld von F. Ein anderes Teilfeld kann aus der Einschränkung

$$F'_2 = \{((1, 1), 0), ((1, 2), 1), ((1, 3), 2)\}$$

aufgebaut werden. Hier sind $I'_{12} = [1, 1] = \{1\}$ und $I'_{22} = [1, 3]$. Daher wird in F''_2 der erste Index weggelassen, d. h., es ist

$$F''_2 = \{(1, 0), (2, 1), (3, 2)\}$$

ein eindimensionales Teilfeld von F (der erste Zeilenvektor der Matrix F). Eine Einschränkung der Art

$$F'_3 = \{((2, 3), 3)\}$$

hat nur einelementige Teilindexmengen, hier $I'_{13} = \{2\}$ und $I'_{23} = \{3\}$. Durch Weglassen beider Indizes entsteht eine ganzzahlige Konstante $F''_3 = 3$. Diese Art der Bildung von Teilfeldern ist die allgemein übliche Komponentenauswahl.

In ALGOL 68-Programmen ist die Bildung von Teilfeldern zusätzlich mit der Umwandlung des Teilfeldes in ein Feld mit einer anderen Indexmenge verbunden. Diese Umwandlung wird auch als *Trimmen* bezeichnet. Ist eine Indexteilmenge $I'_j = [l'_j, r'_j]$, so kann diese in eine Indexteilmenge $I^*_j = [l^*_j, r^*_j]$ mit $r^*_j = r'_j + (l^*_j - l'_j)$ umgewandelt werden. Der Umfang der Indexteilmenge wird also nicht verändert. Sämtliche Indizes werden um $l^*_j - l'_j$ verschoben, d. h., ein j-ter Index i_j ($l'_j \leqq i_j \leqq r'_j$) wird durch $i_j + (l^*_j - l'_j)$ ersetzt. Wird z. B. die oben benutzte Teilindexmenge $I'_{22} = [1, 3]$ auf die neue untere Grenze $l_2 = 0$ getrimmt, so sind alle Indizes um 1 zu erniedrigen. Es wird $I^*_{22} = [0, 2]$, und das getrimmte Teilfeld ist

$$F^*_2 = \{(0, 0), (1, 1), (2, 2)\} .$$

In einem getrimmten Teilfeld werden die ursprünglichen Resultatwerte beibehalten und mit den durch Transformation der Indizes entstandenen Argumenten verbunden. Zum Trimmen einer Indexmenge werden die drei Angaben

l'_j, r'_j und l^*_j benötigt. Diese können zu einem Tripel zusammengefaßt werden, das als Belegung im Stapel auftritt. Zur Bildung eines solchen Tripels soll eine Elementaraktion **tripel** dienen, die aus drei ϱ_{K-2}, ϱ_{K-1} und ϱ_K belegenden Werten l'_j, r'_j und l^*_j ein solches Tripel erzeugt und zur Belegung von ϱ_{K-2} macht. Danach wird K durch $K - 2$ ersetzt.

Bei der Bildung eines Teilfeldes kann ähnlich wie bei der entsprechenden Aktion im Verarbeitungsautomaten für Pascal vorgegangen werden. Im Gegensatz dazu soll jedoch angenommen werden, daß vor der Auswahl ϱ_K nicht mit einem Feldnamen belegt ist, sondern entweder mit dem Feld selbst oder einem Hinweis auf das Feld. Dieser Hinweis muß ein Hinweis erster Stufe sein. Das schließt nicht aus, daß die Komponenten des Feldes (die Werte der betreffenden Abbildung) wieder Hinweise beliebiger Stufe sein können. Die Hilfsnamen $\varrho_{K-n}, \cdots, \varrho_{K-1}$ sollen dann mit Indizes oder mit Tripeln belegt sein. Dabei bezeichnet n die Dimension des Feldes. Durch eine Elementaraktion $\mathbf{tf}_n$ bzw. $\mathbf{htf}_n$ wird dann ein Teilfeld ($\mathbf{tf}_n$) oder ein Hinweis auf ein Teilfeld ($\mathbf{htf}_n$) erzeugt und zur Belegung von ϱ_{K-n}. Danach wird wieder K durch $K - n$ ersetzt. Bei Ausführung von $\mathbf{tf}_n$ wird vorausgesetzt, daß ϱ_K mit einem n-dimensionalen Feld belegt ist. Bei Ausführung von $\mathbf{htf}_n$ muß ϱ_K mit einem Hinweis auf ein n-dimensionales Feld belegt sein. Die beiden Elementaraktionen sind nur definiert, wenn die Indizes innerhalb der betreffenden Intervallgrenzen liegen bzw. die Tripel die Eigenschaft $l_j \leqq l'_j \leqq r'_j \leqq r_j$ haben, wobei l_j und r_j die betreffenden Intervallgrenzen und l'_j und r'_j die ersten beiden Tripelkomponenten sind.

Ist der ϱ_K belegende Hinweis ein flexibler Hinweis (vgl. III.2.1), so wird ein *temporärer Hinweis* erzeugt, dessen Verwendung nur eingeschränkt möglich ist. Ein solcher temporärer Hinweis dient nur zur Auswahl, kann aber nicht selbst als Wert weiterverwendet werden, d. h. zur Belegung eines Namens oder eines anderen Hinweises werden. Es ist daher zweckmäßig, Hinweise außer mit statischem und dynamischem Niveau und der Referenzstufe auch noch mit einer Kennzeichnung zu versehen, ob sie temporär sind oder nicht.

Zu den Hinweisen auf Felder ist noch zu bemerken, daß zu jedem solchen Hinweis (*Haupthinweis*) eine Menge von *untergeordneten Hinweisen* gehört. Diese untergeordneten Hinweise beziehen sich auf die Elemente des dem Haupthinweis zugeordneten Feldes. Ist der Typ des Haupthinweises **ref** $\cdots$ T, oder **ref flex** $\cdots$ T, wobei $\cdots$ für beliebige Argumentmengendefinitionen steht und T für einen beliebigen Typ, so ist der Typ der untergeordneten Hinweise **ref** T. Dabei kann T auch durch einen mit **flex** beginnenden virtuellen Felderklärer dargestellt sein. Statische und dynamische Niveaus der untergeordneten Hinweise sind denen des Haupthinweises gleich, die Referenzstufe ist um 1 höher als die von T. Wird nun ein Hinweis auf ein Teilfeld durch die oben beschriebene Methode konstruiert, so ist dieser entweder ein neuer Haupthinweis (wenn die Dimension des Teilfeldes $\geqq 1$ ist) oder ein untergeordneter (bereits existierender) Hinweis auf ein Feldelement (eine Komponente).

Die Verknüpfung eines Haupthinweises mit seinen untergeordneten Hinweisen geschieht durch eine *Unterordnungsabbildung*. Ist F das den Haupthinweis belegende Feld mit der Argumentmenge $I_1 \times \cdots \times I_n$, d. h., ist F eine Abbildung $I_1 \times \cdots \times I_n \to W$, so sei die Unterordnungsabbildung mit U_F bezeichnet, wobei $U_F: I_1 \times \cdots \times I_n \to \mathbf{P}'$. Dabei bezeichnet $\mathbf{P}'$ die Menge aller Hinweise. Die Abbildung U_F muß eineindeutig sein. Da U_F von F abhängt, und F Belegung des Haupthinweises h ist, kann U_F auch als Funktion $u(h)$ betrachtet werden. Ist h ein flexibler Hinweis, so kann sich die Argumentmenge von F im Laufe eines Datenverarbeitungsprozesses ändern, damit ändert sich auch $u(h)$.

In jeder Belegung b besteht nun die Bedingung, daß aus $b(h) = F$ und $F(i) = w$ (mit $i \in I_1 \times \cdots \times I_n$) folgen muß, daß $b(u(h)\,(i)) = w$ gilt. Es muß also der durch die Indexkombination i bestimmte untergeordnete Hinweis mit dem Wert w belegt sein, der durch i aus dem h belegenden Feld F ausgewählt wird.

Ist z. B. h mit dem oben betrachteten Feld F belegt, so hat h sechs untergeordnete Hinweise. Diese untergeordneten Hinweise $h_1, \ldots, h_6$ sind den Argumenten (1, 1), (1, 2), (1, 3), (2, 1), (2, 2) und (2, 3) zugeordnet und mit den Werten 0, 1, 2, 1, 2 und 3 belegt. Welches der h_i mit welchem Wert belegt ist, wird dabei offengelassen. Es muß jedoch gesichert werden, daß zu jedem Argument derjenige Hinweis ausgewählt wird, der sich auf den in der Abbildung F diesem Argument zugeordneten Wert bezieht.

Da ein untergeordneter Hinweis auf einen Hinweis vom Typ **ref flex** ··· T den Typ **ref** T hat, darf T wieder mit **flex** beginnen. Es ist also möglich, daß in einem Erklärer mehrere **flex** vorkommen. Weiter kann **flex** auch innerhalb von Strukturerklärern auftreten, z. B. existiert ein Hinweistyp **ref struct** (**flex** ··· **real** *r*, **flex** ··· **int** *i*).

Für Hinweise auf Datensätze (Strukturen) gilt Entsprechendes. Zu jedem Selektor innerhalb des Datensatzes existiert ein untergeordneter Hinweis, der sich auf den durch diesen Selektor ausgewählten Wert bezieht. Das gilt darüber hinaus auch für Hinweise auf Felder von Datensätzen. Hier existiert zu jedem Selektor ein untergeordneter Hinweis auf ein entsprechendes Feld von Elementen des durch den Selektor ausgewählten Typs. Es ist in ALGOL 68-Programmen möglich, mit einem Selektor aus einem Feld von Strukturen ein Feld von Werten dieses Typs auszuwählen. Einem solchen Feld sind nun durch die auswählenden Indizes wieder Hinweise untergeordnet, die gleich den Hinweisen sind, die sich ergeben, wenn die Auswahlreihenfolge vertauscht wird. Ist z. B. [1:5] **struct** (**real** *r*, **char** *c*) der Typ eines derartigen Feldes, so sind einem Hinweis auf dieses Feld 5 Hinweise auf Werte vom Typ **struct** (**real** *r*, **char** *c*) untergeordnet. Jedem dieser Hinweise sind wieder Hinweise auf Werte vom Typ **real** bzw. vom Typ **char** untergeordnet. Andererseits sind aber auch jedem Hinweis auf das betrachtete Feld 2 Hinweise auf Felder der Typen [1:5] **real** und [1:5] **char** untergeordnet, denen jeweils wieder 5 Hinweise auf Werte der Typen **real** bzw. **char** untergeordnet sind. Diese 10 letztlich erhaltenen Hinweise sind bei beiden Auswahlmethoden die gleichen. Für die Praxis bedeutet das, daß durch Vertauschung der Auswahlreihenfolge die Berechnung der Adressen der Elemente nicht beeinträchtigt werden darf.

Mit den Elementaraktionen $\mathbf{dk}_A$ und $\mathbf{hdk}_A$ wird die Extraktion eines Wertes aus einem Datensatz oder der Übergang zu einem untergeordneten Hinweis ausgeführt. Dazu wird vorausgesetzt, daß ϱ_K entweder mit einem Datensatz ($\mathbf{dk}_A$) oder mit einem Hinweis auf einen Datensatz oder ein Feld von Datensätzen ($\mathbf{hdk}_A$) belegt ist. Der extrahierte Wert ist dann ein Wert des dem Selektor zugeordneten Typs oder ein Hinweis auf einen solchen Wert bzw. auf ein Feld solcher Werte. Der Selektor soll ϱ_{K-1} belegen.

3.4. Wertzuweisungen

In ALGOL 68-Programmen ist eine Wertzuweisung nur an Hinweise erlaubt. Im abstrakten Verarbeitungsautomaten bedeutet das, daß die Elementaraktion $:=_A$ nur ausführbar ist, wenn ϱ_{K-1} mit einem Hinweis belegt ist, ϱ_K soll mit einem zur Belegung dieses Hinweises bestimmten Wert belegt sein. Für die Ausführung von $:=_A$ ist vorauszusetzen, daß

$$Stufe\big(b(\varrho_{K-1})\big) = Stufe\big(b(\varrho_K)\big) + 1$$

gilt. *Stufe* bezeichnet dabei die Referenzstufe des betreffenden Wertes. Ist ein Wert kein Hinweis, so hat er die Referenzstufe 0. Weiter muß vorausgesetzt werden, daß eine Typverträglichkeit besteht. Hat der Hinweis $b(\varrho_{K-1})$ den Typ **ref** T oder **ref flex** [...] T, so muß $b(\varrho_K)$ ein Wert vom Typ T bzw. [...] T sein. Nach Ausführung von $:=_A$ entsteht eine Belegung b', in der $b'\big(b(\varrho_{K-1})\big) = b(\varrho_K)$ und $b'(\varkappa) = K - 1$ mit $K = b(\varkappa)$ ist. Ist $b(\varrho_{K-1})$ ein untergeordneter Hinweis, so wird dadurch gleichzeitig der den Haupthinweis belegende Wert (ein Feld oder ein Datensatz) geändert. Sind andererseits dem Hinweis $b(\varrho_{K-1})$ weitere Hinweise untergeordnet, so werden auch deren Belegungen entsprechend geändert. Stets muß die oben formulierte Bedingung $b(h)\ (i) = b\big(u(h)\ (i)\big)$ für einen Haupthinweis h erfüllt sein. Weiter ist zu bemerken, daß der Hinweis **nil** nicht als Argument in Belegungen auftritt, daher ist auch keine Wertzuweisung an **nil** möglich. Prinzipiell ist festzuhalten, daß — wie bereits in II.3.2 beschrieben — durch eine Wertzuweisung nur ein bereits in der Belegung vorhandenes Argument neu belegt werden kann.

Anders als bei dem für Pascal konstruierten Verarbeitungsautomaten werden hier keine besonderen Elementaraktionen für Wertzuweisungen an Hinweise auf Felder oder Datensätze eingeführt. Das liegt daran, daß vor Ausführung einer Wertzuweisung stets der zu belegende Hinweis bereitzustellen ist, ebenso natürlich auch der zu belegende Wert. Da der hier betrachtete Verarbeitungsautomat sequentiell arbeitet und der Stapel der Hilfsnamen ϱ_i von niedrigeren Indizes zu höheren aufsteigend gefüllt wird, wird der zu belegende Hinweis vor dem belegenden Wert bereitgestellt (berechnet). Im ALGOL 68-Bericht wird jedoch festgelegt, daß die Reihenfolge der Berechnung des Hinweises und des Wertes nicht definiert ist, der Wert kann also auch vor dem Hinweis berechnet werden oder beide können gleichzeitig berechnet werden. Dadurch kann eine Wertzuweisung mehrere Bedeutungen haben, falls die Resultate nicht unabhängig von der Reihenfolge der Berechnungen sind. Solche Aktionen werden in [9] als kollateral bezeichnet.

Schließlich ist noch zu bemerken, daß sich $:=_A$ von der in II.3.2 definierten Elementaraktion := dadurch unterscheidet, daß K nur um 1 erniedrigt wird, der ursprünglich in ϱ_{K-1} enthaltene Hinweis bleibt also erhalten und ist nach Ausführung von $:=_A$ Wert von ϱ_K mit dem neuen $K = b'(\varkappa) = b(\varkappa) - 1$.

Eine weitere Besonderheit ist, daß in ALGOL 68 Hinweise und Routinen im allgemeinen lokale Größen sind. Eine Routine wird im hier betrachteten Verarbeitungsautomaten als Anfangszustand eines Teilsystems des abstrakten Programms dargestellt und mit einem statischen Niveau verbunden, welches das größte der statischen Niveaus der in diesem Teilsystem verwendeten nichtlokalen Bezeichnungen ist.[1]) Dieses statische Niveau charakterisiert den *Lebensbereich* der Routine. Ebenso werden lokale Hinweise mit einem statischen Niveau verbunden, welches das aktuelle Niveau des Blockes ist, in dem sie erzeugt werden (vgl. III.3.5). Es ist daher zweckmäßig, generell alle Werte, wie in III.3.1 festgelegt, mit einem statischen Niveau zu verbinden. Bei Grunddatenkonstanten ist dieses statische Niveau -1. Eine Wertzuweisung ist nur dann korrekt, wenn der zu belegende Hinweis kein kleineres statisches Niveau (keinen umfassenderen Lebensbereich) als der belegende Wert hat.

3.5. Nichtdeterministische Erzeugung von Werten

Die nichtdeterministische Erzeugung von Werten wird wie in Pascal zur Deklaration von Namen verwendet (vgl. II.3.7 und II.3.8). Wie in II.3.8 wird sie so vorgenommen, daß eine Beschreibung des Typs im Stapel untergebracht wird und durch eine Elementaraktion die Generierung veranlaßt wird. Die in II.3.8 verwendete Methode, die Informationen zur Beschreibung des Typs einzeln zu speichern, wird sinngemäß übernommen. Da hier analog aufgebaute Typen vorliegen, sind die zu speichernden Informationen nur durch Zeichen **flex** und **ref** zu ergänzen. Führt man weitere Zeichen **struct** und **array** ein, so brauchen die Elementaraktionen **feld**, **ds** und **skalar** aus II.3.8 nicht mehr unterschieden zu werden. Stattdessen wird mit einer Elementaraktion $\mathbf{lokal}_A$ sowohl ein neuer Hinweis auf einen Wert des angegebenen Typs erzeugt als auch ein Wert dieses Typs, der den erzeugten Hinweis belegt. Die Erzeugung dieses Wertes geschieht nichtdeterministisch, ebenso die des Hinweises, jedoch mit der Einschränkung, daß der Hinweis verschieden von allen bereits in der Belegung als Argumente vorhandenen Hinweisen ist. Der zu erzeugende Wert kann ebenfalls ein Hinweis sein, er wird dann aus den bereits in der Belegung als Argumente vorhandenen Hinweisen des betreffenden Typs entnommen, oder er wird **nil**. Letztere Möglichkeit ist die einfachste, da dann nicht die eventuell komplizierte Prüfung

[1]) Eine Bezeichnung ist nichtlokal in einem Teilsystem, wenn sie darin nicht deklariert wird (vgl. III.3.6.).

eines beliebig gewählten Hinweises auf seinen Typ erforderlich ist. Der durch **lokal**$_A$ erzeugte Hinweis wird mit dem aktuellen statischen Niveau und dem aktuellen dynamischen Niveau versehen.

Eine weitere Elementaraktion **heap**$_A$ verläuft entsprechend, nur erhält der erzeugte Hinweis 0 als statisches und dynamisches Niveau, er gehört zur Halde. Das hat zur Folge, daß bei einer Elementaraktion **tilge** die mit diesem Hinweis als Argument versehenen Paare (Hinweis, Wert) nicht aus der Belegung entfernt werden. Es wird jedoch eventuell der Name, den dieser Hinweis auf Grund einer Deklaration (vgl. III.3.5) belegt, aus der Belegung entfernt. Der Hinweis ist dann nicht mehr erreichbar, es sei denn, er ist als Resultat z. B. einer Wertzuweisung zur Belegung von ϱ_K geworden. Dann kann er wie andere Belegungen der ϱ_i verarbeitet werden. Solche „in der Luft hängenden“ Hinweise können durch eine *Speicherbereinigung* zusammen mit den ihnen zugeordneten Werten aus der Belegung entfernt werden.

Die Belegungsfunktion eines ALGOL 68-Programms enthält einen weiteren — bisher nicht erwähnten — Teil, in dem Standardgrößen zusammengefaßt sind. Dieser Teil kann vom Programm nicht beeinflußt werden. Die darin enthalten Namen sind im gesamten Programm gültig außer in den Blöcken, in denen sie neu deklariert werden. Ebenso sind Konstante im gesamten Programm gültig. Man kann alle in diesem Teil der Belegung vorhandenen Argumente mit dem statischen und dynamischen Niveau —1 versehen. Durch eine Elementaraktion **skip**$_A$ wird nun, wenn wieder ϱ_K mit einem formalen oder aktuellen Erklärer belegt ist, eine Konstante oder ein beliebiger Wert dieses Typs mit dem statischen Niveau —1 nichtdeterministisch erzeugt (vgl. auch III.4.2).

3.6. Deklarationen, Parametervermittlung und Konstantendefinitionen

Die in der Belegung vorkommenden Namen (mit Niveaus versehen) werden ausschließlich mittels einer Elementaraktion **deklariere**$_A$ belegt. Wie in II.3.7 (bzw. II.3.11) wird vorausgesetzt, daß ϱ_K mit einem Namen verbunden mit statischem und dynamischem Niveau und ϱ_{K-1} mit einem Wert belegt ist. Die Ausführung von **deklariere**$_A$ kann nun sowohl als Deklaration, Konstantendefinition oder Parametervermittlung angesehen werden. Bei *Variablendeklarationen* wird ein nichtdeterministisch erzeugter Hinweis zur Belegung des Namens verwendet, bei *Konstantendefinitionen* oder *Parametervermittlungen* im allgemeinen ein deterministisch erzeugter Wert. Hiernach besteht formal kein Unterschied zwischen Variablen, Parametern und durch Namen dargestellten Konstanten. Allerdings sind Variable stets mit Hinweisen belegt. Durch **deklariere**$_A$ wird der in ϱ_K zusammen mit dem aktuellen statischen und dynamischen Niveau angegebene Name in die Argumentmenge der Belegung aufgenommen.

3.7. Typdefinitionen und Typprüfung

Wie in Pascalprogrammen sind auch in ALGOL 68-Programmen *Typdefinitionen*, die hier auch als *Wertartdeklarationen* bezeichnet werden, verwendbar.

Durch eine solche Typdefinition wird ein *Indikator* (als unterstrichener bzw. halbfett gedruckter Name dargestellt) mit einer einen Typ darstellenden Zeichenfolge der in III.3.5 oder II.3.8 verwendeten Art belegt. Es ist daher möglich, einen so definierten Indikator zur Erzeugung nichtdeterministischer Werte wie in III.3.5 oder in weiteren Typdefinitionen zu verwenden. Dabei sind jedoch Rekursivitäten zu vermeiden. Die dabei auftretenden Probleme und die Schreibweise für Typdefinitionen wurden bereits in III.2.4 betrachtet. Eine Elementaraktion $\mathbf{typ}_A$ soll nun bewirken, daß ein mit **stapel** x in ϱ_K gespeicherter Indikator (zusammen mit einem statischen Niveau) mit einer derartigen Zeichenfolge belegt wird. Dabei wird die betreffende Zeichenfolge zur Belegung des zusammen mit aktuellem statischen und dynamischen Niveau angegebenen Indikators, der dadurch ebenfalls in die Argumentmenge der Belegung aufgenommen wird.

Eine Umkehrung der Erzeugung eines Wertes zu einem Typ ist die Feststellung des Typs zu einem gegebenen Wert. Es wird vorausgesetzt, daß ein Wert stets nur in genau einem Typ enthalten ist. Eine Elementaraktion $\mathbf{ist}_A$ soll nun bewirken, daß von einem ϱ_K belegenden Wert der Typ festgestellt wird und eine Darstellung dieses Typs im Stapel (nach Erhöhung von K) gespeichert wird. Allerdings soll diese Operation nur in einem bestimmten Zusammenhang (vgl. III.9.2) verwendet werden.

3.8. Eingabe und Ausgabe

In I.4 wurde ein Modell eines Datenverarbeitungsprozesses betrachtet, in welchem der Verarbeitungsautomat in einen Eingabeautomaten und einen inneren Verarbeitungsautomaten zerlegt wurde. In II.11 wurde die Eingabe in einem für die Sprache Pascal entwickelten Modell betrachtet. Für den hier vorliegenden Verarbeitungsautomaten soll die Eingabe ähnlich verlaufen. An Stelle der im Modell für Pascal verwendeten Bänder werden hier sogenannte Bücher benutzt. Ein *Buch* ist eine in Seiten, Zeilen und Zeichen unterteilte Folge von Zeichen mit ergänzenden Angaben über den Umfang des Buches, einem Buchtitel und einer Angabe über die Möglichkeit, in das Buch zu schreiben. Hierzu werden folgende Typen eingeführt (vgl. III.2.4):

mode %**book** = **struct** (%**flextext** *text*, %**pos** *lpos* **string** *idf*,
                bool *putting*, **int** *users*)
mode %**pos** = **struct** (**int** *p*, *l*, *c*)
mode %**flextext** = **ref flex** [ ] **flex** [ ] **flex** [ ] **char**
mode string = **flex** [1 :0] **char**

Statt der soeben erwähnten Bücher werden in ALGOL 68-Programmen Werte vom Typ %**book** als Bücher bezeichnet, in denen folgende Informationen zusammengefaßt sind:

(1) Ein Hinweis auf ein Feld, dessen Elemente Felder (Seiten) sind, die wieder aus Feldern (Zeilen) von Zeichen zusammengesetzt sind.

(2) Ein Tripel von ganzen Zahlen (Seite, Zeile, Zeichen)
(3) Eine Zeichenkette (als Buchtitel)
(4) Ein Wahrheitswert (**true**, wenn in das Buch geschrieben werden darf).
(5) Eine ganze Zahl, die angibt, wie oft das Buch eröffnet ist.

Der durch *text* ausgewählte Wert vom Typ %**flextext** weist auf die wesentliche Information des Buches hin, die vom Typ **flex** [ ] **flex** [ ] **flex** [ ] **char** ist. Das Zeichen % wird benutzt, damit die betreffende Bezeichnung in keinem speziellen ALGOL 68-Programm benutzt werden kann, da dort das Zeichen % als Anfangszeichen für Namen und Indikatoren nicht zugelassen ist. Hierdurch wird es möglich, die mit % beginnenden Namen und Indikatoren zur ausschließlichen Verwendung im *Programmrahmen* (Vorspann und Nachspann) zu reservieren.

Ein weiterer Typ wird durch

mode %**bfile** = **struct** (**ref** %**book** *book*, **ref** %**bfile** *next*)

eingeführt. Zwei ebenfalls nur im Programmrahmen verwendbare Variable vom Typ **ref** %**bfile** werden mit %*chainbfile* und %*lockedbfile* bezeichnet. Ein Wert vom Typ %**bfile** besteht hiernach aus zwei Hinweisen, einer verweist auf ein Buch, ein zweiter auf einen weiteren Wert vom Typ %**bfile**. In Abb. 28 ist ein

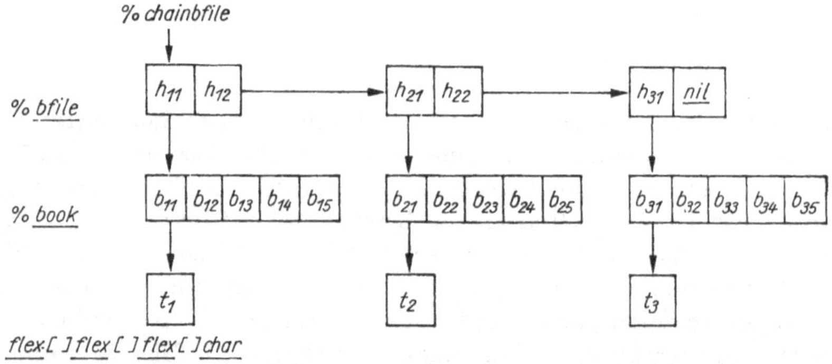

Abb. 28. Hinweisliste auf Bücher

Beispiel einer auf diese Weise entstehenden Liste von Werten vom Typ %**bfile** skizziert. Dabei sind die h_{i1} Hinweise auf Bücher, die h_{i2} Hinweise auf den jeweils nächsten Wert vom Typ %**bfile**. In einem Buch ist b_{i1} ein Hinweis auf ein Feld des Typs **flex** [ ] **flex** [ ] **flex** [ ] **char**, b_{i2} ein den Umfang angebendes Tripel, b_{i3} eine identifizierende Zeichenkette (*Titel*), b_{i4} bezeichnet die Möglichkeit, in das Buch zu schreiben, und b_{i5} ist die Anzahl der Eröffnungen des Buches. Die Pfeile kennzeichnen jeweils die Belegungsrelation zwischen Argument und zugeordnetem Wert.

Ein Eingabeautomat kann nun so aufgebaut sein, daß seine Zustände Tripel sind, die aus einem Textfeld (Buchinhalt), dem zugehörigen Buchumfang und dem Buchtitel bestehen. Ein Befehl **eingabe**$_A$ wird nun so modifiziert, daß vom

Eingabeautomaten bei einem Übergang von einem solchen Zustand β aus ein Befehl **chainbfile** β an den Verarbeitungsautomaten gegeben wird. Dieser bewirkt, daß die Belegung von %**chainbfible** so geändert wird, daß die in β enthaltene Information an den Anfang der Liste gesetzt wird, wobei entsprechende Hinweise eingefügt werden. Ist anfangs %*chainbfile* mit **nil** belegt, so kann auf diese Weise eine Liste sukzessive erzeugt werden. Abb. 29 zeigt eine aus der Liste in Abb. 28 durch Erweiterung mittels **chainbfile** β entstandene Liste. Dabei enthält β die Informationen (t_0, b_{02}, b_{03}).

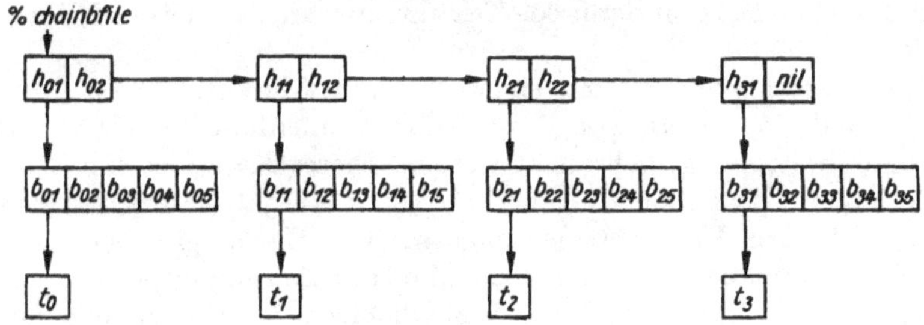

Abb. 29. Erweiterung der Liste aus Abb. 28

Die Verarbeitung der in einem Buch enthaltenen Informationen (genauer des Feldes, auf das durch die Komponente *text* eines Buches verwiesen wird) erfolgt nun mittels einer Datei, die mit dem betreffenden Buch verbunden wird. Eine Datei ist ein Wert vom Typ **file**, der durch

mode file = **struct** (**ref** %**book** %*book*, **union**(%**flextext**, %**text**) %*text*,
  channel %*chan*, **ref format** %*format*, **ref int** %*forp*,
  ref bool %*read mood*, %*write mood*, %*char mood*, % *bin mood*,
    %*opened*,
  ref %**pos** %*cpos*, **string** %*terminator*, %**conv** %*conv*,
  proc (**ref file**) **bool** %*logical file mended*, %*physical file mended*,
    %*page mended*, %*line mended*, %*format mended*,
    %*value error mended*,
  proc (**ref file**, **ref char**) **bool** %*char error mended*)

definiert ist, wobei

mode %**text** = **ref** [ ] [ ] [ ] **char**,
mode channel = **struct** (**proc** (**ref** %**book**) **bool** %*reset*, %*set*, %*get*,
    %*put*, %*bin*, %*compress*, %*reidf*,
  proc bool %*estab*, **proc** %**pos** %*maxpos*,
  proc (**ref** %**book**) %**conv** %*standconv*,
  int *channel number*) ,

mode %**conv** = **struct** ([1 : **int**(**skip**)] **struct**(**char** *internal*, *external*) ℵ)

gilt. Auf die Darstellung des Typs **format** sei verzichtet, da bei der hier nur betrachteten formatlosen Eingabe die mit %*format* ausgewählte Komponente der Datei ebenso wie die durch %*forp* ausgewählte Komponente mit einem nicht weiter zu verwendenden beliebig wählbarem Wert belegt wird. Dieser Wert wird durch **skip** dargestellt. Die über %*text* ausgewählte Komponente wird im allgemeinen mit dem Hinweis belegt, der auf den Inhalt des mit der Datei verbundenen Buches verweist. Durch eine Prozedur *associate* kann jedoch bewirkt werden, daß ein gegebener Text mit der Datei verbunden wird, wobei ein Buch erzeugt wird, in dem die erste und dritte Komponente undefiniert sind. Die zweite Komponente des Buches gibt dann den Textumfang an, die vierte wird **true**, die fünfte ist 0.

Die Komponente %*chan* ist mit einem Datensatz belegt, der als *Kanal* bezeichnet wird und eine Anzahl von Routinen zusammenfaßt, die bei der Datenverarbeitung (Übertragung) gebraucht werden. Dieser Kanal ist eine Abstraktion der Verbindung zwischen Eingabegerät (bzw. Ausgabegerät) und Zentraleinheit bei konkreten Datenverarbeitungsanlagen. Hierin gibt die Prozedur %*reset* an, ob das Eingabe- bzw. Ausgabemedium auf die Anfangsposition zurückstellbar ist, entsprechend gibt %*set* die Möglichkeit der Einstellung auf eine bestimmte Position an (adressierbarer Außenspeicher). Liefert die mit %*get* ausgewählte Prozedur den Wert **true**, so kann der Inhalt des Buches gelesen werden, auf das der Parameter von %*get* verweist. Entsprechendes gilt mit %*put* für die Ausgabe in das Buch (Änderung des Inhaltes). Durch %*bin* wird festgelegt, ob der Kanal für die Übertragung von Bits anstatt von Zeichen geeignet ist, %*compress* liefert **true**, wenn Zeilen bei der Ausgabe komprimiert werden dürfen. Mit %*reidf* wird festgelegt, ob der Titel des betreffenden Buches geändert werden darf. Durch %*estab*, %*maxpos* und %*standconv* erfolgen Angaben über die Möglichkeit der Verbindung mit einer Datei, des maximalen Umfangs des übertragbaren Buches und eine Standardumwandlungsfunktion (Umcodierung) für die Übertragung, *channel number* ist die Nummer des Kanals.

Die Selektoren %*read mood*, %*write mood*, % *char mood*, %*bin mood* und %*opened* geben Zustände der Datei an. Diese Zustände sind unabhängig von dem Kanal, mit dem die Datei verknüpft ist, sie müssen jedoch mit dessen Eigenschaften verträglich sein, damit eine Übertragung über diesen Kanal erfolgen kann. Sie können durch entsprechende Prozeduren verändert werden. In der notierten Reihenfolge geben die Zustände an, ob die Datei zur Eingabe oder Ausgabe verwendet wird, ob Zeichen oder Bits übertragen werden und ob sie eröffnet ist, d. h. zur Übertragung verwendbar ist. Diese Eröffnung kann mittels einer der Standardprozeduren *establish*, *create* oder *open* erfolgen.

Durch %*cpos* wird die laufende Position im Text, der mit der Datei verbunden ist, festgelegt. Mit %*terminator* wird eine Zeichenkette ausgewählt, deren Zeichen als Begrenzungszeichen dienen. In gewissen Verarbeitungsfällen wird beim Einlesen von Informationen nur solange gelesen, bis ein in dieser Zeichenkette enthaltenes Zeichen auftritt. Dieses Zeichen gehört nicht mit zur eingelesenen Information. Die mit %*conv* bezeichnete Routine dient zur Umwandlung von Zeichen zwischen externer und interner Darstellung. Die anderen in der Datei enthaltenen Routinen legen Maßnahmen beim Auftreten von Ausnahmezuständen während der Übertragung von Daten fest. Solche Ausnahmezustände sind:

(1) Erreichen des "logischen Dateiendes", d. h. Überschreiten der Maximalposition des Buches der Datei.
(2) Erreichen des "physikalischen Dateiendes", d. h. Überschreiten der maximalen Seitenzahl des Textes der Datei. Dieser Ausnahmezustand tritt auch auf, wenn die laufende Seitenzahl nicht positiv ist.
(3) Erreichen des Endes einer Seite, d. h. Überschreiten der Anzahl von Zeilen in der anliegenden Seite.
(4) Erreichen des Endes einer Zeile, d. h. Überschreiten der Anzahl von Zeichen in der anliegenden Zeile.
(5) Bei formatgesteuerter Übertragung Erreichen des Formatendes.
(6) Bei foımatgesteuerter Übertragung Versuch der Übertragung eines nicht formatgerechten Wertes.
(7) Auftreten eines Zeichenfehlers (bei nicht definierter Zeichenumwandlung).

Die in (5) und (6) erwähnte formatgesteuerte Übertragung wird hier nicht betrachtet.

Für Dateien werden nun ebenso wie für andere Typen durch Deklarationen Variable eingeführt, die mit Dateien belegt werden können. Durch spezielle Prozeduren können Zeichen aus dem Text einer Datei extrahiert werden (*eingegeben* werden) oder Zeichen in den Text einer Datei eingefügt werden (*ausgegeben* werden). Die Eingabe und Ausgabe wird somit im internen Verarbeitungsautomaten ausgeführt, nur die vorbereitende Belegung der Variablen %*chainbfile* wird in den Eingabeautomaten verlegt.

Bei *Eingabe* bzw. *Ausgabe* im internen Verarbeitungsautomaten wird mit zwei Parametern gearbeitet, der eine ist ein Hinweis auf eine Datei, der andere ein Vektor von Hinweisen (bei Eingabe) bzw. von Werten der Referenzstufe 0 (bei Ausgabe) oder eine Organisationsprozedur. Die verwendeten Vektoren von Hinweisen auf Werte der Referenzstufe 0 oder von solchen Werten selbst werden aus einem Hinweis oder einem Wert in spezieller Weise erzeugt. Als Werte können dabei Werte eines Grunddatentyps (mit Ausnahme von **empty** und von Hinweisen), komplexe Zahlen und Zeichenketten sowie Datensätze (Strukturen) und Felder aus diesen Werten auftreten, wobei auch gemischte Bildungen von Strukturen und Feldern möglich sind. Die Menge dieser Werte wird durch %**outtype** bezeichnet. Die Menge der zugehörigen Hinweise (erster Stufe) heißt %**intype**. Zur Erzeugung der erwähnten Vektoren dienen Elementaraktionen **ausgabevektor** und **eingabevektor**, die auf einen das Stapelelement ϱ_K belegenden Wert aus %**outtype** bzw. Hinweis aus %**intype** anwendbar sind. Die Verarbeitung dieser Werte erfolgt in speziellen Prozeduren, die als Standardprozeduren vorliegen oder zusätzlich für einen *Bibliotheksvorspann* vorbereitet werden. Es werden entweder die Hinweise des Vektors mit Werten des zugehörigen Typs belegt, wobei diese Werte aus dem in der Datei referierten Text zusammengesetzt werden (Eingabe), oder die Werte werden in entsprechender Verschlüsselung in den Dateitext übertragen (Ausgabe).

Die oben erwähnten *Organisationsprozeduren* veranlassen Veränderungen in der Datei, die nicht als Eingabe oder Ausgabe zu interpretieren sind. Standardorganisationsprozeduren dienen zum Übergehen eines Zeichens (*space*), zum Zurückstellen um ein Zeichen (*backspace*), zum Übergang zu einer neuen Zeile (*newline*), zum Übergang zu einer neuen Seite (*newpage*) sowie zum Einstellen der Datei auf eine angegebene Position (*set*) und zum Rückstellen der Datei auf die Anfangsposition (*reset*). Weiter ist auch die Einstellung einer Position innerhalb der anliegenden Zeile möglich (*set char number*). Die eingeklammert angegebenen Bezeichnungen sind die Prozedurnamen, die als Parameter in der entsprechenden Ein- oder Ausgabeprozedur anzugeben sind.

Als Standardausgabeprozedur ist die Prozedur *put* vorgesehen, als Standardeingabeprozedur die Prozedur *get*. Weiter sind zwei Standarddateien vorgesehen, die mit *standout* (Standardausgabe) und *standin* (Standardeingabe) bezeichnet werden. Ist x eine Darstellung eines Vektors vom Typ

union (%**outtype, proc** (**ref file**) **void**)

und y eine Darstellung eines Vektors vom Typ

union (%**intype, proc** (**ref file**) **void**),

so kann statt des Prozeduraufrufs *put*(*standout*, x) auch *print*(x) und statt *get*(*standin*, x) auch *read*(x) geschrieben werden.

3.9. Anfangsbelegung

In der soeben betrachteten Beschreibung von Ein- und Ausgabevorgängen kamen Standardfunktionen vor. Diese können im Verarbeitungsautomaten durch Elementaraktionen realisiert werden. Es ist jedoch auch möglich, ihnen Teilsysteme des abstrakten Programms zuzuordnen. Die Anfangszustände dieser Teilsysteme können als Werte von Prozedurnamen (vgl. II.7) in die Belegung im Verarbeitungsautomaten aufgenommen werden. Es existiert dann eine nichtleere Anfangsbelegung, in der diese Standardfunktionen und andere Standardgrößen gewisse *Standardnamen* belegen. Diese Standardnamen erhalten das statische und dynamische Niveau -1. Wie bei allen anderen Namen ist eine Neudeklaration auf höheren Niveaus möglich.

Solche Standardnamen sind *standin*, *standout* und *standback* für drei Standarddateien. Diese Standarddateien sind mit Standardkanälen *stand in channel*, *stand out channel* und *stand back channel* verbunden. Dazu wird ein Standardvorspann benutzt, in dem diese Dateien auf diesen Kanälen eröffnet werden.[1])

---

[1]) Dadurch wird auch das in der Datei enthaltene Buch eröffnet.

Das kann durch die Aufrufe (vgl. III.4.2)

open (*standin*, " ", *stand in channel*);
open (*standout*, " ", *stand out channel*);
open (*standback*, " ", *stand back channel*)

geschehen. Hierzu ist zu bemerken, daß ein Aufruf der Prozedur *open* mit drei Parametern erfolgt, einem Dateinamen, einer Zeichenkette zur Identifizierung des zugeordneten Buchs über die %*chainbfile* (vgl. Abb. 28 und 29) belegende Liste und einem Kanal. Diese drei Kanäle haben folgende Eigenschaften:
stand in channel: %*get* liefert stets **true**,
stand out channel: %*put* liefert stets **true**,
stand back channel: %*get*, %*put*, %*set*, %*reset* und %*bin* liefern stets **true**.
Hiernach wird *standin* zur Eingabe benutzt, *standout* zur Ausgabe und *standback* zur Außenspeicherung (z. B. Magnetplattenspeicher).

Im folgenden sind verfügbare Standardprozeduren mit ihrem Typ verzeichnet:

get possible, put possible, bin possible, compress possible, set possible, reidf possible: **proc (ref file) bool**,
chan: **proc (ref file) channel**,
make conv: **proc (ref file, proc (ref %book) %conv) void**,
term: **proc (ref file, string) void**,
on logical file end, on physical file end, on page end, on line end, on format end, on value error: **proc (ref file, proc (ref file) bool) void**,
on char error: **proc (ref file, proc (ref file, ref char) bool) void**,
reidf: **proc (ref file, string) void**,
estab possible: **proc (channel) bool**,
standconv: **proc (channel) proc (ref %book) %conv**.

Die Prozeduren *get possible*, ..., *reidf possible* dienen zur Feststellung der Eigenschaften von Dateien, ebenso *chan*. Die Prozeduren *make conv*, *term*, *on logical file end*, ..., *on char error* dienen zur Eintragung von Prozeduren in entsprесprechende Elemente eines Datensatzes vom Typ **file**. Da diese Elemente durch nicht zugängliche Namen (die mit % beginnen) ausgewählt werden, ist dieser Umweg über eine Standardprozedur erforderlich. Entsprechendes gilt für *estab possible* und *standconv*, die die mit %*estab* und %*standconv* bezeichneten Elemente eines Kanals verfügbar machen.

establish: **proc (ref file, string, channel, int, int, int) int**,
create: **proc (ref file, channel) int**,
open: **proc (ref file, string, channel) int**,
associate: **proc (ref file, text) void**,
close, lock, scratch: **proc (ref file) void**.

Durch *establish* wird eine Datei mit einem Kanal verbunden, wobei ein Buch mit einem angegebenen Titel und Umfang erzeugt wird. Durch *create* wird die gleiche Aktion mit dem Maximalumfang des Kanals und einem undefinierten Buchtitel ausgeführt. Die durch *lpos* ausgewählte Komponente des Buches (logisches Dateiende) wird (1, 1, 1) gesetzt. Die Verbindung einer Datei mit einem Kanal, unter Übernahme eines vorhandenen Buches (über die *%chainbfile* belegende Liste auffindbar) geschieht durch *open*. Diese Prozedur kann nur ausgeführt werden, wenn über diese Liste ein Buch mit dem verlangten Titel verfügbar ist. Ist das nicht der Fall, so wird eine weitere Standardprozedur *undefined* aufgerufen, die in ALGOL 68 nicht definiert ist und zum Betriebssystem der Anlage gehört. Ähnliches geschieht auch, wenn der Dateiname mit einem Hinweis auf eine bereits eröffnete Datei belegt ist, es wird dann eine nicht innerhalb der Sprache definierte Aktion ausgeführt, z. B. kann die vorhandene Datei geschlossen werden. Wenn die Datei eröffnet ist, so wird das verwendete Buch aus der durch *%chainbfile* referierten Liste entfernt. Das Resultat der Prozedur wird dann die Zahl 0 (die Prozedur erzeugt einen Wert vom Typ **int**), andernfalls erzeugt *undefined* einen von 0 verschiedenen Wert. Die Prozeduren *open*, *establish* und *create* sind sämtlich nur ausführbar, wenn der angesprochene Kanal frei ist. Das ist z. B. nicht der Fall, wenn er bereits mit einer Datei verbunden ist, sofern nicht Belegung mit mehreren Dateien möglich ist. Die Feststellung erfolgt durch eine dem Programmierer nicht zugängliche Standardprozedur mit dem Namen *%file available*. Durch *associate* wird ein Hinweis auf einen Text in die Datei substituiert. Mit *scratch* wird die Eröffnung rückgängig gemacht; mit *close* ebenfalls, wobei aber zusätzlich das Buch der Datei wieder in die Hintergrundliste (*%chainbfile*) aufgenommen wird. Durch *lock* wird die Eröffnung ebenfalls rückgängig gemacht, jedoch das Buch in eine weitere *%lockedbfile* belegende Liste aufgenommen. Diese Liste kann ebenso wie die Hintergrundliste durch in ALGOL 68 nicht definierte Aktionen (z. B. eines Betriebssystems) bearbeitet werden.

char number, line number, page number: **proc (ref file) int,**
current pos: **proc (ref file) pos,**
space, backspace, newline, newpage, reset: **proc (ref file) void,**
set char number: **proc (ref file, int, int, int) void.**

Die hier verzeichneten Prozeduren dienen zur Feststellung der laufenden Positionen in einer Datei sowie zur Veränderung dieser Position (vorwärts bzw. rückwärts um eine Einheit, neue Zeile, neue Seite, Rückstellen auf Anfang und Einstellen einer angegebenen Position).

whole: **proc (number, int) string,**
fixed: **proc (number, int, int) string,**
float: **proc (number, int, int, int) string,**

wobei **number** einen Typ bezeichnet, der alle reellen und ganzen Zahlen (auch mehrfacher und verkürzter Länge) umfaßt ($\mathbf{R} \cup \mathbf{I}$). Diese Prozeduren dienen zur Umwandlung interner Zahlendarstellungen in Zeichenketten.

char in string: **proc (char, ref int, string) bool.**

Diese Prozedur stellt fest, ob und gegebenenfalls in welcher Position ein gegebenes Zeichen erstmalig in einer gegebenen Zeichenkette vorkommt.

put: **proc** (**ref file**, [ ] **union** (%**outtype**, **proc** (**ref file**) **void**)) **void**,
get: **proc** (**ref file**, [ ] **union** (%**intype**, **proc** (**ref file**) **void**)) **void**,
write, *print*: **proc** ([ ] **union** (%**outtype**, **proc** (**ref file**) **void**)) **void**,
read: **proc** ([ ] **union** (%**intype**, **proc** (**ref file**) **void**)) **void**.

Die Wirkung dieser Prozeduren wurde bereits in III.3.8 erläutert, *write* leistet das gleiche wie *print*.

Weitere hier nicht erwähnte Standardprozeduren dienen zur formatgesteuerten Ein- und Ausgabe, andere wurden als Elementaraktionen bereits in Tabelle 15 (III.3.2) zusammengestellt, die entsprechenden Standardprozeduren werden in III.4.2 betrachtet.

In der Anfangsbelegung sind neben den Anfangszuständen der Teilsysteme für Standardprozeduren auch *Konstanten* enthalten. Sie sind im folgenden verzeichnet:

int lengths: Anzahl der maximal verwendbaren **long** bei der Darstellung ganzer Zahlen + 1.

real lengths: Entsprechende Angabe für reelle Zahlen.

bits lengths: Entsprechende Angabe für Bitfolgen.

bytes lengths: Entsprechende Angabe für Zeichenfolgen (Bytefolgen).

int shorths: Entsprechende Anzahl von **short** bei der Darstellung ganzer Zahlen + 1.

real shorths: Entsprechende Angabe für reelle Zahlen.

bits shorths: Entsprechende Angabe für Bitfolgen.

bytes shorths: Entsprechende Angabe für Zeichenfolgen (Bytefolgen).

max int, long max int, ... , long ··· long max int, short max int, ... , short ··· short max int: Absolut größte ganze Zahl des betreffenden Typs.

max real, long max real, ... , long ··· long max real, short max real, ... , short ··· short max real: Absolut größte reelle Zahl des betreffenden Typs.

small real, long small real, ... , long ··· long small real, short small real, ... , short ··· short small real: Absolut kleinste reelle Zahl derart, daß sowohl Addition zu als auch Subtraktion von der 1 des betreffenden Typs noch erkennbar sind.

bits width, long bits width, ... , long ··· long bits width, short bits width, ... , short ··· short bits width: Anzahl der Bits in einer Bitfolge des betreffenden Typs.

bytes width, long bytes width, ... , long ··· long bytes width, short bytes width, ... , short ··· short bytes width: Anzahl der Zeichen in einer Zeichenfolge (Bytefolge) des betreffenden Typs.

max abs char: Größte ganze Zahl, die einem Zeichen (Typ **char**) durch die Umwandlung **char** → **int** (vgl. Tabelle 14 in III.3.2) zugeordnet ist.

null char: Ein ausgezeichnetes Zeichen.

flip: Zeichen zur Darstellung von **true** bei Ein- und Ausgabe.

flop: Zeichen zur Darstellung von **false** bei Ein- und Ausgabe.

errorchar: Ein weiteres Sonderzeichen zur Darstellung nicht umwandelbarer arithmetischer Werte bei Ein- und Ausgabe.

blank: Das Zwischenraumzeichen "␣".

pi, long pi, ..., long ⋯ long pi, short pi, ..., short ⋯ short pi: Möglichst gute Approximationen für das Verhältnis von Kreisumfang zu Kreisdurchmesser durch reelle Zahlen der betreffenden Typen.

int width, long int width, ..., long ⋯ long int width, short int width, ..., short ⋯ short int width: Anzahl der Zeichen, die bei Ein- oder Ausgabe einer ganzen Zahl vom entsprechenden Typ verwendet werden. Entsprechende Angaben sind durch *real width* und *exp width* eventuell mit vorgesetzten *long* oder *short* für die Zeichenzahl von Mantisse und Exponenten bei der Ein- und Ausgabe von Gleitpunktzahlen verfügbar.

Neben den Standardprozeduren und Standardkonstanten sind in der Anfangsbelegung auch Standardtypen vorhanden, die als Belegungen entsprechender Indikatoren auftreten. Die betreffenden Indikatoren sind:

void, bool, int, long int, ..., long ⋯ long int, short int, ..., short ⋯ short int real, long real, ..., long ⋯ long real, short real, ..., short ⋯ short real, char, compl, long compl, ..., long ⋯ long compl, short compl, ..., short ⋯ short compl, bits, long bits, ..., long ⋯ long bits, short bits, ..., short ⋯ short bits, bytes, long bytes, ..., long ⋯ long bytes, short bytes, ..., short ⋯ short bytes, string, sema, channel, file, format.

Die zugehörigen Typen wurden mit Ausnahme des hier nicht betrachteten **format** bereits erläutert.

Es treten noch weitere mit % beginnende Standardbezeichnungen und Standardindikatoren auf, die dem Programmierer nicht zugänglich sind und innerhalb der einzelnen Standardprozesse verwendet werden. Diese sind daher ebenfalls in die Anfangsbelegung aufzunehmen, werden aber hier nicht aufgezählt.

3.10. Mehrfachverarbeitung

Die bisher betrachteten Modelle für Datenverarbeitungsprozesse arbeiten mit einem abstrakten Programm und einem abstrakten Verarbeitungsautomaten und sind zur Darstellung eines Datenverarbeitungsprozesses bestimmt. In ALGOL 68 kann jedoch auch die gleichzeitige Verarbeitung mehrerer Datenverarbeitungsprozesse beschrieben werden. Dazu werden *Parallelklauseln* verwendet. Diese Art der Verarbeitung ist mit dem bisher betrachteten Modell nicht realisierbar. Mit einem Netz aus mehreren abstrakten Programmen und mehreren Verarbeitungsautomaten, die mit der gleichen Belegung und verschiedenen Stapeln arbeiten, lassen sich diese Prozesse abstrakt modellieren. Es ist allerdings möglich, mit gewissen Änderungen des bisherigen Modells eine solche Mehrfachverarbeitung von Prozessen zu simulieren, indem die einzelnen Prozesse nacheinander, eventuell auch zeitlich verschachtelt, ausgeführt werden.

Zur Synchronisierung von parallel ablaufenden Prozessen wurden in ALGOL 68 Werte vom Typ **sema** (*Semaphore*) eingeführt. Mit Hilfe dieser Werte können Elementaraktionen **teilstop** und **teilstart** durchgeführt werden. Durch **teilstop** wird ein Semaphor geändert, indem der darin enthaltene ganzzahlige Wert um 1 verringert wird, wenn er positiv ist. Andernfalls wird er nicht verändert, aber der Prozeß, in welchem diese Elementaraktion enthalten ist, wird angehalten. Durch **teilstart** wird ein Semaphor durch Erhöhung des in ihm enthaltenen ganzzahligen Wertes um 1 geändert, und alle Prozesse, die wegen eines **teilstop** mit diesem Semaphor angehalten wurden, laufen weiter.

Um diese Vorgänge in einem Modell aus einem abstrakten Automaten und einem Verarbeitungsautomaten zu simulieren, kann die Belegung der Semaphore um eine Liste von Zuständen des abstrakten Programms erweitert werden. In dieser Liste mit variablem Umfang werden die Zustände verzeichnet, an denen die unterbrochenen Prozesse weiterlaufen sollen. Bei *Unterbrechung* eines Prozesses wird der entsprechende Zustand in die Liste aufgenommen. Weiter ist die Belegung der Hilfsnamen zu speichern, und zwar so, daß sie bei Fortsetzung des Prozesses wiederherstellbar ist. In der erwähnten Liste sind also zweckmäßig Paare aus einem Zustand und dieser Teilbelegung zu speichern. Bei Unterbrechung eines Prozesses läuft ein anderer Prozeß weiter, der zu einem Semaphor mit positivem Wert gehört. Existiert kein solcher Prozeß, ist die Verarbeitung beendet. Durch **teilstart** braucht dann nur der ganzzahlige Wert im Semaphor erhöht zu werden, die Weiterführung des betreffenden Prozesses erfolgt dann erst bei Beendigung oder Unterbrechung des laufenden Prozesses, sofern dann nicht ein anderer unterbrochener Prozeß weiterläuft. Zur Ausführung von **teilstop** bzw. **teilstart** wird vorausgesetzt, daß ϱ_K mit dem betreffenden Semaphor belegt ist. Durch eine Operation **int** → **sema** wird aus einer in ϱ_K gespeicherten ganzen Zahl ein Semaphor hergestellt, in dem diese Zahl (und für das hier betrachtete Modell eine leere Liste) enthalten sind. Mit einer Operation **sema** → **int** kann umgekehrt die ganze Zahl aus dem Semaphor extrahiert werden.

Ein ALGOL 68-Programm ist aus *Standardvorspann*, *Bibliotheksvorspann*, *Systemvorspann* und einem *Parallelprozeß* zusammengesetzt. Der Parallelprozeß enthält mindestens ein *Betriebsprogramm* und mindestens ein *Nutzerprogramm*. Die Nutzerprogramme sind die eigentlich auszuführenden Programme. In ihnen wird auch auf den Vorspann zurückgegriffen. Im Standardvorspann sind zwei für den Programmierer nicht zugängliche Semaphore mit Namen *%bfileprotect* und *%gremlins* enthalten. Die in ihnen enthaltenen ganzen Zahlen werden anfänglich mit 1 bzw. 0 belegt. Die Elementaraktion **teilstop** wird in ALGOL 68-Programmen durch einen einstelligen Operator **down** dargestellt, die Elementaraktion **teilstart** durch einen einstelligen Operator **up**.

Zur Erläuterung der Wirkung sei die Standardprozedur *open* herangezogen. In ihr wird durch **down** *%bfileprotect* veranlaßt, daß die in *%bfileprotect* enthaltene Zahl zu 0 wird. Es kann dann *open* in keinem anderen Prozeß, in dem es aufgerufen wird, weitergeführt werden, sondern seine Abarbeitung wird bei **down** *%bfileprotect* angehalten. Falls in der laufenden Proezdur *open* festgestellt wird, daß die zu eröffnende Datei bereits eröffnet ist, so läuft durch **up** *%gremlins* das früher mittels **down** *%gremlins* unterbrochene Betriebsprogramm weiter. Das betreffende Programmstück ist zwischen zwei Anweisungen **down** *%gremlins* und **up** *%bfileprotect* eingeschlossen. Durch seine Ausführung kann z. B. die eröffnete Datei wieder geschlossen werden und das zugehörige Buch wieder in die Liste *%chainbfile* eingefügt werden. Unabhängig davon wird die neue Datei eröffnet. Da nach der Abarbeitung des Betriebsprogrammteils die in *%bfileprotect* enthaltene Zahl wieder erhöht wird, können dann durch **down** *%bfileprotect* unterbrochene Prozeduren weiterlaufen. Das Betriebsprogramm läuft zyklisch und wird durch **down** *%gremlins* wieder angehalten.

3.11. Weitere Elementaraktionen

In III.3.4 wurde festgelegt, daß bei einer Wertzuweisung der zu belegende Hinweis im Stapel verbleibt, d. h. ϱ_K belegt. Dieser Hinweis wird jedoch häufig nicht weiter verwendet und soll daher mit einer Elementaraktion **lösche**$_A$ aus dem Stapel entfernt werden können. Generell ist die Wirkung von **lösche**$_A$ durch $b' = Lösche(b)$ (vgl. II.3.2) beschreibbar.

Die in II.3.11 eingeführten Elementaraktionen zur Veränderung der Belegung als Folge der Blockstruktur einer Sprache werden auch hier verwendet. Sie seien zur Unterscheidung von den dort benutzten mit einem Index A versehen. Es handelt sich um die Elementaraktionen **niveau**$_A$, **blockanfang**$_A$, **tilge**$_A$, **blockende**$_A$, deren Wirkung die gleiche wie in II.3.11 ist.

Eine Elementaraktion **h-gleich**$_A$ soll zum Vergleich von Hinweisen dienen. Sie liefert den Wert **true**, wenn zwei Hinweise äquivalent sind. Das tritt z. B. auf, wenn verschiedene Hinweise zweiter Stufe mit den gleichen Hinweisen erster Stufe belegt werden. Die zu vergleichenden Hinweise sollen ϱ_{K-1} und ϱ_K belegen. Das Resultat belegt ϱ_{K-1}, danach wird K um 1 erniedrigt. Entsprechend wird mit **h-ungleich**$_A$ die Ungleichheit zweier Hinweise festgestellt.

In III.2.2 wurde erwähnt, daß in ALGOL 68 die Darstellung von Werten eines Feldtyps oder Datensatztyps durch eine eingeklammerte Folge von Komponenten möglich ist. Im Verarbeitungsautomaten soll die Bildung solcher Folgen aus einzelnen Komponenten daher ebenfalls möglich sein, sie entspricht den Elementaraktionen **menge V** in II.3.5. Diese Elementaraktionen waren typgebunden, was hier nicht gefordert wird. Weiter spielte die Reihenfolge der Komponenten keine Rolle. Hier wird festgelegt daß durch eine Elementaraktion **folge**$_A$ eine in aufsteigenden ϱ_i gespeicherte Folge **A**, $k_1, \dots, k_n$ (mit $b(\varrho_K) = k_n$) in eine ϱ_{K-n} belegende Folge $(k_1, \dots, k_n)$ umgewandelt wird, wonach K durch $K - n$ ersetzt wird.

4. Formeln und Operanden

4.1. Operatoren

Formeln stellen Folgen von Elementaraktionen zur Wertberechnung dar, die aus zweistelligen und einstelligen Elementaraktionen und solchen zur Bereitstellung der zu verknüpfenden Werte gebildet sind. Den Formeln von ALGOL 68 entsprechen die Ausdrücke in Pascal, allerdings zählen dort auch Variable, Konstante und Funktionen zu den Ausdrücken, während hier zu einer *Formel* stets *Operanden* und darauf angewandte *Operatoren* gehören. Den Operatoren sind hier wie in Pascal *Prioritäten* zugeordnet, mit deren Hilfe Regeln zum Weglassen von Klammern formuliert werden können.

In den folgenden Tabellen sind Bezeichnungen von Elementaraktionen mit den zugeordneten ALGOL 68-Symbolen (Operatoren) und ihren Prioritäten zusammengestellt. In Tabelle 17 sind zweistellige Elementaraktionen zusammen-

Tabelle 17: Zweistellige Elementaraktionen aus Tabellen 11, 12 und 13

Elementaraktion	Symbol	Priorität	Elementaraktion	Symbol	Priorität
plus$_A$	+	6	**gleich**$_A$	=	4
minus$_A$	−	6	**ungleich**$_A$	≠	4
mal$_A$	*	7	**kleiner**$_A$	<	5
durch$_A$	/	7	**nichtkleiner**$_A$	≧	5
potenz$_A$	↑	8	**größer**$_A$	>	5
komplex$_A$	**i**	9	**nichtgrößer**$_A$	≦	5
div$_A$	**over**	7	**verschiebe links**$_A$	**shl**	8
rest$_A$	**mod**	7	**verschiebe rechts**$_A$	**shr**	8
oder$_A$	**or**	2	**verkette**$_A$	+	6
und$_A$	**and**	3	**vervielfache**$_A$	*	7

Tabelle 18: Einstellige Elementaraktionen aus Tabelle 14

Elementaraktion	Symbol	Elementaraktion	Symbol	Elementaraktion	Symbol
bool → int	**abs**	**ungerade**$_A$	**odd**	**argument**$_A$	**arg**
negation$_A$	**not**	**vorzeichen**$_A$	**sign**	**konjugiert**$_A$	**conj**
inversion$_A$	−	**runden**$_A$	**round**	**bits → int**	**abs**
absolut$_A$	**abs**	**real → int**	**entier**	**int → bits**	**bin**
verlängere$_A$	**leng**	**realteil**$_A$	**re**	**char → int**	**abs**
verkürze$_A$	**shorten**	**imaginärteil**$_A$	**im**	**int → char**	**repr**

gestellt. Tabelle 18 enthält die Darstellungen einstelliger Elementaraktionen, deren Priorität generell auf 10 festgelegt ist. Die entsprechenden Elementaraktionen sind in Tabelle 14 beschrieben.

Die in Tabelle 15 zusammengestellten einstelligen Elementaraktionen und die Elementaraktionen **packen** $\mathbf{bool}_f$ und **packen** $\mathbf{char}_i$ werden nicht durch einstellige Operatoren, sondern durch Standardfunktionen dargestellt. Die ebenfalls einstelligen Elementaraktionen $\mathbf{oben}_1$ und $\mathbf{unten}_1$ haben die Priorität 10, die entsprechenden zweistelligen Elementaraktionen **oben** und **unten** die Priorität 8. Die ALGOL 68-Darstellung durch **upb** bzw. **lwb** macht hier keinen Unterschied zwischen einstelligen und zweistelligen Operatoren. Weiter ist noch der zweistellige Operator **elem** zu erwähnen, der die Auswahl eines Zeichens aus einer Bitfolge (Typ **bits**) oder Zeichenfolge (Typ **bytes**) ermöglicht. Diese Auswahl wird im Verarbeitungsautoamten durch die Elementaraktionen $\mathbf{dk}_A$ und $\mathbf{tf}_1$ bewirkt, kann aber in ALGOL 68-Programmen nicht entsprechend dargestellt werden, weil in den Definitionen der Typen **bits** und **bytes** der für den Programmierer unzugängliche Selektor $\aleph$ verwendet wird. Ist b eine Bitfolge oder Zeichenfolge, so wird mit "i **elem** b" das i-te Zeichen dieser Folge bezeichnet. Die Priorität von **elem** ist 7. Weiter werden die in III.3.10 eingeführten Elementaraktionen **sema** → **int** und **int** → **sema** beide durch den einstelligen Operator **level** und die Elementaraktionen **teilstop** und **teilstart** durch die einstelligen Operatoren **down** bzw. **up** dargestellt. Die Priorität dieser einstelligen Operatoren ist 10.

Die in Tabelle 16 (III.3.2) enthaltenen Elementaraktionen können in einem ALGOL 68-Programm einheitlich durch eine als *Typwandler* bezeichnete Konstruktion dargestellt werden. Dazu wird ein formaler Erklärer notiert, der den Resultattyp bezeichnet, danach in Klammern eingeschlossen eine Darstellung des umzuwandelnden Wertes. Beispiele sind:

(1) **real**(x) wobei x eine Bezeichnung für einen Wert vom Typ **ref real** (einen Hinweis) ist, dessen Belegung durch **real**(x) beschrieben wird. Diese Darstellung entspricht der Folge "$\mathbf{stapel}_A$ x, $\mathbf{wert}_A$, $\mathbf{inhalt}_0$" von Elementaraktionen.

(2) **ref real**(x), wobei x den gleichen Hinweis wie in (1) bezeichnet, entspricht der Folge $\mathbf{stapel}_A$ x, $\mathbf{wert}_A$. Die Schreibweise "**ref real**(x)" ist jedoch ungebräuchlich, sie wird durch "x" ersetzt, d. h., $\mathbf{wert}_A$ wird im ALGOL 68-Programm nicht dargestellt.

(3) **real**(1) ist eine Darstellung von "$\mathbf{stapel}_A$ 1, **int real**".

(4) **compl**(1.0) ist eine Darstellung von "$\mathbf{stapel}_A$ 1.0, **real** → **compl**". Eine Verschachtelung **compl**(**real**(1)) ist ebenfalls möglich.

(5) [ ] **bool** (2*r*110) liefert ein Feld {(1, **false**), (2, **true**), (3, **true**), (4, **false**)}, wenn *bitswidth* = 4 angenommen wird.

(6) [ ] **char** (*bytes pack* ("*abc*")) liefert ein Feld {(1, "*a*"), (2, "*b*"), (3, "*c*")}, wenn *byteswidth* = 3 gilt. Dabei ist *bytes pack* die Standardfunktion zur Darstellung der Elementaraktion **packen** $\mathbf{char}_0$ aus Tabelle 14.

(7) [ ] **int** (1) liefert ein Feld {(1, 1)}.

(8) **void** (5) liefert den Wert **empty**.

Es ist zu bemerken, daß in einem ALGOL 68-Programm häufig auf die explizite Notation eines Typwandlers verzichtet wird. Das ist erlaubt, wenn durch die Stellung im Text klar ist, daß an dieser Stelle ein Wert des Resultattyps auftreten muß, z. B. wird eine Wertzuweisung, die durch die Folge von Elementaraktionen

stapel$_A$ x, **wert**$_A$, **stapel**$_A$ 1, **int** → **real**, **:=**$_A$

beschrieben wird, statt durch "**ref real** (x) := **real** (1)" einfach durch "x := 1" dargestellt.

4.2. Operanden

Formeln werden nun wie üblich so geschrieben, daß zweistellige Operatoren zwischen erstem und zweitem Operanden notiert werden und einstellige Operatoren vor dem zugehörigen Operanden niedergeschrieben werden. Als Operanden können beliebige Darstellungen von Wertbezeichnungen auftreten, wenn die berechneten Werte als Operanden für den betreffenden Operator zulässig sind. Im einzelnen treten folgende Formen auf:

(1) Konstante
(2) Namen
(3) Teilfelder
(4) Selektionen
(5) Funktionen (Prozeduren)
(6) Typwandler
(7) Generatoren (nichtdeterministische Erzeugung von Werten)
(8) Klammerungen (Klauseln).

Als Klammerungen sind beliebige eingeklammerte Programmstücke, die einen passenden Wert liefern, zugelassen. Zunächst seien darunter aber nur eingeklammerte Formeln verstanden.

Die Darstellung von Konstanten kann durch spezielle Zeichenfolgen (Zahlen, Zeichen, Zeichenketten, Bitfolgen) oder durch Namen, die in einer Konstantendefinition mit einer Konstanten belegt wurden (z. B. *pi* als Standard), erfolgen (vgl. III.1, III.2.2, III.2.4 und III.3.6). Namen sind häufig mit Hinweisen belegt, es ist dann in Formeln erlaubt, ohne explizite Notation durch evtl. mehrmaliges Übergehen zum Wert einen passenden Operanden herzustellen. Das bedeutet, daß eine Elementaraktion **wert**$_A$ oder **inhalt**$_f$ nicht dargestellt werden muß. Typwandler sind also im allgemeinen in Formeln nicht erforderlich. Hiervon gibt es jedoch Ausnahmen, die vor allem dann wichtig werden können, wenn die Möglichkeit, neue Operatoren zu definieren, genutzt wird. Dann ist nämlich zu beachten, daß nur die Elementaraktionen **wert**$_A$ und **inhalt**$_f$ nicht dargestellt werden müssen. Die anderen in Tabelle 16 enthaltenen Elementaraktionen dagegen werden infolge der Standarddefinitionen der bisher angegebenen Operatoren, die die Verträglichkeit von z. B. reellen ganzzahligen und komplexen Operanden berücksichtigen, in Formeln mit gewissen Standardoperatoren nicht dargestellt.

Ein *Teilfeld* wird aus einem Feld und einer Anzahl von Indizes oder Tripeln (vgl. III.3.3) gebildet. Ebenso kann aus einem Hinweis auf ein Feld die einem Teilfeld entsprechende Menge untergeordneter Hinweise gebildet werden, einen Spezialfall bilden die *indizierten Variablen.* Die Darstellung erfolgt wie auch in anderen Programmierungssprachen so, daß Darstellungen der Indizes bzw. Tripel in der Reihenfolge, in denen sie den einzelnen Argumenten des Feldes zugeordnet werden, in eckige Klammern eingeschlossen werden und anschließend an eine Darstellung des Feldes oder eines Hinweises auf das Feld notiert werden. Dabei beachte man, daß ein Feld eine Abbildung $I_1 \times \cdots \times I_n \to W$ ist und die Argumente Werte aus den Intervallen $I_1, \ldots, I_n$ sind. Die Darstellung eines Index kann eine beliebige Darstellung eines zwischen den entsprechenden Indexgrenzen liegenden ganzzahligen Wertes sein, also eine Formel oder ein Operand. Die Darstellung eines Tripels (eines Trimmers) der Form l'_j, r'_j, l^*_j (untere Grenze der Indexteilmenge, obere Grenze der Indexteilmenge, neue untere Grenze) erfolgt in der Form $l'_j : r'_j$ **at** l^*_j. Hierbei sind l'_j, r'_j und l^*_j ebenso wie Indizes darstellbar. Dabei sind auch folgende Vereinfachungen möglich:

(1) Wenn $l^*_j = l'_j$, so kann **at** l^*_j weggelassen werden.

(2) Wenn $l'_j = L_j$ (j^{te} untere Grenze des Feldes), so kann l'_j weggelassen werden.

(3) Wenn $r'_j = R_j$ (j^{te} obere Grenze des Feldes), so kann r'_j weggelassen werden.

(4) Wenn $l'_j = L_j$ und $r'_j = R_j$, so kann $l'_j : r'_j$ insgesamt weggelassen werden.

Beispiele:

(1) Der Name a sei mit einem Hinweis auf eine Matrix mit den Grenzen $L_1 = 1$, $R_1 = 10$, $L_2 = 3$ $R_3 = 5$ belegt. Dann sind $a[1, 3]$, $a[, 3]$, $a[2:4, 5]$, a[2:4 **at** 1,], a[**at** 0, **at** 0] Darstellungen von Hinweisen auf Teilfelder. Es ist $a[1, 3]$ der untergeordnete Hinweis auf das Element in der Zeile 1 und Spalte 3 der Matrix, auf die der a belegende Hinweis verweist; $a[, 3]$ ist ein neu erzeugter Hinweis auf einen Vektor, der die Spalte 3 dieser Matrix bildet und Komponenten mit den Indizes 1 bis 10 hat; $a[2:4, 5]$ ist ein Hinweis auf einen Vektor, der die Zeilen 2 bis 4 der Spalte 5 der Matrix umfaßt. Durch a[2:4 **at** 1,] wird ein Hinweis auf eine Teilmatrix gegeben, in der die Zeilen 2 bis 4 der Originalmatrix und alle Spalten enthalten sind, jedoch werden die Zeilen mit 1 bis 3 statt mit 2 bis 4 indiziert. Durch a[**at** 0, **at** 0] wird auf die Gesamtmatrix mit nach 0 verschobenen unteren Grenzen verwiesen. Derartige Teilfelder können wieder indiziert werden, z. B. sind $a[, 3]$ [5] und a[**at** 0, **at** 0] [0, 0] solche indizierten Variablen, denn $a[, 3]$ und a[**at** 0, **at** 0] sind verwendbare Darstellungen von Hinweisen auf Felder.

(2) Durch [ ] **bool** (b) wird ein Vektor mit den Grenzen 1 und *bitswidth* bezeichnet, dessen Elemente vom Typ **bool** sind, wenn b vom Typ **bits** ist. Ist $b1$ vom Typ **ref bits**, so kann ebenfalls [ ] **bool** ($b1$) notiert werden und bezeichnet dann einen solchen Vektor (er könnte in längerer Form auch als [ ] **bool** (**bits** ($b1$)) geschrieben werden), aber nicht einen Hinweis auf einen solchen Vektor. Durch [ ] **bool** (b) [i] wird also das gleiche ausgedrückt wie durch i **elem** b (s. o.), und ebenso durch [ ] **bool** ($b1$) [i] dasselbe wie durch i **elem** $b1$, was statt i **elem bits** ($b1$) geschrieben werden kann.

(3) Durch (7, 12, 14, 35) [$j + 1$] wird das $j + 1^{te}$ Element des konstanten Vektors (7, 12, 14, 35) ausgewählt, sofern $1 \leqq j + 1 \leqq 4$ gilt. Andernfalls ist dadurch kein Wert definiert, eine weitere Verarbeitung ist nicht durchführbar.

Als *Selektionen* werden Auswahlen aus Datensätzen (Strukturen) oder Hinweisen auf Datensätze bezeichnet. Sie erfolgen durch Notation des betreffenden Selektors (eines Namens) vor **of** und vor einer Darstellung des Datensatzes oder Hinweises. Diese Notation entspricht den Elementaraktionen $\mathbf{dk}_A$ bzw. $\mathbf{hdk}_A$ (vgl. III.3.3). Ist z. B. z vom Typ **ref compl**, so ist *re* **of** z vom Typ **ref real**, ebenso *im* **of** z (vgl. III.2.4). Auch Konstruktionen wie *re* **of** $(x + y)$ sind möglich. Falls $x + y$ vom Typ **compl** ist, wird dadurch der Realteil dieses Wertes bestimmt.

Eine *Prozedur* kann dadurch als Operand verwendet werden, daß sie aufgerufen wird und der erzeugte Wert als Operand benutzt wird. Er muß natürlich einen Typ haben, der mit dem anzuwendenden Operator verträglich ist. Prozeduren vom Resultattyp **void** sind daher nicht verwendbar, aber Prozeduren mit Resultattypen wie **real**, **int**, **bool**, **compl** usw. (entspricht den *Funktionen* in Pascal) sind verwendbar. Im zugrundeliegenden Modell werden Aufrufe nicht durch Elementaraktionen im Verarbeitungsautomaten ausgeführt, sondern durch Aufrufe von Teilsystemen (Zustandsübergänge) im abstrakten Programm (vgl. II.7). Im Verarbeitungsautomaten erfolgt jedoch die Parametervermittlung durch Belegung der Namen der formalen Parameter mit Werten zugeordneter aktueller Parameter. Diese aktuellen Parameter sind Einheiten entsprechenden Typs, d. h. Operanden, Formeln oder Programmteile, die diesen Typ liefern. Die Schreibweise entspricht der auch in anderen Programmierungssprachen angewandten Schreibweise, auf eine Darstellung der Prozedur (meist ein Prozedurname) folgt in Klammern eingeschlossen eine Liste durch Kommata getrennter aktueller Parameter. Die erwähnte Prozedurdarstellung braucht nicht unbedingt ein Name zu sein, jede Darstellung, die eine Routine als Wert liefert, ist zulässig (vgl. III.2.3). Aufrufe sind z. B.

(1) *long bits pack* (*b*) mit der Standardfunktion *long bits pack* und einem Parameter *b* vom Typ [ ] **bool**. Auch hier sind wieder Parameter vom Typ **ref** [ ] **bool**, **ref ref** [ ] **bool** usw. zugelassen, da auf die Darstellung der Elementaraktion $\mathbf{inhalt}_0$ verzichtet wird, die den Wert 0ter Stufe zu einem angegebenen Hinweis liefert.

(2) *sqrt*(*p*), *exp*(*p*), *ln*(*p*), *cos*(*p*), *sin*(*p*), *arccos*(*p*), *arcsin*(*p*), *arctan*(*p*), *next random* (*h*), wobei *p* eine Einheit bezeichnet, die einen Wert eines der Typen **real**, **long real**, ... , **long** ⋯ **long real** liefert und *h* ein Wert vom Typ **ref int** ist. Die hier benutzten Prozedurnamen sind Namen der *Standardfunktionen*, deren Aufrufe die in Tabelle 15 aufgeführten Elementaraktionen darstellen. Die Elementaraktionen $\mathbf{packen\ bool}_i$ und $\mathbf{packen\ char}_i$ werden entsprechend durch Aufrufe der Standardfunktionen *bits pack* und *bytes pack* mit jeweils *i* vorgesetzten *long* dargestellt.

(3) ((**real** x) **real**: $x * x$) ($exp(y - 1) + arctan(y)$) ist ein Aufruf der Routine (**real** x) **real**: $x * x$ mit dem Parameter $exp(y - 1) + arctan(y)$.

Typwandler wurden bereits oben dargestellt. Bei ihrer Verwendung in Formeln ist es durchaus möglich, daß der erhaltene Wert nochmals einer Wertwandlung unterworfen wird, die durch den vom betreffenden Operator verlangten Typ bedingt ist.

Generatoren dienen zur nichtdeterministischen Erzeugung von Hinweisen, d. h. zur Ausführung der Elementaraktionen $\textbf{local}_A$ und $\textbf{heap}_A$ (vgl. III.3.5). Es wird dazu ein Zeichen **loc** bzw. **heap** vor einem aktuellen Erklärer notiert. Dieser aktuelle Erklärer stellt den Typ des Wertes dar, auf den verwiesen wird. Obwohl es syntaktisch nicht zu den Generatoren gerechnet wird, sei hier auch das Zeichen **skip** erwähnt, das jedoch nur innerhalb von Typwandlern oder in Konstruktionen vorkommt, in denen der Kontext eindeutig den Typ des zu erzeugenden Wertes bestimmt. Im abstrakten Verarbeitungsautomaten wird dazu gefordert, in ϱ_K einen formalen oder aktuellen Erklärer verfügbar zu haben, bei der Notation eines Typwandlers wird allerdings nur ein formaler Erklärer benutzt, da in ALGOL 68 nur beschränkte Wertumwandlungen erlaubt sind. Die nichtdeterministische Erzeugung eines Wertes mittels eines aktuellen Erklärers, der von einem formalen Erklärer verschieden ist (z. B. [5:10] **real** statt [ ] **real**) kann daher nur mit Generatoren geschehen. So liefert [ ] **real** (**loc** [5:10] **real**) einen Wert des Typs [5:10] **real**, da **loc** [5:10] **real** einen Hinweis auf einen solchen Wert erzeugt und der Typwandler [ ] **real** (. . .) von diesem Hinweis zum belegenden Wert übergeht. Durch [ ] **real** (**skip**) wird dagegen irgendein Vektor aus reellen Zahlen erzeugt, über dessen Grenzen nichts ausgesagt wird.

4.3. Formeln

Im folgenden sind einige Beispiele für Formeln angegeben, die nach den bisherigen Ausführungen gebildet sind. Dabei wird vorausgesetzt, daß die verwendeten Namen mit Werten entsprechenden Typs belegt sind oder diese durch automatische Wertumwandlung in solche Werte umgeformt werden.

(1) $a + b$
(2) $- (x \uparrow 2)$
(3) i **over** 2
(4) $(j \uparrow 2)$ **mod** $(i + 1)$
(5) $(a < b)$ **or** $(c < d)$
(6) **not** (($a \leqq b$) **and** ($a \geqq c$))
(7) $sqrt((x \uparrow 2) + (y \uparrow 2))$ − ((**abs** x) + (**abs** y))
(8) **long** 1 / (**leng** x)
(9) (**round**(1e5 $* x$)) $*$ 1e-5
(10) ([ ] **bool** (**bin** i) **or** [ ] **bool** (**bin** j)) **and** [ ] **bool** (b)
(11) **abs** ((**conj** z) $* z$)
(12) ((**repr** 5) + "*abc*") $*$ 3

(13) (**bin long** 123) **shl** *i*

(14) *cos* (0.5 * (**arg** *z*)) **i** *sin* (0.5 * (**arg** *z*))

(15) (**odd** *i*) **or** (**not** (**odd** *j*))

Wie in Pascal ist es nun möglich, Klammern um Operanden wegzulassen, wenn in der Klammer eine Formel eingeschlossen ist, deren Operator eine höhere Priorität hat als der Operator, dessen Operand die Klammerung ist. Handelt es sich um einen zweistelligen Operator, so kann die Klammerung um den ersten Operanden auch weggelassen werden, wenn der darin verwendete Operator die gleiche Priorität hat wie der betrachtete Operator. Die folgenden Beispiele zeigen derartige Vereinfachungen:

(16) $(a + b) + c$ wird $a + b + c$.

(17) $(x \uparrow 2) + (y \uparrow 2)$ wird $x \uparrow 2 + y \uparrow 2$.

(18) $(a * b) - ((c * d) \,/\, e)$ wird $a * b - c * d \,/\, e$.

(19) $(-x) \uparrow 2$ wird $-x \uparrow 2$.

Beispiel (19) zeigt, daß hier die abgekürzte Schreibweise nicht die übliche Bedeutung hat, denn in der Arithmetik ist $-x^2$ gleichbedeutend mit $-(x^2)$. Weiter können auch einstellige Operatoren aufeinander folgen, es kann also z. B. — **abs** *x* statt — (**abs** *x*) geschrieben werden.

4.4. Automatische Typumwandlungen

In Formeln ebenso wie an anderen Stellen eines ALGOL 68-Programms werden häufig abkürzende Schreibweisen für Typumwandlungen benutzt. An Stelle einer Konstruktion der Form ⟨Typwandler⟩ (⟨Einheit⟩) wird nur ⟨Einheit⟩ notiert. Es muß dann allerdings klar sein, welcher ⟨Typwandler⟩ zu verwenden ist, d. h., welcher Typ erwartet wird oder präziser, in einen Wert welchen Typs der durch die notierte Einheit bestimmte Wert umzuwandeln ist. Diese Typumwandlungen sind entweder Übergang zu einer Belegung oder zum Wert einer parameterlosen Prozedur oder Umwandlungen eines Wertes in einen äquivalenten Wert. Im abstrakten Verarbeitungsautomaten werden sie durch die in Tabelle 16 zusammengestellten Elementaraktionen realisiert. Der Aufruf einer Prozedur tritt dort nicht in Erscheinung, da er nur im abstrakten Programm berücksichtigt wird.

Für die Typumwandlungen sind im ALGOL 68-Bericht spezielle Bezeichnungen eingeführt worden. Diese Bezeichnungen sind:

(1) "Deprozedurieren" für die Berechnung des Wertes einer parameterlosen Prozedur, d. h. für den Übergang von **proc** *T* zu *T*, wobei *T* für einen Typ steht.

(2) "Dereferenzieren" für den Übergang zum Inhalt eines Hinweises, eventuell mehrfach wiederholt. Diese Übergänge werden durch Elementaraktionen **wert**$_A$ oder **inhalt**$_j$ realisiert.

(3) "Vereinigen" für den Übergang von einem Typ zu einem Vereinigungstyp, der diesen Wert enthält. Da hierbei kein Wert geändert wird, ist im Verarbeitungsautomaten dafür keine Elementaraktion vorgesehen.

(4) "Entwerten" für die Entfernung des Wertes einer Einheit aus dem Stapel oder für den Übergang zum Wert **empty**. Hierfür sind im Verarbeitungsautomaten die Elementaraktionen **lösche**$_A$ und **entwerte**$_A$ vorgesehen. Beide werden in der Sprache durch die gleiche Konstruktion (explizit **void** (⟨Einheit⟩)) dargestellt. Im Verarbeitungsautomaten unterscheiden sie sich dadurch, daß bei **lösche**$_A$ kein Wert **empty** zur Weiterverwendung verfügbar ist.

(5) "Ausweiten" für den Übergang von ganzen zu reellen Zahlen, von reellen zu komplexen Zahlen, von Bitfolgen (Typ **bits**) zu Vektoren von Wahrheitswerten (Typ [ ] **bool**), von Zeichenfolgen (Typ **bytes**) zu Vektoren von Zeichen (Typ [ ] **char**). Die dafür vorgesehenen Elementaraktionen sind **int** → **real**, **real** → **compl**, **bits** → **bool**, **bytes** → **char**.

(6) "Aufreihen" für den Übergang von einem Wert des Typs T zu einem Wert des Typs [1:1] T, d. h. von einem Wert w zur Abbildung $\{(1, w)\}$. Die entsprechende Elementaraktion ist **aufreihen**$_A$.

Die explizite Darstellung einer Typumwandlung erfolgt mit Typwandlern. Diese Darstellung kann durch die des umzuwandelnden Wertes ersetzt werden, wenn die Stellung des Typwandlers im Programm es erlaubt. In der syntaktischen Darstellung von ALGOL 68 in [9] werden daher verschiedene Arten syntaktischer Positionen unterschieden, in denen gewisse Typumwandlungen nicht explizit notiert werden müssen. Diese Positionen werden als "stark", "fest", "mittel", "schwach "und "sanft" bezeichnet. Eine starke Position kann alle Typumwandlungen erzwingen, daher brauchen in dieser Position keine Typwandler notiert zu werden. In einer festen Position werden nur Vereinigen, Deprozedurieren und Dereferenzieren erzwungen, daher sind dort für Entwerten, Aufreihen und Ausweiten Typwandler zu notieren. Die Position der Operanden in einer Formel ist von dieser Art. In mittleren Positionen werden Deprozedurieren und Dereferenzieren erzwungen, in schwachen Positionen Deprozedurieren und Dereferenzieren zu Werten, die keine Felder oder Datensätze sind. In einer sanften Position wird nur Deprozedurieren erzwungen. Da die syntaktische Position einen Zwang auf den Typ des Wertes ausüben kann, wird die Typumwandlung in [9] als *coercion* (*Zwang*) bezeichnet. Zur Verwendung des Zeichens **skip** ist noch zu bemerken, daß dieses Zeichen nur in starken Positionen vorkommen darf. Es kann daher nicht direkt als Operand auftreten. Innerhalb eines Typwandlers liegt jedoch eine starke Position vor, daher darf **skip** dort auftreten.

Wesentlich ist, daß in Formeln das Übergehen zum Wert eines Hinweises (Dereferenzieren) nicht explizit notiert zu werden braucht. Daher kann die Notation von Variablen ebenso wie in anderen Programmierungssprachen erfolgen. Zum Beispiel kann x mit einem Hinweis auf einen Wert vom Typ **real** (einer

Adresse eines reellen Wertes) belegt sein, und $x + 1$ kann statt **real** $(x) + 1$ notiert werden. Die entsprechende Folge von Elementaraktionen ist "$\textbf{stapel}_A\ x$, $\textbf{wert}_A$, $\textbf{inhalt}_0$, $\textbf{stapel}_A\ 1$, $\textbf{plus}_A$".

4.5. Syntaktische Darstellung

Im ALGOL 68-Bericht wird die Erzeugung von ALGOL 68-Programmen durch eine zweistufige Grammatik beschrieben. Dabei werden Texte mit Hilfe von Produktionsregeln, die ihrerseits mit Metaproduktionsregeln erzeugt werden, gebildet. Hier wird dagegen die gleiche syntaktische Darstellung wie in II. bei der Beschreibung von Pascal verwendet, d. h., es wird eine kontextfreie Obersprache zu ALGOL 68 durch ein spracherzeugendes Automatensystem beschrieben. Jedes ALGOL 68-Programm ist in dieser Obersprache enthalten, aber nicht jeder durch das Automatensystem erzeugte Text ist ein ALGOL 68-Programm. In III.2 wurden bereits einige Teilsysteme dieses Automatensystems dargestellt. In den folgenden Abbildungen werden weitere Teilsysteme zur Erzeugung von Operanden und Formeln dargestellt.

In Abb. 30 und 31 werden durch **L** und **D** die Mengen der Buchstaben und Ziffern bezeichnet. Durch Notation von **L** bzw. **D** an einer Kante wird die Aus-

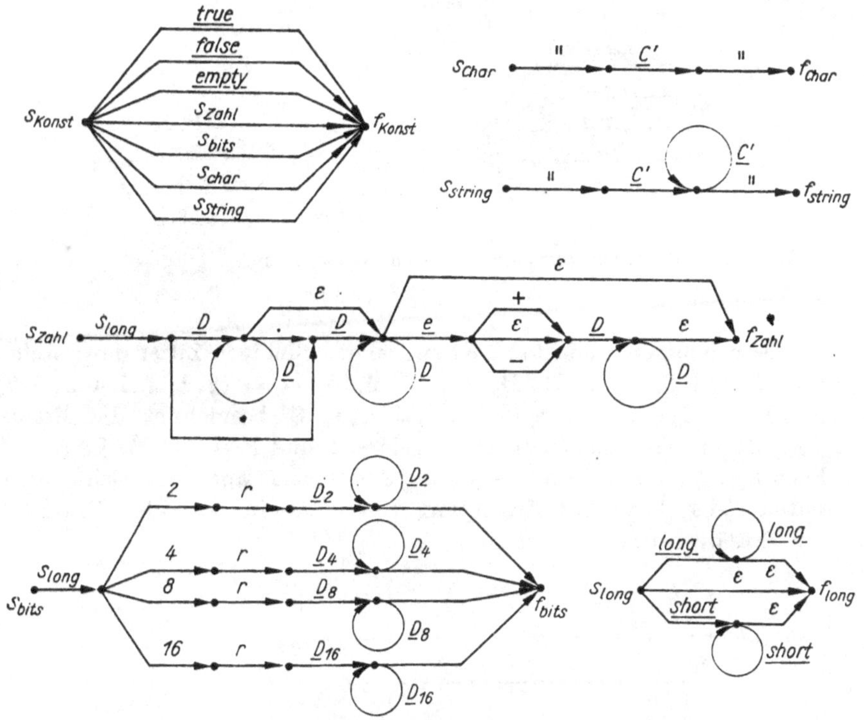

Abb. 30. Teilsysteme zur Erzeugung einfacher Konstanten

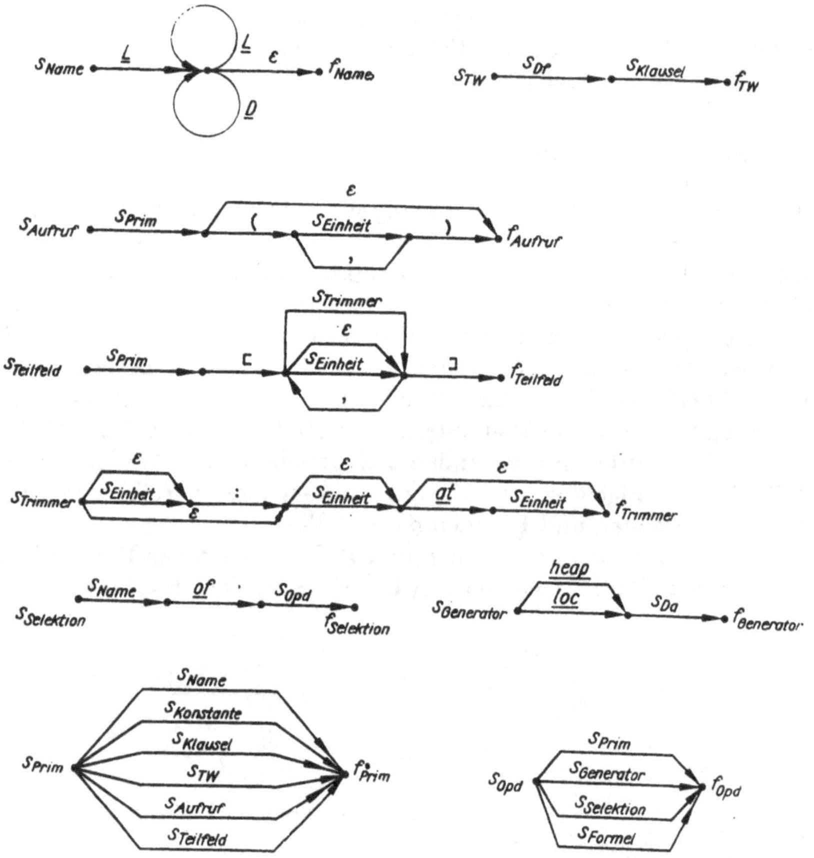

Abb. 31. Teilsysteme zur Erzeugung von Operanden

gabe eines beliebigen Buchstabens bzw. einer beliebigen Ziffer dargestellt. Entsprechend sind $\mathbf{D}_2 = \{0, 1\}$, $\mathbf{D}_4 = \{0, 1, 2, 3\}$, $\mathbf{D}_8 = \{0, 1, 2, 3, 4, 5, 6, 7\}$ und $\mathbf{D}_{16} = \{0, 1, 2, 3, 4, 5, 6, 7, 8, 9, a, b, c, d, e, f\}$. $\mathbf{C}'$ bezeichnet die Menge aller Zeichen, die in einer Zeichenkette zugelassen sind (vgl. III.1). In Abb. 31 bezeichnen $s_{Klausel}$, s_{Df}, s_{Da} und $s_{Einheit}$ die Anfangszustände der bisher nicht dargestellten Teilsysteme zur Erzeugung von Klauseln, formalen Erklärern, aktuellen Erklärern und Einheiten.

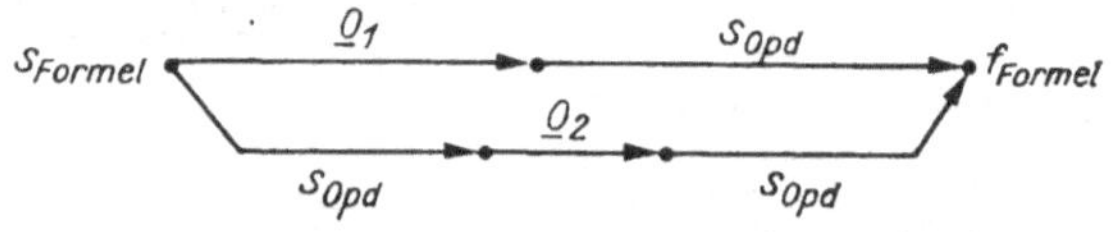

Abb. 32. Teilsystem zur Erzeugung von Formeln

In Abb. 32 ist ein Teilsystem zur Erzeugung von Formeln dargestellt. Dabei bezeichnen $\mathbf{O}_1$ und $\mathbf{O}_2$ Mengen einstelliger und zweistelliger Operatoren. An den Kanten mit $\mathbf{O}_1$ wird ein beliebiger einstelliger Operator (aus Tabelle 18 oder **upb**, **lwb**, **up**, **down**, **level**) ausgegeben, entsprechend an der Kante mit $\mathbf{O}_2$ ein beliebiger zweistelliger Operator (aus Tabelle 17 oder **upb**, **lwb**, **elem**). Die Prioritäten werden hier nicht berücksichtigt.

5. Deklarationen

5.1. Allgemeines

Deklarationen dienen zur Belegung von Namen oder Indikatoren mit Werten, wobei der Begriff "Wert" hier in einer sehr allgemeinen Form verwendet wird. Als Werte treten sowohl Daten als auch Typdarstellungen auf. Es ist auch möglich, Indikatoren mit Routinen mit ein oder zwei Parametern zu belegen und diese Indikatoren dann als Operatoren zu bezeichnen. Der Unterschied in der Benutzung von Prozeduren und Operatoren liegt in der syntaktischen Stellung. Operatoren werden vor oder zwischen Operanden geschrieben, Prozedurbezeichnungen jedoch vor eine eingeklammerte Folge von Operanden (aktuellen Parametern). Es werden hiernach drei Arten von Deklarationen unterschieden, die *Identitätsdeklarationen* zur Belegung von Namen, die *Typdefinitionen* (auch *Wertartdeklarationen* genannt) zur Belegung von Indikatoren mit Typen und die *Operatordeklarationen* zur Belegung von Indikatoren mit Operatoren (d. h. ein- oder zweistelligen Routinen). Da Operatoren in Formeln verwendet werden, in denen Regeln über das Weglassen von Klammern bestehen, die den Operatoren zugeordnete Prioritäten benutzen, sind diese Operatordeklarationen noch durch zusätzliche *Prioritätsdeklarationen* zu ergänzen, in denen der betreffende Indikator mit einer Priorität versehen wird.

Die Sprache ALGOL 68 hat eine Blockstruktur, die deklarierten Bezeichnungen haben einen gewissen *Lebensbereich*. Bei Verlassen dieses Bereiches, der durch sein statisches Niveau charakterisiert ist, werden die Belegungen der darin deklarierten (d. h. belegten) Namen und Indikatoren (mit diesem statischen Niveau verknüpft) aus der Belegung gelöscht.[1]) Das Verfahren ist das gleiche wie in Pascal (vgl. II.3.11). Speziell ist die Mehrfachbelegung von Namen und Indikatoren auf dem gleichen Niveau nicht erlaubt. Eine Ausnahme bilden die Operatoren (Indikatoren oder spezielle Zeichen), die mehrfach mit Routinen belegt werden können, deren Parameter verschiedene Typen haben. Um den Funktionscharakter der Belegung aufrecht zu erhalten, wird daher festgelegt, daß in einer Operatordeklaration ein Operator mit einer Menge von Routinen

---

[1]) Man beachte, daß das statische Niveau eines Namens oder Hinweises nicht mit dem des ihn belegenden Wertes übereinstimmen muß. Der Wert wird im allgemeinen ein kleineres statisches Niveau haben (vgl. III.3.4 und III.3.5).

belegt wird, zu der zusätzlich noch eine natürliche Zahl als Priorität tritt, die in einer Prioritätsdeklaration festgelegt wird. Der Wert eines Operators ist also formal ein Paar aus einer natürlichen Zahl und einer Menge von Routinen mit verschiedenen Parametertypen. Eine Ausnahme bilden hier die Standardoperatoren **upb** und **lwb**, die als zweistellige Operatoren die Priorität 8 haben, als einstellige die Priorität 10.

5.2. Typdefinitionen

Die Schreibweise für Typdefinitionen wurde bereits in III.2.4 betrachtet und in Abb. 27 syntaktisch dargestellt. Die darin vorkommenden Teilsysteme für aktuelle Erklärer und Indikatoren sind in Abb. 33 dargestellt.

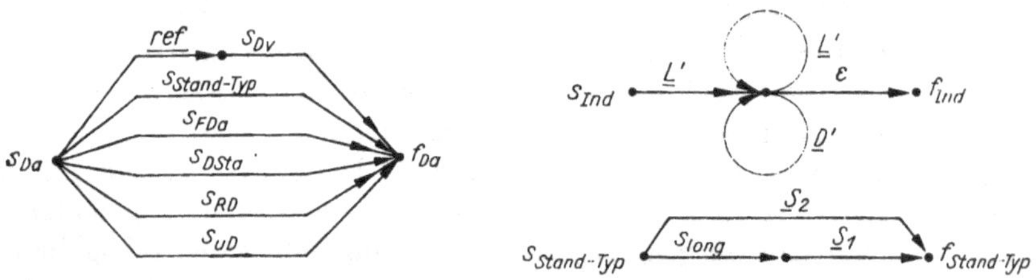

Abb. 33. Teilsysteme zur Erzeugung von aktuellen Erklärern und Indikatoren

In der Menge S_1 sind die Indikatoren **real, int, bits, bytes** und **compl** enthalten, in der Menge S_2 die Indikatoren **void, bool, char, string, sema, format, file** und **channel** (vgl. auch III.3.9). Die Mengen L' bzw. **D**' bestehen aus unterstrichenen (bzw. halbfett gedruckten) Buchstaben bzw. Ziffern. Die weiteren in Abb. 33 verwendeten Teilsysteme sind in Abb. 21, 23, 25, 26 und 30 dargestellt.

5.3. Operator- und Prioritätsdeklarationen

Die syntaktische Darstellung von Operator- und Prioritätsdeklarationen ist in Abb. 34 enthalten. Dabei bezeichnen s_{RT} und $s_{Par\text{-}Plan}$ die in Abb. 24 und 25 dargestellten Teilsysteme zur Erzeugung von Routinetexten und Parameterplänen. Ein Parameterplan faßt die Typen der Parameter und den Resultattyp zusammen. Er wird aber in Operatordeklarationen (ebenso auch in Identitätsdeklarationen für Prozeduren) meist weggelassen. Die Menge **Z** enthält als Operatoren verwendbare Zeichen des ALGOL 68-Alphabets. In ihr sind mindestens die Zeichen

$$<, \leqq, >, \geqq, =, \neq, +, -, *, /$$

enthalten. Auf die Kombination solcher Zeichen mit nachgestelltem := wird später eingegangen (vgl. III.11.1).

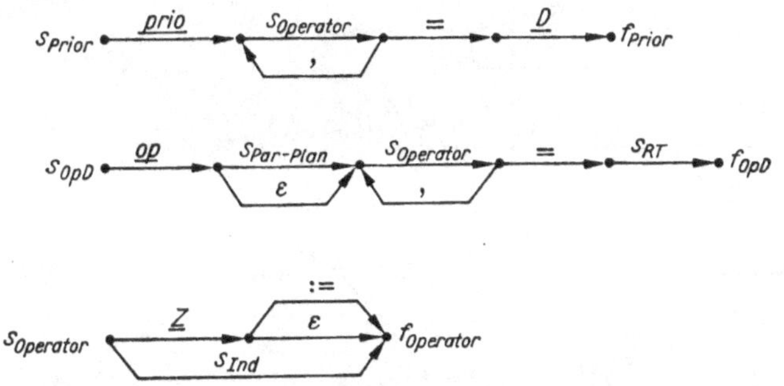

Abb. 34. Teilsysteme zur Erzeugung von Prioritäts- und Operatordeklarationen

Eine *Operatordeklaration* kann sowohl neu eingeführte Indikatoren mit einer Bedeutung (einer Routine) belegen als auch einen bereits in einem umfassenderen Gültigkeitsbereich deklarierten Operator neu deklarieren oder seine Bedeutung (als Menge von Routinen) erweitern. Die Priorität kann bei einer Erweiterung oder Neudeklaration bestehen bleiben, dann wird keine Prioritätsdeklaration notiert, andernfalls muß eine Prioritätsdeklaration niedergeschrieben werden. Für einstellige Operatoren werden keine Prioritätsdeklarationen notiert, dort ist die Priorität prinzipiell 10.
Beispiele sind:

(1) **op** (**real**) **int sz** = (**real** x) **int**: **entier** $(0.434294 * ln(\mathbf{abs}\ x)) + 1$,

(2) **op rund** = (**int** n, **real** x) **real**:

$$10\uparrow(\mathbf{sz}\ x - n) * \mathbf{round}\ (x * 10\uparrow(n - \mathbf{sz}\ x)),$$

(3) **prio rund** = 9.

Das zweite Beispiel zeigt, daß neu deklarierte Operatoren bei der Deklaration weiterer Operatoren verwendet werden dürfen, sofern diese zweite Deklaration im Gültigkeitsbereich der ersten liegt.

5.4. Identitätsdeklarationen

Identitätsdeklarationen dienen zur Belegung von Namen mit Werten. Sie stellen in ALGOL 68-Programmen die Elementaraktion **deklariere**$_A$ (vgl. III.3.6) dar. Abb. 35 zeigt die syntaktische Form einer Identitätsdeklaration. Dabei ist s_{Df} Anfangszustand eines Teilsystems zur Erzeugung formaler Erklärer und s_{Dv} Anfangszustand eines Teilsystems zur Erzeugung virtueller Erklärer. Die durch eine Identitätsdeklaration erzeugte Belegung bleibt bis zum Verlassen des Lebensbereiches erhalten. Es ist wesentlich, daß die zur Berechnung des verwendeten Wertes benötigten Größen im betreffenden Lebensbereich ebenfalls gültig sind. Das gilt z. B. bei der Deklaration von Feldern, deren Grenzen aus Variablen berechnet werden. Der am Beginn der Identitäts-

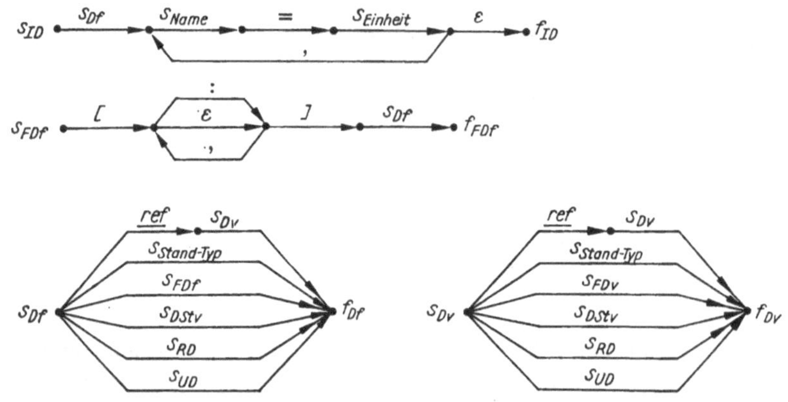

Abb. 35. Teilsysteme zur Erzeugung von Identitätsdeklarationen, formalen und virtuellen Erklärern

deklaration notierte formale Erklärer bestimmt den Typ der Werte, mit denen die vorkommenden Namen belegt werden.

Beispiele für Identitätsdeklarationen sind:

(1) **real** *lge* = 0.434294, *e* = 2.71828

(2) **ref real** *x* = **loc real**

(3) **proc (real) real** *kubik* = (**real** *x*) **real**: $x * x * x$

(4) **ref [,] int** *m* = **loc** [1:*n*, 1:n] **int**

In den Beispielen wird der Name *lge* mit dem konstanten Wert 0.434294 belegt, ebenso der Name *e* mit dem konstanten Wert 2.71828, der Name *x* mit einem Hinweis auf eine reelle Größe, der Name *kubik* mit einer Routine und der Name *m* mit einem Hinweis auf eine ganzzahlige Matrix mit den Grenzen 1 und *n*. Zur Abarbeitung (Berechnung) des aktuellen Erklärers [1:*n*, 1:*n*] **int** muß *n* mit einem ganzzahligen Wert oder einem Hinweis auf einen ganzzahligen Wert belegt sein. Die in (2) und (4) zur Belegung verwendeten Hinweise haben die Klausel (den Block) zum Gültigkeitsbereich, in dem die betreffenden Deklarationen unmittelbar enthalten sind. Sie können daher nicht außerhalb dieses Gültigkeitsbereiches verwendet werden, z. B. zur Bewertung von außerhalb gültigen Hinweisen (vgl. III.3.4).

5.5. Vereinfachte Schreibweisen

Da Belegungen von Namen häufig vorkommen, ist es zweckmäßig, einfachere Schreibweisen für Identitätsdeklarationen einzuführen. Steht auf der rechten Seite (hinter =) einer Identitätsdeklaration ein Generator, so wird der Name mit einem Hinweis belegt und kann somit als *Variable* bezeichnet werden. Entsprechend wird dann auch die Deklaration *Variablendeklaration* genannt. In diesem Falle wird der rechtsstehende Generator als *Mustergenerator* am Anfang der Konstruktion notiert, wobei in lokalen Generatoren das Zeichen **loc** auch wegbleiben kann. Dabei können auch mehrere Deklarationen, in denen verschiedene Namen mit Hilfe des gleichen Generators belegt werden, unter einem Mustergenerator zusammengefaßt werden. Hinter dem Mustergenerator werden dann die zu belegenden Namen durch Kommata getrennt notiert. Beispiele sind:

(1) **real** x, y

(2) [1:n, 1:n] **int** m .

Ebenso kann die Schreibweise für die Deklaration von Prozedurnamen, d. h. für die Belegung von Namen mit Routinen, vereinfacht werden. Auf der linken Seite (vor =) braucht kein vollständiger formaler Erklärer des Routinetyps zu stehen, sondern es genügt das Zeichen **proc**. Ein Beispiel ist die "Prozedurdeklaration"

(3) **proc** *kubik* = (**real** x) **real**: $x * x * x$.

Schließlich können Deklarationen von Variablen sogleich mit Wertzuweisungen, d. h. einer Belegung des erzeugten Hinweises mit einem Wert (Anfangswert), verbunden werden. Statt eines Namens wird dann eine Wertzuweisung (vgl. III.6) notiert, in der der zu belegende Name vor := steht. Beispiele sind

(4) **heap real** x := 1, y .

(5) **proc** (**real**) **real** f := *kubik* .

(6) **proc** (**real**) **real** g := (**real** x) **real**: $x * x * x$.

Die in Beispiel (3) erwähnte Vereinfachung für Erklärer von Routinetypen kann auch bei Mustergeneratoren für Routinetypen angewandt werden, d. h., in (5) und (6) kann **proc** (**real**) **real** durch **proc** ersetzt werden:

(5′) **proc** f := *kubik* .

(6′) **proc** g := (**real** x) **real**: $x * x * x$.

Die hier angegebenen Beispiele seien nochmals unter Benutzung vollständiger Identitätsdeklarationen und Wertzuweisungen notiert. Dabei wird als Trennzeichen zwischen den einzelnen Deklarationen und Wertzuweisungen das Semikolon benutzt:

(1a) **ref real** x = **loc real**; **ref real** y = **loc real**

(2a) **ref** [,] **int** m = **loc** [1:n, 1:n] **int**

(3a) **proc** (**real**) **real** *kubik* = (**real** x) **real**: $x * x * x$

(4a) **ref real** x = **heap real**; x := 1; **ref real** y = **heap real**

(5a) **ref proc** (**real**) **real** f = **loc proc** (**real**) **real**; f := *kubik*

(6a) **ref proc** (**real**) **real** g = **loc proc** (**real**) **real**;
g := (**real** x) **real**: $x * x * x$

In (4) werden x und y mit Hinweisen aus der Halde (vgl. III.3.1) belegt. In (5) wird f durch einen Hinweis belegt, der mit einer Routine vom Typ **proc** (**real**) **real** belegt ist. Dieser Hinweis wird anschließend mit der Routine *kubik* belegt. Dabei ist vorauszusetzen, daß *kubik* eine Routine dieses Typs ist, was zutrifft, wenn (3) vor (5) abgearbeitet wurde. Die syntaktische Definition der vereinfachten Identitätsdeklarationen ist in Abb. 36 dargestellt. Dabei sind s_{VaD}, s_{PrD}, $s_{M\text{-}Gen}$ und s_{Dekl} Anfangszustände von Teilsystemen zur Erzeugung von Variablendeklarationen, Prozedurdeklarationen, Mustergeneratoren und (allgemeinen) Deklarationen.

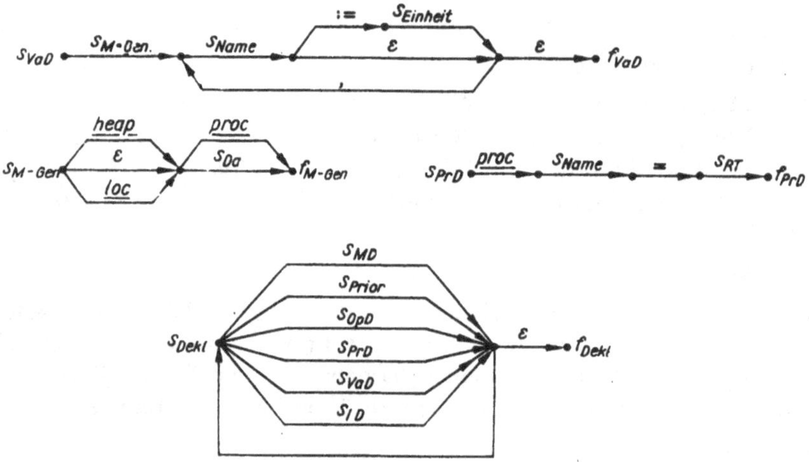

Abb. 36. Teilsysteme zur Erzeugung von Deklarationen

6. Wertzuweisungen und Identitätsrelationen

Die Belegung von Hinweisen erfolgt im abstrakten Verarbeitungsautomaten durch die Elementaraktion $:=_A$ (vgl. III.3.4). Zur Darstellung einer solchen Wertzuweisung wird in ALGOL 68 ebenso wie in Pascal das Wertzuweisungszeichen := benutzt. In Abb. 37 ist ein Teilsystem zur Erzeugung von Wertzuweisungen angegeben. Dazu sei bemerkt, daß die *linke Seite* (vor :=) eine syntaktisch sanfte Position ist, in der also außer Deprozedurieren (Berechnung des Wertes einer parameterlosen Prozedur) keine Typumwandlungen automatisch erfolgen, d. h. in der andere Typumwandlungen durch Typwandler explizit anzugeben sind.[1]) Die *rechte Seite* ist dagegen eine syntaktisch starke Position, in der die Notation aller Typumwandlungen weggelassen werden kann. Die Teilsysteme mit den Anfangszuständen $s_{Schleife}$ und s_{Sprung} werden später dargestellt.

Die ebenfalls dargestellte Identitätsrelation (Anfangszustand $s_{Id\text{-}Rel}$) dient zum Vergleich zweier Hinweise auf Gleichheit bzw. Ungleichheit (vgl. III.3.11). Dazu werden die Zeichen **is** bzw. **isnt** verwendet und in der Art zweistelliger Operatoren zwischen die zu vergleichenden Einheiten, die Namen darstellen,

[1]) Der Wert der linken Seite ist der zu belegende Hinweis.

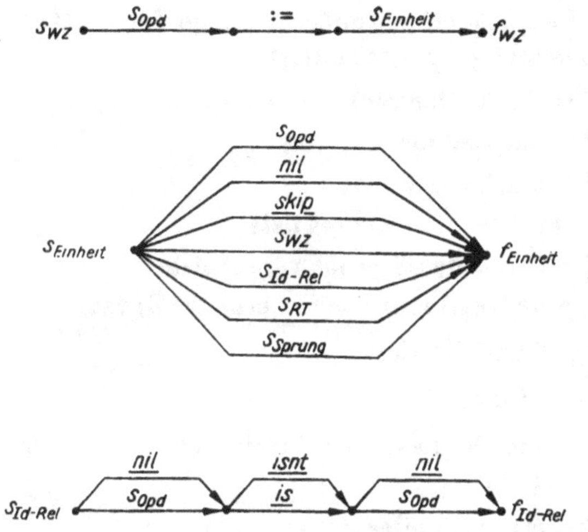

Abb. 37. Teilsysteme zur Erzeugung von Wertzuweisungen, Einheiten und Identitätsrelationen

gesetzt. Die Identitätsrelation liefert einen Wahrheitswert. Sie wird nicht zu den Formeln gezählt, weil Hinweise nicht zum Rechnen bestimmt sind. In eingeklammerter Form können jedoch Identitätsrelationen als Operanden in Formeln benutzt werden.

Abweichend zur Verarbeitung im abstrakten Verarbeitungsautomaten von III.3 ist im ALGOL 68-Bericht festgelegt, daß linke und rechte Seite einer Wertzuweisung (Hinweis und belegender Wert) nicht nacheinander, sondern *kollateral* (in undefinierter Reihenfolge oder auch parallel) berechnet werden. Nach III.3 wird zunächst der Hinweis berechnet und gestapelt und danach der Wert. Eine Veränderung der in die Wertberechnung eingehenden Elemente bei der Berechnung des Hinweises (ein sogenannter Seiteneffekt) führt also nach den Festlegungen des ALGOL 68-Berichtes zu Mehrdeutigkeiten, die im abstrakten Verarbeitungsautomaten von III.3 nicht berücksichtigt werden. Das hat jedoch nur die Bedeutung, daß in den ggf. entstehenden mehrdeutigen (nichtdeterministischen) Datenverarbeitungsprozessen der durch den abstrakten Verarbeitungsautomaten beschriebene Prozeß enthalten ist.

Wie bereits erwähnt (vgl. III.3.4), hat eine Wertzuweisung als Wert den zu belegenden Hinweis. Da eine Wertzuweisung eine Einheit ist, kann sie wieder als rechte Seite einer Wertzuweisung oder eingeklammert auch als Operand verwendet werden. In beiden Fällen ist die syntaktische Position stark, daher brauchen Typumwandlungen nicht notiert zu werden.

Wird ein Hinweis auf ein Feld belegt, so muß der belegende Wert vom gleichen Feldteiltyp sein wie der Wert, auf den verwiesen wird, d. h. insbesondere, daß die Grenzen übereinstimmen müssen. Das gilt jedoch nicht für flexible Hinweise, die mit beliebigen Feldern des Feldtyps belegbar sind.

Zur Vorbereitung einiger Beispiele seien zunächst einige Identitätsdeklarationen in abgekürzter und vollständiger Form notiert:

(1) **real** x (1a) **ref real** $x =$ **loc real**

(2) [1:5] **int** v (2a) **ref** [ ] **int** $v =$ **loc** [1:5] **int**

(3) **liste** $a1$ (3a) **ref liste** $a1 =$ **loc liste**

(4) **ref liste** $a2$ (4a) **ref ref liste** $a2 =$ **loc ref liste**

(5) **ref ref liste** $a3$ (5a) **ref ref ref liste** $a3 =$ **loc ref ref liste**

(6) **proc (real) real** f (6a) **ref proc (real) real** $f =$ **loc proc (real) real**

Dabei wird die Gültigkeit einer Typdefinition

(7) **mode liste = struct (real** y, **ref liste** n)

vorausgesetzt. Im Gültigkeitsbereich dieser Deklarationen können folgende Wertzuweisungen ausgeführt werden:

x := 1.5; v := (2, 3, 5, 8, 13); v[1] := **entier** x;

$a1$:= (x, **nil**);

$a2$:= **loc liste**; **ref liste** ($a2$) := ($x * y$ **of** $a1$, $a1$);

$a3$:= $a2$.

Die Wertzuweisungen im Zusammenhang mit $a1$, $a2$ und $a3$ sollen genauer erläutert werden. Dabei sind der Einfachheit halber die Namen und Hinweise stets ohne Angabe der zugehörigen Niveaus notiert. Der ersten Wertzuweisung $a1$:= (x, **nil**) entspricht die Folge von Elementaraktionen

stapel$_A$ $a1$, **wert**, **stapel**$_A$ **A**, **stapel**$_A$ x, **wert**$_A$, **inhalt**$_0$, **stapel**$_A$ **nil**, **folge**$_A$, **:=**$_A$.

Nimmt man an, daß die ϱ_i mit $i = 1$ beginnend belegt werden und daß der $a1$ belegende Hinweis $b(a1) = h_1$ (vom Typ **ref liste**) sei, so entsteht der folgende Ablauf. Dabei sind die Belegungsfunktionen der Einfachheit halber stets mit b bezeichnet.

(1) $b(\varrho_1) = a1$, (2) $b(\varrho_1) = h_1$, (3) $b(\varrho_2) = \mathbf{A}$, (4) $b(\varrho_3) = x$, (5) $b(\varrho_3) = h_0$,
(6) $b(\varrho_3) = 1.5$, (7) $b(\varrho_4) =$ **nil**, (8) $b(\varrho_2) =$ (1.5, **nil**), (9) $b(h_1) =$ (1.5, **nil**),
$b(\varkappa) = K = 1$

Hier wird überdies vorausgesetzt, daß x mit einem Hinweis h_0 belegt ist, der durch die Wertzuweisung x := 1.5 mit dem Wert 1.5 belegt wird.

Die Wertzuweisung $a2$:= **loc liste** bedeutet, daß ein neuer Hinweis h_2 (vom Typ **ref liste**) erzeugt wird, der mit Werten vom Typ **liste** belegt werden kann. Dieser Hinweis wird zur Belegung eines Hinweises h_1', der $a2$ belegt. Der Typ von h_1' ist **ref ref liste**. Nach Ausführung von $a2$:= **loc liste** gilt also $b(h_1') = h_2$. Der Wertzuweisung **ref liste** ($a2$) := ($x * y$ **of** $a1$, $a1$) entspricht die Folge von Elementaraktionen:

stapel$_A$ $a2$, **wert**$_A$, **inhalt**$_1$, **stapel**$_A$ **A**, **stapel**$_A$ x, **wert**$_A$, **inhalt**$_0$, **stapel**$_A$ y, **stapel**$_A$ $a1$, **wert**$_A$, **inhalt**$_0$, **dk**$_A$, **mal**$_A$, **stapel**$_A$ $a1$, **wert**$_A$, **folge**$_A$, **:=**$_A$.

Der Ablauf dieser Elementaraktionen liefert folgende Belegungen:

(1) $(b\varrho_1) = a2$, (2) $b(\varrho_1) = h_1'$, (3) $b(\varrho_1) = h_2$, (4) $b(\varrho_2) = \mathbf{A}$, (5) $b(\varrho_3) = x$, (6) $b(\varrho_3) = h_0$, (7) $b(\varrho_3) = 1.5$, (8) $b(\varrho_4) = y$, (9) $b(\varrho_5) = a1$, (10) $b(\varrho_5) = h_1$, (11) $b(\varrho_5) = (1.5, \mathbf{nil})$, (12) $b(\varrho_4) = 1.5$, (13) $b(\varrho_3) = 2.25$, (14) $b(\varrho_4) = a1$, (15) $b(\varrho_4) = h_1$, (16) $b(\varrho_2) = (2.25, h_1)$, (17) $b(h_2) = (2.25, h_1)$, $b(\varkappa) = K = 1$.

Die betrachtete Wertzuweisung könnte ausführlich unter expliziter Darstellung von Typwandlern auch in der Form **ref liste** $(a2)$:= (**real**(x) * **real**$(y$ **of** $a1)$, **ref liste**$(a1)$) geschrieben werden. Da die Positionen auf der rechten Seite syntaktisch stark sind, können dort die Typwandler weggelassen werden, denn durch die linke Seite ist festgelegt, daß der Typ **struct**(**real** y, **ref liste** n) auf der rechten Seite erwartet wird.

Wie bereits erwähnt, ist die syntaktische Position der linken Seite einer Wertzuweisung sanft. Da der Hinweis **nil** nur in starken Positionen auftreten darf, kann er nicht auf der linken Seite einer Wertzuweisung erscheinen. Weiter sei nochmals auf die in III.3.4 erwähnte Bedingung hingewiesen, daß in einer Wertzuweisung das statische Niveau des Wertes der rechten Seite nicht größer als das des zu belegenden Hinweises sein darf.

Die Wertzuweisung $a3 := a2$ bedeutet schließlich, daß $b(h_1'') = h_1'$ wird, wenn h_1'' der $a3$ belegende Hinweis ist. Hiernach ergibt sich folgende Belegung von Hinweisen:

$$b(h_1'') = h_1',\ b(h_1') = h_2,\ b(h_2) = (2.25, h_1),\ b(h_1) = (1.5, \mathbf{nil})\,.$$

Die Belegung der Namen $a1$, $a2$ und $a3$ ist

$$b(a1) = h_1,\ b(a2) = h_1',\ b(a3) = h_1''\,.$$

Mit z. B.

$a2$:= **loc liste** := $(x * y$ **of** $a2, a2)$

kann die dadurch entstandene Kette von Listen weiter vergrößert werden. Diese Anweisung kann ausführlicher als

$a2$:= (**loc liste** := $(x$ * **real** $(y$ **of ref liste**$(a2))$, **ref liste**$(a2)))$

geschrieben werden. Zur Erläuterung sei bemerkt, daß mit **loc liste** ein neuer Hinweis h_3 (vom Typ **ref liste**) erzeugt wird. Dieser Hinweis wird belegt mit einem Datensatz mit den Komponenten $1.5 * 2.25$ (da **ref liste**$(a2)$ den Hinweis h_2 darstellt, aus dem durch den Selektor y ein untergeordneter Hinweis auf die erste Komponente von $b(h_2)$ ausgewählt wird) und h_2. Es wird also mit

loc liste := $(x * y$ **of** $a2, a2)$

eine neue Belegung herbeigeführt, in der $b(h_3) = (3.375, h_2)$ gilt. Der Wert dieser Wertzuweisung ist der Hinweis h_3. Dieser wird anschließend zur Belegung von h_1'.

Die erreichte Belegung ist also

$b(a_1) = h_1,\ b(a_2) = h_1',\ b(a_3) = h_1''$,

$b(h_1'') = h_1',\ b(h_1') = h_3,\ b(h_3) = (3.375, h_2),\ b(h_2) = (2.25, h_1)\ ,\quad b(h_1) = (1.5, \mathbf{nil})$.

Es seien nun noch zwei weitere Wertzuweisungen betrachtet:

$a3$:= n **of** $a3$; **ref ref liste** ($a3$) := n **of** $a3$.

Ausführlich geschrieben lauten diese Wertzuweisungen

ref ref ref liste ($a3$) := **ref ref liste** (n **of ref liste** ($a3$));

ref ref liste ($a3$) := **ref liste** (n **of liste** ($a3$)) .

In der ersten dieser Wertzuweisungen ist **ref liste**($a3$) eine Darstellung des Hinweises h_3. Durch n **of ref liste** ($a3$) wird ein untergeordneter Hinweis zu h_3 ausgewählt, er sei mit h_{32} bezeichnet und hat den Typ **ref ref liste**, da der Typ der durch n ausgewählten Komponente des Datensatzes **ref liste** ist und h_{32} ein Hinweis auf diese Komponente ist, sein Typ also noch ein weiteres **ref** enthält. Die erste Wertzuweisung hat also den Effekt, $b(h_1'') = h_{32}$ zu erzeugen.

Die Gesamtbelegung ist danach

$b(a_1) = h,\ b(a_2) = h_1',\ b(a_3) = h_1''$

$b(h_1'') = h_{32},\ b(h_1') = h_3,\ b(h_3) = (3.375, h_2),\ b(h_2) = (2.25, h_1),\ b(h_1) = (1.5, \mathbf{nil})$

und aus $b(h_3)$ abgeleitet $b(h_{32}) = h_2$.

In der zweiten Wertzuweisung bezeichnet n **of liste** ($a3$) die n-Komponente des Datensatzes, der sich aus $b(a_3) = h_1''$, $b(h_1'') = h_{32}$, $b(h_{32}) = h_2$ zu $b(h_2) = (2.25, h_1)$ ergibt, also h_1. Auf der linken Seite der zweiten Wertzuweisung ist mit **ref ref liste** ($a3$) der Hinweis $b(h_1'') = h_{32}$ vom Typ **ref ref liste** dargestellt, der durch die Ausführung der Wertzuweisung mit der rechten Seite, d. h. mit h_1, belegt wird. Es entsteht also $b(h_{32}) = h_1$ und dadurch, daß h_{32} ein untergeordneter Hinweis zu h_3 ist, auch $b(h_3) = (3.375, h_1)$. Die resultierende Belegung nach Ausführung der beiden Wertzuweisungen ist

$b(a_3) = h_1'',\ b(a_2) = h_1',\ b(a_1) = h_1$

$b(h_1'') = h_{32},\ b(h_1') = h_3,\ b(h_3) = (3.375, h_1)$,

$b(h_2) = (2.25, h_1),\ b(h_1) = (1.5, \mathbf{nil})$.

Im Gegensatz zu den vorherigen Belegungen ist es nicht mehr möglich, den Hinweis h_2 über eine Kette von Hinweisen und Selektionen zu erreichen, der h_2 belegende Datensatz ist aus der erzeugten Kette von Listen ausgeschlossen.

Die hier relativ kompliziert dargestellten Vorgänge sind in konkreten Rechenanlagen einfach realisierbar. Den Hinweisen entsprechen dort Adressen. Legt man z. B. fest, daß ein Datensatz vom Typ **liste** in drei aufeinanderfolgenden Speicherzellen gespeichert wird, von denen die erste die Anzahl der Komponenten zum Inhalt hat, die zweite die erste Komponente und die dritte die zweite

Komponente, so kann z. B. folgende Adressenzuordnung zu den verwendeten Hinweisen entstehen:

$h_1'' = 98$, $h_1' = 99$, $h_1 = 100$, $h_2 = 103$, $h_3 = 106$.

Die untergeordneten Hinweise sind dann $h_{11} = 101$, $h_{12} = 102$, $h_{21} = 104$, $h_{22} = 105$, $h_{31} = 107$, $h_{32} = 108$. Vor Ausführung der beiden zuletzt betrachteten Wertzuweisungen ergibt sich hiernach folgende Speicherbelegung:

Adresse	98	99	100	101	102	103	104	105	106	107	108
Inhalt	99	106	2	1.5	**nil**	2	2.25	100	2	3.375	103

Die beiden Befehle "Adresse (∗∗98) + 2" und "Speichere nach 98" können so interpretiert werden, daß in "Adresse (∗∗98) + 2" zwei Adressensubstitutionen (99 für 98, 106 für 99) und eine Addition von 2 durchgeführt werden, es entsteht die Adresse 108, die *n* **of ref liste** (*a*3) entspricht. Diese 108 wird durch "Speichere nach 98" in die Speicherzelle 98 transportiert. Es entsteht die Speicherbelegung

Adresse	98	99	100	101	102	103	104	105	106	107	108
Inhalt	108	106	2	1.5	**nil**	2	2.25	100	2	3.375	103

Die beiden Befehle "Lies (∗∗98) + 2" und "Speichere nach ∗98" bewirken das Lesen des Inhalts von (∗∗98) + 2, hier also nach Substitutionen 108 für 98, 103 für 108 und Addition von 2, Lesen des Inhalts von 105, d. h. der Adresse 100, und danach das Speichern in der Speicherzelle (∗98) = 108. Die Speicherbelegung ist danach

Adresse	98	99	100	101	102	103	104	105	106	107	108
Inhalt	108	106	2	1.5	**nil**	2	2.25	100	2	3.375	100

Der erreichte Effekt ist der gleiche wie mit den beiden zuletzt betrachteten Wertzuweisungen. Im Verarbeitungsautomaten von III.3 entspricht dem Befehl "Adresse" die Auswahl mit $\mathbf{hdk}_A$, dem Befehl "Lies" die Auswahl mit $\mathbf{dk}_A$.

Weitere Beispiele zur Verwendung von Wertzuweisungen sind:

v := (**skip**, 1, 1, 1, 1); *x* := *y* **of** *a*2; *v*[1] := *v*[2] := *x*

y **of** *a*1 := (*x* := 3.5) − *y* **of** *a*2; *f* := (**real** *u*) **real**: **abs** *u* .

Die erste dieser Wertzuweisungen belegt den Vektor *v* mit einem Wert, in dem die erste Komponente (**skip**) undefiniert ist. In der vierten Wertzuweisung liefert die eingeklammerte Wertzuweisung *x* := 3.5 als Wert den *x* belegenden Hinweis, der zur weiteren Verwendung "dereferenziert" wird, d. h., dessen Wert 3.5 verwendet wird. In der letzten Wertzuweisung wird der *f* belegende Hinweis mit einer Routine belegt. Ein später vorkommender Aufruf *f*(*x*) bedeutet dann, daß nach "dereferenzieren" von *f* (einer Prozedurvariablen) zur Routine (**real** *u*) **real**: **abs** *u* (dem Wert der Prozedurvariablen) diese Routine mit dem aktuellen Parameter *x* (in der Parametervermittlung wird *u* mit *x* durch die Elementaraktion **deklariere** identifiziert, d. h. *u* mit dem Wert von *x* belegt) aufgerufen wird.

7. Programmsteuerung und Sprünge

Die Erzeugung zu verarbeitender Elementaraktionen geschieht in einem Automaten, dem abstrakten Programm. Als abstrakte Programme verwendbare Automatenklassen wurden in I.6 und II.7 betrachtet. In II.7 wurden Kellerautomaten als abstrakte Programme zur Darstellung von Pascalprogrammen benutzt. Derartige Kellerautomaten sollen auch hier verwendet werden. Ihre Zustände sollen ebenfalls geordnete Mengen bilden, damit im ALGOL 68-Programm Zustandsübergänge nur dann explizit zu notieren sind, wenn sie nicht zum Nachfolgezustand im Sinne dieser Ordnung führen. Gewisse Folgen von Elementar aktione werden im ALGOL 68-Programm in Formeln und Einheiten zusammengefaßt.Anufeinanderfolgende Einheiten (vergl. die syntaktische Darstellung in Abb. 37) werden durch ";" getrennt notiert. Da hierbei der von der betreffenden Einheit erzeugte Wert gelöscht wird, kann dieses trennende Semikolon als Darstellung der Elementaraktion **lösche**$_A$ (vgl. III.3.10) angesehen werden.

Wie in Pascal und in anderen Programmierungssprachen treten auch in ALGOL 68 Marken und Sprunganweisungen auf. Marken können wieder als mit einem statischen Niveau versehene Namen angesehen werden, die in einer Markendeklaration mit einem Zustand des abstrakten Programms belegt werden. Eine Folge von Elementaraktionen "**stapel**$_A$ ζ, **stapel**$_A$ M, **deklariere**$_A$" kann das bewirken, wobei ζ ein Zustand des abstrakten Automaten ist und M den zu belegenden Namen einschließlich Niveau bezeichnet. Diese Folgen von Elementaraktionen sollen stets am Anfang des Blockes (einer abgeschlossenen Klausel, die Deklarationen enthält) abgearbeitet werden, obwohl wie üblich der Markenname vor einem Doppelpunkt an der Stelle des ALGOL 68-Programms notiert wird, die dem zur Belegung verwendeten Zustand ζ des abstrakten Programms entspricht.

Die Zustände des abstrakten Programms bilden disjunkte Teilsysteme, die im ALGOL 68-Programm durch Routinen oder Blöcke dargestellt werden. Eine Routine ist als Teilsystem des abstrakten Programms zusammen mit einer partiellen Belegung anzusehen, in der die in der Routine verwendeten nichtlokalen Bezeichnungen als Argumente auftreten (vgl. III.2.3 und III.3.4). Da Routinen als Werte dynamisch erzeugt werden, sind auch diese Bezeichnungen mit dem entsprechenden dynamischen Niveau zu versehen. Routinen werden hiernach von Fall zu Fall als neue Teilsysteme des abstrakten Programms betrachtet, welches daher während der Abarbeitung veränderlich ist. Als Wert einer Belegung kann eine Routine durch ein Tripel aus dem Anfangszustand eines Teilsystems sowie zugehörigem statischen und dynamischen Niveau dargestellt werden. Der Aufruf erfolgt wie in II.7 beschrieben. Im ALGOL 68-Programm wird ein Aufruf durch Hinschreiben einer Routinedarstellung mit ggf. eingeklammert folgenden aktuellen Parametern dargestellt, die in der notierten Reihenfolge zur Belegung der formalen Parameter der Routine dienen.

Ein Sprung, d. h. ein Übergang zu einem explizit angegebenen Zustand des abstrakten Programms oder zu einem als Belegung einer Marke vermittelten

Zustand, wird im abstrakten Programm durch Übergänge wie in (2) und (3) in II.7 dargestellt. Dabei entfällt jedoch bei einem Übergang entsprechend (3) die Speicherung des Rücksprungzustandes. Daher kann auch direkt ein Achttupel (z_n, 1 ζ, ζ, 2, **lösche**$_A$, 0, 0) für den Übergang vom Zustand z_n zum Sprungziel ζ, das als Ausgabe des abstrakten Verarbeitungsautomaten bereitgestellt wird, notiert werden. In einem ALGOL 68-Programm wird das durch eine Notation "**goto** *M*" beschrieben, wobei *M* die mit ζ belegte Marke ist. Da hier wie in II.7 vorausgesetzt wird, daß der ϱ_K belegende Wert als Ausgabe des Verarbeitungsautomaten verwendet wird, ist beim Sprung dieser Wert zu löschen. Daher wird im angegebenen Achttupel die Elementaraktion **lösche**$_A$ als Ausgabe des abstrakten Programms erzeugt (Eingabe des Verarbeitungsautomaten). Da weiter im abstrakten Programm Blöcke innerhalb von Teilsystemen auftreten können und Sprünge in Blöcke hinein nicht erlaubt sind, wird die Methode (3) von II.7 benutzt, d. h., das Sprungziel entsteht als Wert einer der Blockbildung unterworfenen Belegung. Die Übergänge entsprechend (2) in II.7 werden in später zu betrachtenden Auswahlklauseln (bedingten Anweisungen) verwendet. Die übrigen in II.7 betrachteten Übergänge werden hier analog benutzt.

Wird eine Routine der Form $\langle T \rangle$: **goto** *M* ausgeführt, wobei $\langle T \rangle$ ein beliebiger formaler Typerklärer ist, so wird diese Routine nicht bis zur Bereitstellung eines Wertes vom Typ $\langle T \rangle$ geführt, sondern durch Ausführung des Sprunges abgebrochen. Daher liefern alle Routinen dieser Art unabhängig von $\langle T \rangle$ den gleichen Effekt. In Wertzuweisungen an Prozedurvariable kann daher die abgekürzte Schreibweise **goto** *M* statt $\langle T \rangle$: **goto** *M* verwendet werden. Das gilt jedoch nicht in Identitätsdeklarationen, dort ist die vollständige Form zu benutzen. In allen Fällen kann aber überdies auf die Notation des **goto** verzichtet werden. Ein Beispiel ist

[1:3] **proc void** *switch*; *switch* := (*m*1, *m*2, *m*3); *switch* [3] .

In vollständiger Form geschrieben lauten diese Anweisungen

ref [ ] **proc void** *switch* = **loc** [1:3] **proc void**;
switch := (**void**: **goto** *m*1, **void**: **goto** *m*2, **void**: **goto** *m*3);
void (**proc void** (*switch* [3]));

Da *switch* vom Typ **ref proc void** ist, bedeutet *switch* [3] die Auswahl des dritten untergeordneten Hinweises zu dem *switch* belegenden Hinweis. Dieser ist mit der Routine **void**: **goto** *m*3 belegt, und durch **proc void** (*switch*[3]) wird diese Routine dargestellt. Der Aufruf wird durch Deprozedurieren, d. h. durch die Notation **void** (**proc void** (*switch*[3])) dargestellt. Die Typwandler werden jedoch normalerweise nicht hingeschrieben, weil durch die syntaktischen Regeln zum Programmaufbau im allgemeinen gefordert wird, daß die das Programm bildenden Einheiten den Typ **void** haben. Bei den hier angegebenen syntaktischen Bildungsregeln für eine kontextfreie Obersprache wird das allerdings formal nicht berücksichtigt.

8. Programmaufbau

Wie in III.3.10 erwähnt, ist ein ALGOL 68-Programm aus Vorspannen und einem Parallelprozeß, der mindestens ein Betriebsprogramm und ein Nutzerprogramm enthält, zusammengesetzt. Ein *Nutzerprogramm* besteht aus einem *Vorspann*, einer Anzahl von *Einzelprogrammen*, einer speziellen Marke *stop* und einem Nachspann. Hier seien nur Einzelprogramme betrachtet, da sie die eigentlich vom Programmierer herzustellenden Programme sind. Ein solches Einzelprogramm ist eine eventuell markierte *Klausel* vom Typ **void**. Die Klauseln werden in *abgeschlossene Klauseln*, *Kollateralklauseln*, *Parallelklauseln*, *Auswahlklauseln* und *Schleifen* unterteilt. Typisch für ihre Darstellung ist die Verwendung von Klammerpaaren, wobei verschiedene Klammerpaare verwendet werden, und zwar "(" und ")", "**begin**" und "**end**", "**if**" und "**fi**", "**case**" und "**esac**", "**do**" und "**od**". Es ist vorgesehen, aber im allgemeinen nicht zu empfehlen, in einigen Fällen nur das Klammerpaar aus "(" und ")" zu benutzen. In Abb. 38 ist s_{EP} der Anfangszustand des Automatensystems zur Erzeugung von Einzelprogrammen. In einer Klausel sind im allgemeinen Folgen von Anweisungen (*Serien*) enthalten. Darin deklarierte Namen, Indikatoren oder Marken haben die Serie als Lebensbereich. Bereits eine Markendefinition innerhalb einer solchen Serie macht diese zum Block, der neue statische und dynamische Niveaus erhält und in den von außen nicht gesprungen werden kann. Als begrenzende Zeichen für Serien treten auf:

begin, end, (,), if, then, else, elif, fi, case, in, out, ouse, esac, do, od .

Serien werden durch das Teilsystem mit dem Anfangszustand s_{Serie} erzeugt. Da Klauseln als Einheiten auftreten können, entsteht hierdurch die Blockstruktur der Sprache ALGOL 68.

In den Auswahlklauseln treten *Abfrageserien* auf, die einen Lebensbereich von **if** bis **fi** bzw. von **case** bis **esac** definieren. Die darin deklarierten Größen sind also auch in den eingeschlossenen Serien (z. B. zwischen **then** und **else**) verfügbar. Um Sprünge in die Abfrageserie aus diesen inneren Folgen heraus auszuschließen, dürfen Abfrageserien keine Markendefinitionen enthalten. Daher wurde ein besonderes Teilsystem mit dem Anfangszustand s_{AS} eingeführt.

Tritt in einer Serie das Zeichen **exit** auf, so wird an dieser Stelle die Serie verlassen. Auf das Zeichen **exit** muß eine Marke folgen, daher kann es in einer Abfrageserie nicht enthalten sein. Im abstrakten Automaten sind die einzelnen Einheiten einer Serie so geordnet, daß die Zustände der $(k + 1)$-ten Einheit der Serie unmittelbar auf die Zustände der k-ten Einheit folgen. Der erste Zustand der Serie ist Anfangszustand eines Teilsystems, das alle Zustände der Serie enthält. Der letzte Zustand der letzten Einheit ist ein Endzustand des Teilsystems, ebenso wie die letzten Zustände von Einheiten, auf die unmittelbar ein Zeichen **exit** folgt.

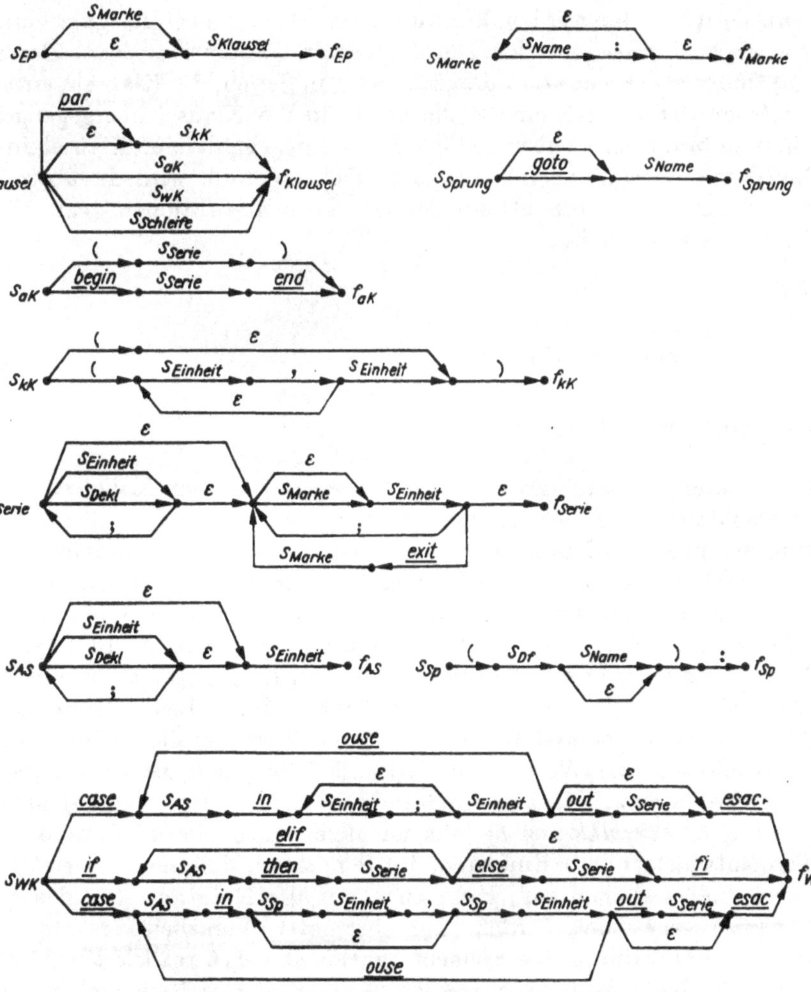

Abb. 38. Automatensystem zur Erzeugung von Einzelprogrammen

Die in einer Serie enthaltenen Deklarationen, d. h. Belegungen von Namen mit Werten, werden ebenfalls in der Reihenfolge, in der sie notiert sind, ausgeführt. Mit Werten belegte Namen können unmittelbar darauf bereits verwendet werden. Man muß allerdings beachten, daß eine Variablendeklaration nur eine Belegung eines Namens mit einem neuen Hinweis bewirkt, der nur mit einem undefinierten Wert belegt ist. Man beachte weiter, daß die Elementaraktionen, die zu der in einem Routinetext hinter ":" stehenden Einheit gehören, zusammen mit den Elementaraktionen zur Parametervermittlung ein Teilsystem des abstrakten Programms bilden, das als Block aufgebaut ist. Das abstrakte Programm muß nun so beschaffen sein, daß derartige Teilsysteme nur ausgeführt werden, wenn sie aufgerufen werden. Ein Aufruf einer Routine bei Belegung eines Namens oder eines Hinweises mit dem Routinetext (in Deklarationen oder Wertzuweisungen) findet also nicht statt. Dagegen wird in Serien, die Klauseln enthalten, bei Erreichen der betreffenden Stelle direkt in die Klausel übergegangen. Solche Klauseln brauchen nicht unbedingt Blöcke zu sein, da eine Klausel, in der keine Deklaration vorkommt, nicht zu den Blöcken gezählt wird. Im abstrakten Programm sind dann die blockbildenden Elementaraktionen (vgl. II.3.11 und III.3.1) nicht enthalten.

9. Klauseln und Schleifen

9.1. Unbedingte Klauseln

Als unbedingte Klauseln seien abgeschlossenen Klauseln, Kollateralklauseln und Parallelklauseln bezeichnet. Eine *abgeschlossene Klausel* ist die Zusammenfassung der in ihr enthaltenen Serie zu einer Einheit, sie beschreibt den gleichen Prozeßablauf wie diese Serie. Abgeschlossene Klauseln besitzen einen Wert, der durch die letzte Einheit der in ihr enthaltenen Serie bestimmt ist. Sie können daher auch als Operanden in Formeln verwendet werden. In einer derartigen Serie ist die syntaktische Position der letzten Einheit stark. Daher können dort alle zulässigen Typumwandlungen auftreten. Ist z. B. die letzte Einheit eine Wertzuweisung, so entsteht ein Hinweis als Wert. Ist die Serie in einer Klausel eingeschlossen, die Werte vom Typ **void** liefern soll, so wird dieser Hinweis durch die automatische Typwandlung "Entwerten" (vgl. III.4.4) zu **empty**.

Eine *Kollateralklausel* besteht im allgemeinen aus mindestens zwei durch Kommata getrennten Einheiten. Im Sonderfall, daß sie als Darstellung eines leeren Feldes dienen soll, kann auch nur die Notation "()" (das sogenannte *Vakuum*) verwendet werden. Im abstrakten Verarbeitungsautomaten kann dieses Vakuum durch eine Elementaraktion $\mathbf{stapel}_A$ **Ø** realisiert werden. Die Einheiten der Kollateralklausel werden in undefinierter Reihenfolge abgearbeitet, die Werte der Einheiten jedoch in der Reihenfolge, in der sie verzeichnet sind, angeordnet. Im hier benutzten Verarbeitungsautomaten werden also die Einheiten wie die in einer Serie zusammengefaßten Einheiten angeordnet, nur fällt jeweils die Elementaraktion $\mathbf{löschen}_A$ weg, so daß eine Folge von Werten entsteht. Um daraus einen Wert (ein Feld) zu erzeugen, wurde in III.3.11 die Elementaraktion $\mathbf{folge}_A$ eingeführt. Dazu ist allerdings vor den Elementaraktionen für die erste in der Kollateralklausel enthaltenen Einheit noch die Elementaraktion $\mathbf{stapel}_A$ **A** zu notieren. Sind alle erhaltenen Werte **empty**, so entsteht daraus wieder der Wert **empty**. Eine Kollateralklausel, in der genau eine Einheit enthalten ist, ist nicht vorgesehen. Diese Notation ist syntaktisch eine abgeschlossene Klausel, deren Wert aber durch Aufreihen auch als Feldwert verwendbar ist. Daher können als Feldwerte formal Kollateralklauseln mit 0,1 oder mehreren

Einheiten benutzt werden. Die durch **folge**$_A$ erzeugte Folge von Werten kann nun in zwei Arten verwendet werden, einmal als Feld mit den Grenzen 1 und n, wobei n die Anzahl der Einheiten ist, und zum anderen als Datensatz (Struktur) aus n Komponenten. Die Typfestlegung erfolgt automatisch ohne Notation eines Typwandlers. Das Beispiel $a1$:= (1.5, **nil**) in III.6 benutzt (1.5, **nil**) als Datensatz vom Typ **liste**. Es ist allerdings erforderlich, daß die Einheiten Werte haben, die mit denen des Datensatzes oder Feldes übereinstimmen oder in sie umgewandelt werden können. Die syntaktischen Positionen in einer Kollateralklausel sind daher alle stark, und eine Kollateralklausel darf nur in starken Positionen auftreten. Daher ist der Typ des von ihr zu erzeugenden Wertes stets durch die Umgebung festgelegt.

Parallelklauseln beginnen mit **par** und haben sonst die gleiche Form wie Kollateralklauseln. Sie sind nicht zur Darstellung von Werten von Datensätzen oder Feldern bestimmt. In einer Parallelklausel können Unterbrechungen und Weiterführungen durch die Elementaraktionen **teilstop** und **teilstart** vorkommen (vgl. III.3.10). Diese werden durch die einstelligen Operatoren **down** und **up** angewandt auf Semaphore dargestellt. Der durch eine Parallelklausel erzeugte Wert ist stets **empty**.

9.2. Auswahlklauseln

Auswahlklauseln können auch als bedingte Klauseln bezeichnet werden, da bei ihrer Ausführung durch Prüfung einer Bedingung eine auszuführende Serie aus den in ihr enthaltenen Serien ausgewählt wird. Sie stellen somit abkürzende Schreibweisen für abstrakte Teilprogramme dar, die mit Hilfe zusätzlicher Marken auch in anderer Form notiert werden können. In diesen abstrakten Teilprogrammen treten bedingte Sprünge mit direkt angegebenen Zielzuständen auf (vgl. II.7, Punkt (2)). Es werden drei Arten von Auswahlklauseln unterschieden, die *Booleschen Klauseln* (beginnen mit **if**), die Klauseln für *ganzzahlige Auswahl* und die *Typprüfungsklauseln* (beginnen mit **case**). In diesen Klauseln muß die hinter **if** bzw. **case** beginnende Abfrageserie, die zuerst ausgeführt wird, einen Wahrheitswert bzw. einen ganzzahligen Wert oder einen Wert beliebigen Typs liefern, der jedoch Bestandteil eines Vereinigungstyps sein muß. Im abstrakten Verarbeitungsautomaten soll bei der Verarbeitung von durch Typprüfungsklauseln dargestellten Programmkonstruktionen die Elementaraktion **ist**$_A$ auf das Resultat der Abfrageserie angewandt werden, wodurch eine Darstellung des Typs erzeugt wird. Die so erzeugten Wahrheitswerte, ganzzahligen Werte oder Typdarstellungen dienen als Eingabe für das abstrakte Programm und veranlassen einen Sprung zum Beginn der dadurch ausgewählten Serie bzw. Einheit. Die auszuwählende Serie wird bei *Booleschen Klauseln* durch die Zeichen **then** (Sprungziel bei Wert **true** der Abfrageserie) oder **else** bzw. **elif** gekennzeichnet (die Alternative). Bei **elif** erfolgt eine erneute Abfrage. Bei *ganzzahligen Klauseln* erfolgt die Auswahl durch Abzählen von Einheiten und bei *Typprüfungsklauseln* durch explizite Angabe des Typs mittels eines eingeklammerten Erklärers vor ":" (eine *Spezifikation*). Liegt bei Klauseln mit ganzzahliger Auswahl die durch die Abfrageserie erhaltene Zahl nicht im Intervall $[1, n]$ (n ist Anzahl der Einheiten hinter **in**) oder ist bei Typprüfungsklauseln der erhaltene Typ nicht in den spezifizierten Typen enthalten, so wird zu der auf **out** oder **ouse** folgenden Serie gesprungen. Ist **out** (**ouse**) oder **else** (**elif**) nicht in der Auswahlklausel enthalten, so ist sie so zu behandeln, als wäre **out skip** bzw. **else skip** notiert, d. h., im Alternativfall wird dann ein beliebiger Wert erzeugt.

Auswahlklauseln können in syntaktischen Positionen beliebiger Stärke stehen (vgl. III.4.4). Die auszuwählenden Serien oder Einheiten können jedoch sowohl syntaktisch stark als auch von der Stärke der gesamten Auswahlklausel sein. Allerdings muß mindestens eine Position die Stärke der Auswahlklausel haben. Man sagt auch, daß die syntaktischen Stärken *ausbalanziert* sein müssen. Zum Beispiel kann eine Auswahlklausel als Operand verwendet werden, sie befindet sich dann in einer syntaktisch festen Position. Daher können nicht alle der Auswahl unterliegenden Teile durch **skip** dargestellt sein, weil **skip** stets syntaktisch stark ist. Die syntaktisch feste Position ist für Operanden erforderlich, um automatische Typumwandlungen wie z. B. Ausweiten von **real** nach **compl** zu unterbinden, da dann für mehrere Typen gleichartig dargestellte Operatoren (z. B. $+$) nicht mehr eindeutig identifizierbar wären. Die Abfrageserie in einer Auswahlklausel hat eine syntaktische Position mittlerer Stärke.

Die *Spezifikation* vor einer in einer Typprüfungsklausel ausgewählten Einheit wird wie eine Parametervermittlung abgearbeitet. Es wird vorausgesetzt, daß im Verarbeitungsautomaten nach Auswahl der auszuführenden Einheit der in ϱ_K stehende Typ wieder gelöscht ist und daher der die Auswahl veranlassende Wert wieder verfügbar ist. Dieser Wert wird dann durch eine Elementaraktion **deklariere**$_A$ zur Belegung des in der Spezifikation verzeichneten Namens. Wenn in der Spezifikation (vgl. Teilsystem mit Anfangszustand s_{S_p} in Abb. 38) kein Name angegeben ist, so soll stattdessen der dem Programmierer nicht zugängliche Name $\aleph$ belegt werden. Der spezifizierte Name ist nur in der betreffenden Einheit zugänglich, sie ist also wie ein Block zu behandeln. Ihre Abarbeitung entspricht daher der einer aufgerufenen Prozedur, im abstrakten Programm ist sie als Teilsystem darzustellen.

Ist die Abarbeitung einer ausgewählten Serie oder Einheit beendet, so ist die Abarbeitung der gesamten Auswahlklausel beendet. Im abstrakten Programm erfolgt also am Ende jeder ausgewählten Serie oder Einheit ein Übergang zum Schlußzustand der gesamten Klausel, dem im ALGOL 68-Programm die der "öffnenden Klammer" **if** oder **case** zugeordnete schließende Klammer " **fi** oder **esac** entspricht.

Beispiele für Auswahlklauseln sind:

(1) **if** $x < 0$ **then** $x := -x$ **fi**

(2) **if ref liste**($a3$) **isnt nil then** $a3 := n$ **of** $a3$ **else goto** *aus* **fi** (vgl. III.6)

(3) **case** n **in** $x := a - b$, **case** *farbe* **in** $s(x)$, $t(a, b)$ **esac** ,
$x := x + 1$ **esac**

(4) **case** *produkt* **in** (**butter** *b*): *print* (*gewicht* **of** *b*) ,
(**eier** *e*): *print* (*anzahl* **of** *e*) **esac** ,
wobei folgende Deklarationen gelten sollen:
mode butter = **struct** (**real** *gewicht*, **string** *erzeuger*);
mode eier = **struct** (**int** *anzahl*, **string** *erzeuger*);
union (**butter**, **eier**) *produkt* .

9.3. Schleifen

Schleifen entsprechen den Wiederholungsanweisungen in Pascal (vgl. II.9). Sie sind ebenfalls abkürzende Schreibweisen für gewisse Programmkonstruktionen, die unter Verwendung bedingter Sprünge ablaufen. Abb. 39 zeigt ein Teilsystem zur Erzeugung von Schleifen.

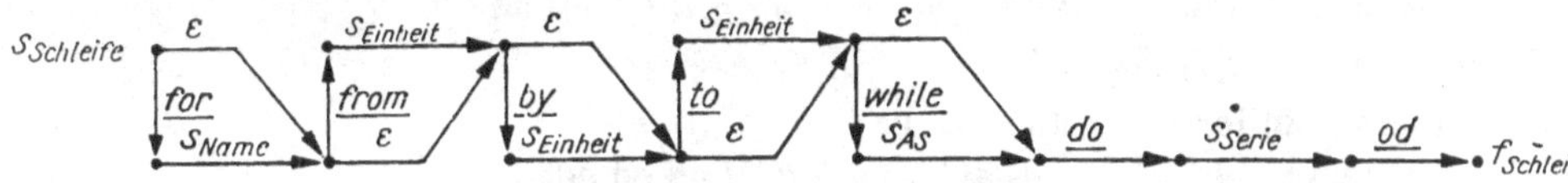

Abb. 39. Teilsystem zur Erzeugung von Schleifen

Eine hiernach gebildete Schleife der Form

for *i* **from** *u*1 **by** *u*2 **to** *u*3 **while** *a* **do** *s* **od**

ist eine abkürzende Schreibweise für die abgeschlossene Klausel

begin int %*f* := *u*1; **int** %*b* = *u*2; **int** %*t* = *u*3;
% *schritt*: **if** (%*b* > 0 **and** %*f* ≦ %*t*) **or** (%*b* < 0 **and** %*f* ≧ %*t*)
or %*b* = 0 **then**
int *i* = %*f*; **if** *a* **then** *s*; %*f* := %*f* + %*b*; **goto** %*schritt* **fi**
fi end

Die mit % beginnenden Namen sind von allen anderen im Programm benutzten Namen verschieden. Die Bezeichnungen *u*1, *u*2, *u*3 und *a* sind Abkürzungen für Einheiten bzw. für eine Abfrageserie, *i* für einen beliebigen Namen und *s* für eine Serie.

Verbal läßt sich die Wirkung einer Schleife wie folgt erklären: Der hinter **for** stehende Name bezeichnet innerhalb der Schleife eine ganzzahlige Konstante (keine Variable), deren Wert wiederholt neu definiert wird. Anfangs wird er durch den Wert der hinter **from** stehenden Einheit definiert. Wenn dieser Wert in einer durch die hinter **by** angegebene Schrittweite bestimmten Richtung den hinter **to** angegebenen Endwert noch nicht überschritten hat und außerdem die hinter **while** angegebene Bedingung erfüllt ist, so wird die hinter **do** stehende Serie ausgeführt. Nach erneuter Definition von *i* durch den alten um die Schrittweite erhöhten Wert wird die Ausführung wieder versucht.

Die angegebene ausführliche Schreibweise zeigt, daß *u*1, *u*2 und *u*3 ganzzahlige Einheiten sein müssen, ihre syntaktische Position ist von mittlerer Stärke (vgl. III.4.4). Die Abfrageserie *a* muß einen Wahrheitswert liefern, ihre syntaktische Position ist ebenfalls von mittlerer Stärke.

Es sind nun folgende Vereinfachungen möglich: Kommt *i* in *a* und *s* nicht vor, so kann **for** *i* entfallen. In der ausführlichen Schreibweise ist dann *i* durch das nicht zugängliche $\aleph$ zu ersetzen. Weiter können **from** 1 und **by** 1 weggelassen werden. Auch **to** *u*3 kann weggelassen werden, die entstandene Schleife wird dann so behandelt, als sei **to** %*f* notiert. Die hinter dem ersten **if** der ausführlichen Schreibweise stehende Formel liefert dann stets **true**. Ebenso kann **while true** weggelassen werden. Die Schreibweise **do** *s* **od** bewirkt hiernach eine unbeschränkt häufige Ausführung von *s*, sofern nicht innerhalb *s* eine Unterbrechung z. B. durch einen Sprung erfolgt.

Beispiele für Schleifen sind (vgl. II.9):

(1) **while** $x > 1$ **and** $x < 2$ **do** $x := x + h$; *print*(*f*(*x*)) **od**

(2) **for** *i* **to** *n* **do** $x[i] := i$ **od**

(3) **for** *i* **to** *n* **do for** *j* **to** *n* **do** $s := 0$;
for *k* **to** *n* **do** $s := s + a[i, k] * b[k, j]$ **od od od**

(4) **for** *stein* **from** *dame* **by** −1 **to** *bauer* **do** *pruefe*(*stellung*) **od** .

10. Beziehungen zwischen Typen

Typen sind Mengen von Daten. Sie wurden einschließlich ihrer Darstellungen durch Erklärer in III.1 und III.2 betrachtet. Durch Typdefinitionen (vgl. III.3.7 und III.5.2) wird die Bildung neuer Typen aus vorhandenen beschrieben. Es besteht in gewissem Umfang dabei die Möglichkeit, auch *rekursive* Definitionen zuzulassen, d. h. einen Typ mit Hilfe der bei der Typbildung verwendeten Methoden in Abhängigkeit von sich selbst zu definieren. Die dabei auftretende Grundform ist

mode a $= F($**a**$)$,

wobei $F($**a**$)$ eine **a** enthaltende Form eines aktuellen Erklärers ist. Diese Schreibweise kann als eine Gleichung zwischen Mengen betrachtet werden, von der verlangt wird, daß sie eine eindeutig bestimmte kleinste nichtleere Lösung besitzt. Eine solche Lösung **a** hat die Eigenschaft, daß für jede Menge X, für die $X = \mathfrak{F}(X)$ gilt, auch **a** $\in X$ gilt. Dabei bezeichnet $\mathfrak{F}$ die Mengenfunktion, die durch die Form F beschrieben wird. $\mathfrak{F}$ kann nun aus Grundfunktionen zusammengesetzt werden, die mit *Ref*, *Proc*, *Struct*, *Union* und *Array* bezeichnet werden und den Schreibweisen **ref**, **proc**, **struct**, **union** und [ ] in F entsprechen.

Jedem in einer Datenmenge enthaltenen Wert wird eine Referenzstufe zugeordnet, und es wird verlangt, daß jeder Typ so in endlich viele Teilmengen zerlegt werden kann, daß jede Teilmenge nur Werte einer einzigen Referenzstufe enthält. Durch die Abbildung $Ref(X)$ wird nun einem Typ X ein neuer Typ zugeordnet, der in die gleiche Anzahl von Referenzstufen zerlegbar ist wie X. Sei also $X = \bigcup_{i=1}^{n} X_i$ diese Zerlegung und $Stufe(X_i) = k_i$, wobei *Stufe* eine Funktion ist, die X_i die feste Referenzstufe k_i zuordnet. Dann soll eine Zerlegung $Ref(X) = \bigcup_{i=1}^{n} Y_i$ mit $Stufe(Y_i) = k_i + 1$ existieren, d. h., für jedes $y \in Y_i$ soll $Stufe(y) = k_i + 1$ gelten.

Wird nun die der Gleichung $\mathbf{a} = Ref(\mathbf{a})$ entsprechende Form **mode a = ref a** betrachtet, so folgt aus einer Zerlegung $\mathbf{a} = \bigcup_{i=1}^{n} \mathbf{a}_i$, daß eine zweite Zerlegung $Ref(\mathbf{a}) = \mathbf{a} = \bigcup_{i=1}^{n} \mathbf{a}_i$ existiert, in der $Stufe(\mathbf{a}_i) = Stufe(\mathbf{a}_i) + 1$ gilt. Dieser Widerspruch begründet, daß eine Typdefinition der Art **mode a = ref a** nicht zugelassen wird. Weiter wird postuliert, daß eine Bildung der Form $F(X)$, die nicht mit **ref** beginnt, stets die Referenzstufe 0 hat.

Durch eine Mengenfunktion $Struct(X_1, \dots, X_n)$ wird einer gegebenen Anzahl n von Typen X_i das kartesische Produkt dieser Typen zugeordnet. Ist also $x_i \in X_i$, so ist das n-tupel $(x_1, \dots, x_n) \in Struct(X_1, \dots, X_n)$, und umgekehrt hat jeder Wert aus $Struct(X_1, \dots, X_n)$ die Form eines solchen n-tupels. Die Darstellung der Funktion *Struct* durch einen Erklärer geschieht durch

struct($\mathbf{x}_1$ sel_1, ... , $\mathbf{x}_n$ sel_n) ,

wobei die $\mathbf{x}_i$ Erklärer für die X_i sind und die sel_i beliebige voneinander verschiedene Namen. Eine Bildung der Form **mode a = struct (ref a** *sel*) definiert einen Typ, der nur Elemente der Referenzstufe 0 enthält, die aus jeweils einem Element der Referenzstufe 1 "zusammengesetzt" sind, das auf ein Element des Typs **a** verweist. Daher werden diese Bildungen, in denen das **ref** durch ein **struct** "abgeschirmt" wird, zugelassen.

Einem Datensatz d (Wert eines mit **struct** beginnenden Typs) mit n Komponenten d_i wird nun eine natürliche Zahl als Strukturtiefe zugeordnet. Die Strukturtiefe ist 1, wenn keine der Komponenten wieder ein Datensatz ist. Sind aber gewisse Komponenten Datensätze, so wird die Strukturtiefe so bestimmt, daß die maximale Strukturtiefe dieser Datensätze um 1 erhöht wird. Es ist also

$$Tiefe(d) = \max_{1 \leq i \leq n} Tiefe(d_i) + 1 ,$$

wobei $Tiefe(d)$ bzw. $Tiefe(d_i)$ die Strukturtiefen des Datensatzes bzw. der Komponenten d_i bezeichnen. Ist eine Komponente d_i kein Datensatz, so gilt $Tiefe\ (d_i) = 0$. Analog zur Festlegung über die Referenzstufen wird nun gefordert, daß jeder Typ in eine endliche Anzahl von Teilmengen zerlegt werden kann, für die die Strukturtiefe konstant ist. Diese Forderung schließt Typdefinitionen der Art **mode a = struct(a** *sel*) aus, da hier der Widerspruch $Tiefe(\mathbf{a}_i) = Tiefe(\mathbf{a}_i) + 1$ auftritt, wobei $\mathbf{a}_i$ eine Teilmenge von **a** bezeichnen soll, in der die Strukturtiefe konstant ist und $Tiefe(\mathbf{a}_i)$ diese bezeichnet.

Entsprechend kann eine *Feldtiefe* definiert werden. Sind die Komponenten eines Feldes keine Felder, so ist die Feldtiefe 1, andernfalls ist die Feldtiefe um 1 höher als die Tiefe der Komponenten. Werte, die keine Felder sind, haben die Feldtiefe 0. Aus der Forderung, daß ein Typ in eine endliche Zahl von Teiltypen mit konstanter Feldtiefe zerlegbar sein soll, folgt analog wie soeben, daß Typdefinitionen wie z. B. mode **a** = [1:10] **a** nicht zulässig sind.

Im ALGOL 68-Bericht werden nun durch syntaktische Regeln gewisse Typdefinitionen ausgeschlossen, und zwar folgende:

(1) Auf der rechten Seite kommt der zu definierende Typ ohne Zwischenschaltung der abschirmenden Zeichen **struct** und **ref** oder **proc** ohne folgenden Parameterplan vor.

(2) Auf der rechten Seite kommt der zu definierende Typ ohne Zwischenschaltung eines abschirmenden Zeichens **proc** mit Parameterplan vor.

(3) Auf der rechten Seite steht ein Typ, der in einer weiteren Typdefinition mit Hilfe des zu definierenden Typs ohne Zwischenschaltung abschirmender Zeichen definiert wird bzw. in einer Kette von Typdefinitionen ohne Verwendung abschirmender Zeichen auf den definierenden Typ zurückgeführt wird.

Hiernach sind z. B. folgende "Typdefinitionen" inkorrekt:

mode falsch1 = [1:10] **ref falsch1**; **mode falsch2** = **ref**[1:10] **falsch2**;

mode falsch3= **proc falsch3**; **mode falsch4** = **falsch5**;

mode falsch5 = **ref falsch4**; **mode falsch6** = **union** (**real**, **falsch6**) .

Korrekt sind aber folgende Typdefinitionen:

mode b = **proc** (**real**) **b**; **mode c** = **proc** (**c**) **c**; **mode d** = **ref e**;

mode e = **struct** (**real** *s*1, **d** *s*2); **mode f** = **ref struct** (**f** *s*3).

Schließlich ist noch zu bemerken, daß bei der Vereinigung von Typen die zu vereinigenden Typen nicht nur disjunkt, sondern auch unabhängig sein müssen. Sie heißen *unabhängig*, (genauer unabhängig von mittlerer Stärke), wenn ihre Werte nicht durch Deprozedurieren oder Dereferenzieren ineinander überführbar sind. Daher sind z. B.

mode falsch7 = **union** (**proc real**, **real**);

mode falsch8 = **union** (**ref int**, **int**);

mode falsch9 = **union** (**real**, **int**, **ref falsch9**)

unzulässige "Typdefinitionen" .

In einem ALGOL 68-Programm können nun verschiedene Erklärer für den gleichen Typ verwendet werden, wenn diese Erklärer durch Einsetzen unter Benutzung von Typdefinitionen ineinander überführbar sind. In diesem Falle heißen die Erklärer *äquivalent*. Eine rekursive Definition eines Typs kann weiter durch Ersetzen des rekursiv definierten Indikators durch einen anderen Indikator in eine äquivalente Typdefinition umgeformt werden. Die beiden Indikatoren sind dann äquivalent. Zum Beispiel ist

(1) **mode a** = **struct** (**ref a** *s*1)

in

(2) **mode b** = **struct** (**ref b** *s*1)

umformbar, und dieses wieder durch Einsetzen in

(3) **mode b** = **struct** (**ref struct** (**ref b** *s*1) *s*1) .

Sind also in einem Programm z. B. die erste und dritte Typdefinition enthalten, so bezeichnen **a** und **b** die gleiche Wertart. Es kann also eine mit **b** *v* deklarierte Variable zur Bewertung einer mit **a** *w* deklarierten anderen Variablen verwendet werden.

11. Ergänzungen

11.1. Spezielle Wertzuweisungen

Es ist in ALGOL 68-Programmen möglich, für gewisse Wertzuweisungen kürzere Schreibweisen einzuführen. Zum Beispiel kann statt "$x := x + 1.0$" auch "$x + := 1.0$" geschrieben werden. Dabei ist $+:=$ ein zweistelliger Operator, dessen erster Operand vom Typ **ref real** und dessen zweiter Operand vom Typ **real** ist. Der gleiche Operator ist auch für Operanden **ref long** ··· **long real** und **long** ··· **long real**, **ref short** ··· **short real** und **short** ··· **short real** sowie für die entsprechenden ganzzahligen und komplexen Operanden definiert. Es kann auch der erste Operand ein Hinweis auf einen reellen Wert sein, der zweite ein ganzzahliger Wert, d. h., statt "$x +:= 1.0$" darf auch "$x +:= 1$" geschrieben werden, ebenso kann der erste Operand ein Hinweis auf einen komplexen Wert sein, der zweite ein reeller oder ganzzahliger Wert. Das Resultat ist in jedem Falle ein Hinweis, der mit dem neu berechneten Wert belegt ist.
Operatoren dieser Art sind

$+:=$, $-:=$, $*:=$, $/:=$, **overab**, **modab** .

Dabei ist **overab** eine Abkürzung für "over and becomes". Entsprechendes gilt für **modab**. Diese beiden Operatoren sind nur für Operanden der Typen **ref int** und **int** bzw. die verlängerten oder verkürzten Versionen dieser Typen definiert. Die Operatoren $+:=$ und $*:=$ sind auch für Zeichenketten definiert. Entsprechende Operatordeklarationen (vgl. III.5.3) sind

op $+:=$ = (**ref string** *a*, **string** *b*) **ref string**: $a := a + b$;
op $+:=$ = (**ref string** *a*, **char** *b*) **ref string**: $a := a +$ **string**(b);
op $*:=$ = (**ref string** *a*, **int** *b*) **ref string**: $a := a * b$.

Schließlich kann auch eine Zeichenkette *a* vor eine Zeichenkette *b* gesetzt werden, dazu dient die Operation **plusto**, definiert durch

op plusto = (**string** *a*, **ref string** *b*) **ref string**: *b* := *a* + *b*;

op plusto = (**char** *a*, **ref string** *b*) **ref string**: *b* := **string**(*a*) + *b* .

Die Priorität aller hier eingeführten Operationen ist 1, d. h., sie werden in Formeln zuletzt ausgeführt. Die bisher betrachteten Standardoperatoren haben alle eine größere Priorität.

11.2. Ein- und Ausgabe

Zur Beschreibung von Ein- und Ausgabevorgängen werden Standardprozeduren und der Standardtyp **file** benutzt (vgl. III.3.8). Werte vom Typ **file** heißen Dateien. Eine *Datei* ist formal ein Datensatz, der einen Hinweis auf eine in einem Buch zusammengefaßte Information enthält. Dieses Buch ist über einen Kanal erreichbar, wenn die Datei auf diesem Kanal eröffnet ist. Dazu dient eine der Standardprozeduren *establish*, *create* oder *open*. Soll eine Datei nicht mehr benutzt werden, kann durch *scratch*, *close* oder *lock* die Eröffnung rückgängig gemacht werden (vgl. III.3.9). Mit einer Standardprozedur *get* können Informationen aus dem über die Datei erreichbaren Buch zur Bewertung von in einem Vektor zusammengefaßten Hinweisen oder auch von einem einzelnen Hinweis verwendet werden. Mit der Standardfunktion *put* werden in einem Vektor zusammengefaßte Werte oder ein Einzelwert an das betreffende Buch angefügt. Wie in III.3.8 erwähnt, kann die Eingabe über eine Standardeingabedatei durch *read* kürzer beschrieben werden. Die Ausgabe auf eine Standardausgabedatei kann ebenfalls durch *print* kürzer dargestellt werden. In III.3.8 und III.3.9 wurden die Möglichkeiten zur Ein- und Ausgabe etwas ausführlicher behandelt, für eine umfassende Darstellung sei auf [7] und [9] verwiesen.

Wie in III.3.10 erwähnt, ist ein ALGOL 68-Programm aus Standardvorspann, Bibliotheksvorspann, Systemvorspann und einem Parallelprozeß, der mindestens ein Betriebsprogramm und ein Nutzerprogramm enthält, zusammengesetzt. Im Bibliotheksvorspann können Angaben über die Ausstattung eines Übersetzungssystems mit zusätzlichen Prozeduren enthalten sein, im Systemvorspann Angaben über die Ausrüstung einer Anlage. Zum Beispiel können dort Kanäle deklariert werden, etwa

channel *lsaus* = ((**ref** %**book** *b*) **bool**: **false** ,
(**ref** %**book** *b*) **bool**: **false**, (**ref** %**book** *b*) **bool**: **false**,
(**ref** %**book** *b*) **bool**: **true**, (**ref** %**book** *b*) **bool**: **false** ,
(**ref** %**book** *b*) **bool**: **false**, (**ref** %**book** *b*) **bool**: **false** ,
bool: **true**, %**pos**: (1, 1, 100000) ,
standconv(*stand out channel*), 1) .

Der Kanal hat die Nummer 1 und den Namen *lsaus* (Lochstreifenausgabe). Er liefert für die Prozeduren %*put* und %*estab* den Wert **true**, für alle anderen

Prozeduren mit einem Resultat vom Typ **bool** den Wert **false** (vgl. III.3.8). Die maximale Position ist Seite 1, Zeile 1, Zeichen 100000. Als Umwandlungsprozedur %*standconv* wird in diesem Kanal die Umwandlungsprozedur des Standardausgabekanals verwendet. Dazu ist im Standardvorspann die Deklaration

proc *standconv* = (**channel** *chan*) **proc**(**ref** %**book**) %**conv**:
%*standconv* **of** *chan*

enthalten, deren Aufruf mit dem Parameter *stand out channel* die gewünschte Umwandlungsprozedur als Wert liefert. Entsprechend kann ein Kanal *lsein* deklariert werden, in dem nur die Prozedur %*get* den Wert **true** liefert und *standconv* (*stand in channel*) als Umwandlungsprozedur verwendet wird. Derartige Deklarationen dürfen nicht in Einzelprogrammen enthalten sein, weil in ihnen mit % beginnende Namen und Indikatoren vorkommen.

Für jedes spezielle Nutzerprogramm müssen nun Eingabedaten vorbereitet werden und gegebenenfalls auch Bücher für die Ausgabe bereitgestellt werden. Dazu muß die im Standardvorspann durch **ref** %**bfile** %*chainbfile* := **nil** deklarierte und mit **nil** belegte Variable %*chainbfile* neu belegt werden. Das geschieht im *Nutzervorspann*. Im allgemeinen werden die notwendigen Vorbereitungsarbeiten nicht in ALGOL 68 sondern in maschinenabhängiger Form beschrieben. Dennoch besteht die Möglichkeit, diese Operationen in ALGOL 68 auszudrücken. Zum Beispiel bewirkt die Wertzuweisung

%*chainbfile* := %**prim** %**bfile** := (*book*, %*chainbfile*) ,

daß ein Hinweis mit statischem und dynamischem Niveau −1 (veranlaßt durch das bisher nicht benutzte Zeichen %**prim**) erzeugt wird und mit dem Datensatz (*book*, %*chainbfile*) belegt wird. Dieser Hinweis (vom Typ **ref** %**bfile**) wird Wert der Variablen %*chainbfile*. Ist dieser Wert vor der Wertzuweisung **nil**, so ist der belegende Datensatz (*book*, **nil**). Diese Wertzuweisung kann als ALGOL 68-Darstellung der in III.3.8 eingeführten Elementaraktion **chainbfile** β angesehen werden, wobei β durch *book* dargestellt wird. Die Belegung dieser Variablen *book* vom Typ **ref** %**book** mit entsprechenden Informationen kann ebenfalls in ALGOL 68 beschrieben werden, was der Konstruktion eines Eingabeautomaten der in III.3.8 erwähnten Art entspricht. Darauf sei hier nicht näher eingegangen.

Ein Beispiel erläutere die Programmierung von Ein- und Ausgabevorgängen. Dazu sei vorausgesetzt, daß zwei Kanäle *lsaus* und *lsein* deklariert sind. In %*chainbfile* werde auf ein Buch mit leerem Titel (" ") hingewiesen, dessen Text mit Zeichen belegt ist, die bei einer Eingabe an reellwertige Variable als reelle Zahlen interpretiert werden. Dabei sollen Trennzeichen zwischen den externen Zahlendarstellungen automatisch berücksichtigt werden:

```
begin file f, g; real x; open(f, " ", lsein); create(g, lsaus);
on logical file end(f, (ref file file) bool: bool aus);
do get(f, x); put(g, x); put(g, space) od;
aus: skip end
```

Durch *create*(*g*, *lsaus*) wird ein Buch mit dem in *lsaus* angegebenen Umfang für den zugeordneten Text erzeugt und mit *g* verbunden, dessen logisches Ende (*lpos*) auf (1, 1, 1) gesetzt wird. Dabei wird die laufende Position der *g* belegenden Datei ebenfalls auf (1, 1, 1) gesetzt. Bei *put*(*g*, *x*) wird *x* in dieses Buch geschrieben, und die laufende Position der Datei ebenso wie das logische Ende des Buches werden erhöht. Mit *on logical file end*(. . .) wird in der *f* belegenden Datei die mit %*logical file mended* ausgewählte Komponente mit der Routine (**ref file** *file*) **bool**: **goto** *aus* belegt (vgl. III.7). Dadurch wird bewirkt, daß bei Erreichen des logischen Dateiendes von *f* (Ende des zugeordneten Eingabebuches) diese Prozedur ausgeführt wird, d. h. zu "*aus*: **skip**" gesprungen wird. Man beachte dabei, daß die aus ALGOL 60 und Pascal bekannten Leeranweisungen (vgl. Abb. 17) in ALGOL 68 durch **skip** zu ersetzen sind. In *put*(*g*, *space*) ist *space* eine Standardprozedur, die die Ausgabe eines Leerzeichens, d. h. die Erhöhung der laufenden Position, bewirkt. Sowohl bei Eingabe als auch bei Ausgabe ist *x* durch Aufreihen in einen Wert vom Typ [1:1] **ref real** bzw. [1:1] **real** umzuwandeln.

Schließlich sei noch bemerkt, daß bei Auftreten eines Ausnahmezustandes (z. B. logisches Dateiende) nach Ausführung der dabei aufgerufenen Prozedur nur dann in der Ein- oder Ausgabe fortgefahren werden kann, wenn diese Prozedur den Wert **true** liefert. Andernfalls wird angehalten, es sei denn, die betreffende Prozedur enthält einen Sprung, der die Rückkehr zur Ein- oder Ausgabeprozedur verhindert.

12. Beispiele

Zu den Beispielen von Pascalprozeduren und Pascalprogrammen in II.12 seien hier entsprechende ALGOL 68-Konstruktionen angegeben.

```
(1) proc([ ] real, int) real polynom =
        ([ ] real a, real x, int grad) real:
        begin ref real s = loc real; s := a[grad];
            for i from grad − 1 by − 1 to 0 do s := s * x + a[i] od;
            s end
(2) proc skalprod = ([ ] real x, y, int n) real:
        begin real s := 0; for i to n do s := s + x[i] * y[i] od;
              s end
(3) proc matmult = (ref [ ,] real a, b, c, ref int n) void:
        begin real s; for i to n do for j to n do s := 0;
              for k to n do s +:= a[i, k] * b[k, j]; c[i, j] := s od od od
        end
(4) proc tafel = (real a, b, h, ref file aus, proc(real)real f) void:
            begin real x := a; while x ≦ b do put(aus, x);
                    put(aus, f(x)); x +:= h od end
```

```
(5) begin mode v020 = [0:20] real; int grad; real anfang,
        ende, schritt; v020 koeff; file eingabe, ausgabe;
        open(eingabe, " ", lsein); create(ausgabe, lsaus);
        proc polynom = . . . (s. o.);
        proc tafel = . . . (s. o.);
        proc pol = (real x) real: polynom (koeff, x, grad);
        get(eingabe, grad);
        for i from 0 to grad do get(eingabe, koeff[i]) od;
        for i from grad + 1 to 20 do koeff [i] := 0 od;
        get(eingabe, (anfang, ende, schritt));
        tafel(anfang, ende, schritt, ausgabe, pol) end
```

Zu diesem Beispiel ist zu bemerken, daß **v020** nur in Analogie zum betreffenden Pascalbeispiel eingeführt wurde. Die Typen **v020** und [ ] **real** sind verträglich, da **real** einen formalen Erklärer für **v020** darstellt. Würde in (1) **v020** statt [ ] **real** verwendet, was nach dem syntaktischen Regeln des ALGOL 68-Berichtes möglich ist, so könnten nur Vektoren mit 20 Elementen zur Belegung des Parameters *a* verwendet werden, während in der angegebenen Form beliebige reellwertige Vektoren zulässig sind. Zur Eingabe ist zu bemerken, daß mit

get(*eingabe*, (*anfang*, *ende*, *schritt*))

drei Werte mit einem Aufruf von *get* eingelesen werden. Die verwendeten Kanäle *lsein* und *lsaus* seien in einem Vorspann deklariert (vgl. III.11.2).

Wird auf die unnötige Einführung von **v020** verzichtet, so läßt sich das Programm wesentlich kürzer schreiben. Dabei wird berücksichtigt, daß Anweisungen (Einheiten, die keine Deklarationen sind), zwischen Deklarationen abgearbeitet werden können:

```
(5a) begin int grad; real anfang, ende, schritt; file eingabe,
        ausgabe; open(eingabe, " ", lsein); get(eingabe, grad);
        [0: grad] real koeff; get(eingabe, koeff);
        create(ausgabe, lsaus);
        proc polynom = . . . (s. o.);
        proc tafel = . . . (s. o.);
        proc pol = (real x) real: polynom(koeff, x, grad);
        get(eingabe, (anfang, ende, schritt));
        tafel(anfang, ende, schritt, ausgabe, pol) end
```

```
(6) begin mode vorgang = struct(int nummer, tag, monat, jahr,
                                real betrag, int zeiger) ,
        konto = struct(string name, int nummer, real saldo,
                       bool sperre, int hinweis, weiter);
        vorgang element; [1:10000] konto konten;
        [1:10000] vorgang archiv; file stamm, eingabe, archivband;
        konto anfang; bool h := true, int s, p;
        proc eof = (ref file file) bool:
            begin h := false; true end;
```

```
open(archivband, "archiv", mb1);
logical file end(archivband, eof);
for i while h do get(archivband, archiv [p := i]) od;
open(stamm, "stamm", mb2); h := true;
logical file end (stamm, eof); get(stamm, anfang);
for i while h do get (stamm, konten[i]); od; h := true;
s := weiter of anfang; open(eingabe, " ", ls1);
logical file end(eingabe, eof); while h do
   get(eingabe, element);
   while nummer of konten[s] ≠ nummer of element do
      s := weiter of konten[s] od;
   zeiger of element := hinweis of konten [s];
   p := p + 1; hinweis of konten[s] := p;
   saldo of konten[s] +:= betrag of konten [s];
   sperre of konten[s] := saldo of konten[s] < 0;
   archiv[p] := element od end
```

In diesem Beispiel sind die Klassen aus Pascal durch Felder ersetzt worden. Der Grund dafür ist, daß in ALGOL 68 Hinweise nicht zur Ein- und Ausgabe verwendbar sind, also auch in ein- oder auszugebenden Datensätzen keine Hinweise enthalten sein dürfen. Die entsprechenden Verweise sind dennoch in den Datensätzen vorhanden, jetzt aber in Form von Indizes. Dadurch ist die Verkettung der Konten zu einem Ring ebenfalls möglich. Im Beispiel werden für die Klassen aus Pascal keine Felder mit flexiblen Hinweisen verwendet, da deren Erweiterung schwierig zu programmieren ist. Es kann nämlich kein Hinweis auf eine noch nicht existierende Feldkomponente notiert werden. Stattdessen muß der Hinweis auf das gesamte Feld mit einem neuen Feld entsprechenden Umfangs belegt werden. Über die in der Eingabe verwendeten Kanäle *mb1*, *mb2* und *ls1* wird vorausgesetzt, daß sie im Vorspann mit ihrer Verwendung entsprechenden Eigenschaften deklariert sind.

```
(7) proc sortierb = (int, a, e, ref bits hand, farbe, ref int umfang) void;
   begin farbe := bin 0; umfang := 0;
         [ ] bool(farbe) [a:e] := hand[a:e]; for k from a to e
         do if k elem hand then umfang +:= 1 fi od end
```

In diesen Beispielen sind die Elemente des Typs *karte* aus II.12 durch Bits in einer Bitfolge vom Typ **bits** ersetzt, wobei vorausgesetzt wird, daß *bitswidth* genügend groß ist. In einer der Mengen aus II.12 enthaltene Elemente werden hier durch **true** in der entsprechenden Stelle dargestellt, nicht vorhandene Elemente durch **false**. In der Prozedur wird der Teil der Bitfolge zwischen den Stellen *a* und *e* von *hand* in *farbe* übertragen, wobei Teilfelder benutzt werden.

Literaturverzeichnis für Kapitel I—III

[1] Bauer, F. L. und G. Goos: Informatik, Berlin, Heidelberg, New York, 1971.

[2] Gluschkow, W. M.: Теория автоматов и формалные преобразования микропрограмм, Кибернетика, № 5, 1—9 (1965)
Automatentheorie und formale Umformung von Mikroprogrammen, Kibernetika Nr. 5, 1—9 (1965).

[3] Gluschkow, W. M.: Теория автоматов и вопросы проектирования структур цифровых машин, Кибернетика, № 1, 3—11 (1969)
Automatentheorie und Fragen des Entwurfs der Struktur von Digitalrechnern, Kibernetika Nr. 1, 3—11 (1965).

[4] Jensen, K. and N. Wirth: Pascal, User Manual and Report, Berlin, Heidelberg, New York, 1974.

[5] Lifschiz, W. N. und L. E. Sadowskii: Алгебраические модели вычислительных машин, Успехи мат. наук XXVII, 3 (165), 79—125 (1972).
Algebraische Modelle von Rechenmaschinen, Uspechi Mat. Nauk **27**, 3 (165), 79—125 (1972).

[6] Lindsey, C. H.: ALGOL 68 with fewer tears, The Computer Journal **15**, 176—188 (1972).

[7] Lindsey, C. H. and S. G. van der Meulen: Informal introduction to ALGOL 68, Amsterdam, London, 1971.

[8] Van Wijngaarden, A., Mailloux, B. J., Peck, J. E. L., and C. H. A. Koster: Report on the algorithmic language ALGOL 68, Num. Math. **14**, 79—218 (1970).
(In deutscher Fassung herausgegeben von I. O. Kerner, Akademie-Verlag, Berlin 1972).

[9] Van Wijngaarden, A., Mailloux, B. J., Peck, J. E. L., Koster, C. H. A., Sintzoff, M., Lindsey, C. H., Meertens, L. G. L. T., and R. G. Fisker: Revised Report on the algorithmic language ALGOL 68, Technical Report TR 74-3, Department of Computing Science, The University of Alberta, Edmonton, 1974.

[10] Wirth, N.: The programming language Pascal, Acta Informatica **1**, 35—63 (1971).

Literaturverzeichnis zum Anhang

[11] Backus, J. W.: The syntax and semantics of the proposed international algebraic language of the Zurich ACM-GAMM conference, Proc. intern. Conf. Inf. Proc., UNESCO, Paris 1959, 125—132.

[12] Chomsky, N.: Three models for the description of language, IRE Transactions on Information Theory IT-2, 113–124 (1956).
[13] Ginsburg, S.: The mathematical theory of contextfree languages, New York 1966.
[14] Sintzoff, M.: Existence of a van Wijngaarden syntax for every recursively enumerable set, Annales Soc. Sci. de Bruxelles, 1967.

Anhang

1. Verzeichnis von Fachbegriffen

Das erste der beiden folgenden Verzeichnisse enthält englische Begriffe des Originalberichtes über Pascal [10], denen entsprechende englische Begriffe des revidierten ALGOL 68-Berichtes [9] und die hier verwendeten deutschen Begriffe gegenübergestellt werden. Die ALGOL 68-Begriffe sind eingeklammert, wenn sie den Pascal-Begriffen nur annähernd entsprechen. Im zweiten Verzeichnis sind englischen Begriffen des revidierten ALGOL 68-Berichtes die Begriffe der deutschen Version [8] des ursprünglichen ALGOL 68-Berichtes gegenübergestellt.

1.1. Pascalbegriffe

Original	*ALGOL* 68	*hier*
array	multiple value	Feld
assignment statement	assignation	Wertzuweisung
case label	— (specification)	Kennzeichen (in Datensätzen), Marke (in bedingten Anweisungen)
class	—	Klasse
compound statement	—	Verbundanweisung
constant definition	(identity declaration)	Konstantendefinition
control variable	control identifier	Laufvariable
current file component	—	aktuelle Bandkomponente
expression	(formula)	Ausdruck
field identifier	field selector	Selektor
field designator	selection	Datensatzkomponente
file	(file)	Band
for statement	(loop)	Laufanweisung
function	—	Funktion
goto statement	jump	Sprunganweisung
identifier	(tag)	Name
if statement	(choice clause)	bedingte Anweisung
label	label	Marke
pointer	(name)	Hinweise, Adresse
procedure	procedure, routine	Prozedur
record	structure	Datensatz
referenced component	(dereferenced form)	ausgewählte Komponente (einer Klasse)

repeat statement	(loop)	Wiederholungsanweisung (spezielle Form)
repetitive statement	(loop)	Wiederholungsanweisung (allgemein)
result	yield	Resultat
scope	scope	Lebensbereich
set	—	Menge
statement	(unit)	Anweisung
structured statement	(clause)	Anweisungsgruppe
tag field	—	Variantenwahlselektor
type	mode	Typ
type definition	mode declaration	Typdefinition
with statement	—	Datensatzanweisung
while statement	—	Wiederholungsanweisung (spezielle Form)

1.2. ALGOL 68-Begriffe

Original	*deutsche Version*	*hier*
ascribe	—	belegen (einen Namen)
assign	zuordnen	belegen (einen Hinweis)
bound	Grenze	Grenze
call	Aufruf	Aufruf
case clause	—	Klausel für ganzzahlige Auswahl
cast	Zuschnitt	Typwandler
choice clause	Auswahlklausel	Auswahlklausel
closed clause	abgeschlossene Klausel	abgeschlossene Klausel
coercion	Anpassung	Zwang (automatische Typumwandlung)
collateral clause	kollaterale Klausel	Kollateralklausel
conditional clause	bedingte Klausel	Boolesche Klausel
conformity clause	—	Typprüfungsklausel
declaration	Deklaration	Deklaration
declarator	Deklarator	Erklärer
declarer	Deklarierer	Erklärer
denotation	Gestalt	Konstante
enquiry clause	(Bedingung)	Abfrageserie
field	Feld	Komponente (eines Datensatzes)
file	Datei	Datei
identity declaration	Identitätsdeklaration	Identitätsdeklaration
identity relation	Identitätsvergleich	Identitätsrelation
jump	Sprung	Sprung

label	Marke	Marke
loop	—	Schleife
mode	Modus	Typ
mode declaration	Modusdeklaration	Typdefinition
multiple value	mehrfacher Wert	Feld
name	Name	Hinweis, Adresse
operator declaration	Operationsdeklaration	Operatordeklaration
parallel clause	—	Parallelklausel
priority declaration	Prioritätsdeklaration	Prioritätsdeklaration
radix	Radix	Basis
routine	Routine	Routine, Prozedur, Unterprogramm
rowing	Reihen	Aufreihen
scope	Gültigkeitsbereich	Lebensbereich
series	(serielle Klausel)	Serie
slice	Schnitt	Teilfeld
specification	—	Spezifikation
string	Zeichenkette	Zeichenkette
structured value	strukturierter Wert	Datensatz
trimmer	Trimmer	Trimmer
unit	Einheit	Einheit
uniting	Vereinigen	Vereinigen
voiding	Löschen	Entwerten
widening	Erweitern	Ausweiten

2. Syntaktische Darstellung formaler Sprachen durch Grammatiken

2.1. Einführung

Eine formale Sprache kann, wenn von ihrer Bedeutung abgesehen wird, als Menge von Zeichenfolgen über einem Alphabet A angesehen werden. Die Menge aller Zeichenfolgen über A wird meist mit A^* bezeichnet. A^* ist bezüglich der Verknüpfungsoperation "Verkettung" ein freies Monoid über A mit dem Einselement ε (dem leeren Wort). Eine formale Sprache L kann somit als Teilmenge von A^* angesehen werden: $L \subseteq A$. Ein Regelsystem, das angibt, wie L zu konstruieren ist, heißt *Grammatik*.

Beispiel: $A = \{a, b\}, A^* = \{\varepsilon, a, b, aa, ba, bb, aaa, aab, \ldots\}$,
$L = \{a^ib^i\}_{i=0,1\ldots} = (\varepsilon, ab, aabb, aaabbb, \ldots\}$.
Dabei ist $a^0b^0 = \varepsilon$, $a^1b^1 = ab$, $= a^2b^2 = aabb, \ldots$

Eine einfache Möglichkeit, eine Sprache zu konstruieren, besteht darin, eine explizite Formel für L mit Hilfe der Operationen $\circ$ (Verkettung), $\cup$ (Vereinigung) und $*$ (Potenzsumme) zu notieren. Dabei wird die Verkettung so definiert, daß

$A \circ B = \{ab : a \in A \wedge b \in B\}$ gilt, d. h., $A \circ B$ ist die Menge, die durch Hintereinanderschreiben (Verketten) von jeweils einem beliebigen Element aus A und einem beliebigen Element aus B entsteht, wobei alle möglichen Kombinationen zu berücksichtigen sind. Mit den Abkürzungen $A^0 = \{\varepsilon\}$, $A^1 = A$, $A^2 = A \circ A, \ldots, A^{i+1} = A^i \circ A$ kann $A^* = \bigcup_{i=0}^{\infty} A^i$ definiert werden. Dabei bezeichnet $\bigcup_{i=0}^{\infty}$ wie üblich die Vereinigung einer abzählbaren Folge von Mengen. Ein Beispiel für eine so konstruierte Sprache ist

$$L = B \circ (B \cup D)^* ,$$

wobei B und D gegebene endliche Mengen sind, etwa

$$B = \{a, b, c, \ldots, x, y, z\}, D = \{0, 1, \ldots, 9\} .$$

Die so gebildeten Sprachen heißen *reguläre Sprachen.*

Eine Erweiterung entsteht dadurch, daß Gleichungssysteme für die zu definierende Menge betrachtet werden. Ein Beispiel ist das Gleichungssystem

$$X = T \cup P \circ T \cup X \circ P \circ T$$
$$T = F \cup F \circ M \circ T$$
$$F = L \cup K_1 \circ X \circ K_2 .$$

Durch dieses Gleichungssystem wird, wenn K_1, K_2, P, M und L gegebene Mengen sind, eine Menge X definiert, die nicht mehr in der oben erwähnten Form darstellbar ist. Die auf diese Weise rekursiv mit Hilfe der Operationen $\circ$ und $\cup$ definierten Sprachen heißen *kontextfreie Sprachen* oder auch ALGOL-ähnliche Sprachen [13].

2.2. Backus-Notation

Die Notierung derartiger Gleichungssysteme erfolgt häufig in Backus-Notation [11]. Dabei werden die verwendeten Mengen durch in spitze Klammern eingeschlossene Worte dargestellt, an die Stelle des Gleichheitszeichens tritt das Zeichen ::=, das Verkettungszeichen $\circ$ wird weggelassen und das Vereinigungszeichen $\cup$ durch das Zeichen | ersetzt. Enthält eine Menge nur ein Zeichen, so wird sie durch dieses Zeichen selbst dargestellt. Für die oben benutzten Mengen können z. B. folgende Bezeichnungen verwendet werden:

⟨arithmetischer Ausdruck⟩	für X
⟨Term⟩	für T
⟨Faktor⟩	für F
⟨Additionsoperator⟩	für P
⟨Multiplikationsoperator⟩	für M
⟨Bezeichnung⟩	für L
(	für K_1
)	für K_2

Das angegebene Gleichungssystem erhält dadurch die Form

⟨arithmetischer Ausdruck⟩ ::= ⟨Term⟩ |
    ⟨Additionsoperator⟩ ⟨Term⟩ |
    ⟨arithmetischer Ausdruck⟩ ⟨Additionsoperator⟩ ⟨Term⟩
⟨Term⟩ ::= ⟨Faktor⟩ |
    ⟨Faktor⟩ ⟨Multiplikationsoperator⟩ ⟨Term⟩
⟨Faktor⟩ ::= ⟨Bezeichnung⟩ | (⟨arithmetischer Ausdruck⟩) .

Dieses Gleichungssystem ist durch die Definition der noch nicht auf der linken Seite (vor ::=) erschienenen Mengen zu ergänzen:

⟨Additionsoperator⟩ :: =+ | −
⟨Multiplikationsoperator⟩ ::= × | /
⟨Bezeichnung⟩ ::= ⟨Buchstabe⟩ | ⟨Bezeichnung⟩ ⟨Buchstabe⟩ |
    ⟨Bezeichnung⟩ ⟨Ziffer⟩
⟨Buchstabe⟩ ::= a | b | c | ··· | x | y | z
Ziffer ::= 0 | 1 | ··· | 8 | 9 .

2.3. Kontextfreie Grammatik für Pascal

Eine kontextfreie Obermenge für die hier dargestellte Version von Pascal sei mit ⟨Programm⟩ bezeichnet. Für diese kontextfreie Sprache sei im folgenden eine Darstellung des definierenden Gleichungssystems in Backus-Notation gegeben. Um die Schreibweise in einigen Fällen abzukürzen sei die Abkürzung ⟨X⟩$^-$ eingeführt, die durch

⟨X⟩$^-$ ::= ⟨X⟩ | ε

definiert ist, wobei ⟨X⟩ eine beliebige Menge von Zeichenfolgen und ε die leere Zeichenreihe darstellen. Das Gleichungssystem für ⟨Programm⟩ lautet:

⟨Programm⟩ ::= ⟨Block⟩ .
⟨Block⟩ ::= ⟨Markendeklaration⟩$^-$ ⟨Konstantenteil⟩$^-$ ⟨Typteil⟩$^-$
    ⟨Variablenteil⟩$^-$ ⟨Prozedurteil⟩$^-$ ⟨Verbund⟩
⟨Markendeklaration⟩ ::= **label** ⟨Ziffernfolgeliste⟩;
⟨Ziffernfolgeliste⟩ ::= ⟨Ziffernfolge⟩ |
    ⟨Ziffernfolgeliste⟩, ⟨Ziffernfolge⟩
⟨Ziffernfolge⟩ ::= ⟨Ziffer ⟩ | ⟨Ziffernfolge ⟩ ⟨Ziffer⟩
⟨Konstantenteil⟩ ::= **const** ⟨Konstantendefinitionsliste⟩;
⟨Konstantendefinitionsliste⟩ ::= ⟨Konstantendefinition⟩ |
    ⟨Konstantendefinitionsliste⟩, ⟨Konstantendefinition⟩
⟨Konstantendefinition⟩ ::= ⟨Name⟩ = ⟨Konstante⟩
⟨Typteil⟩ ::= **type** ⟨Typdefinitionen⟩;
⟨Typdefinitionen⟩ ::= ⟨Typdefinition⟩ |
    ⟨Typdefinitionen⟩; ⟨Typdefinition⟩
⟨Typdefinition⟩ ::= ⟨Name⟩ = ⟨Typ⟩

⟨Variablenteil⟩ ::= **var** ⟨Variablendeklarationen⟩;
⟨Variablendeklarationen⟩ ::= ⟨Variablendeklaration⟩ |
⟨Variablendeklarationen⟩; ⟨Variablendeklaration⟩
⟨Prozedurteil⟩ ::= ⟨Prozedurdeklarationen⟩;
⟨Prozedurdeklarationen⟩ ::= ⟨Prozedurdeklaration⟩ |
⟨Funktionsdeklaration⟩ |
⟨Prozedurdeklarationen⟩ ;⟨Prozedurdeklaration⟩ |
⟨Prozedurdeklarationen⟩; ⟨Funktionsdeklaration⟩
⟨Prozedurdeklaration⟩ :: = **procedure** ⟨Name⟩ ⟨Parameterteil⟩⁻;
⟨Körper⟩
⟨Parameterteil⟩ ::= (⟨Formalliste⟩)
⟨Formalliste⟩ :: = ⟨formale Parameter⟩ |
⟨Formalliste⟩; ⟨formale Parameter⟩
⟨Körper⟩ ::= ⟨Block⟩ | **forward**
⟨Funktionsdeklaration⟩ ::= **function** ⟨Name⟩ ⟨Parameterteil⟩:
⟨Name⟩; ⟨Körper⟩
⟨formale Parameter⟩ ::= **const** ⟨Parameterfolge⟩ | **var** ⟨Parameterfolge⟩ |
⟨Parametergruppe⟩ | **function** ⟨Parametergruppe⟩ |
procedure ⟨Namenliste⟩
⟨Parametergruppe⟩ ::= ⟨Namenliste⟩ : ⟨Name⟩
⟨Parameterfolge⟩ ::= ⟨Parametergruppe⟩ |
⟨Parameterfolge⟩; ⟨Parametergruppe⟩
⟨Namenliste⟩ ::= ⟨Name⟩ | ⟨Namenliste⟩, ⟨Name⟩
⟨Variablendeklaration⟩ ::= ⟨Namenliste⟩ : ⟨Typ⟩
⟨Typ⟩ ::= ⟨Name⟩ | ↑ ⟨Name⟩ | ⟨Namenmenge⟩ | ⟨Intervall⟩ |
file ⟨Ziffernfolge⟩ **of** ⟨Typ⟩ | ⟨Datensatztyp⟩ |
class ⟨Ziffernfolge⟩ **of** ⟨Typ⟩ | ⟨Feldtyp⟩ | **set of** ⟨Typ⟩
⟨Datensatztyp⟩ ::= **record** ⟨Namentypliste⟩ **end**
⟨Namenliste1⟩ ::= (Namenliste⟩ : ⟨Typ⟩
⟨Namentypliste2⟩ ::= ⟨Namentypliste1⟩ |
⟨Namentypliste1⟩; ⟨Namentypliste 2⟩
⟨Namentypliste⟩ ::= ⟨Namentypliste 2⟩ |
case ⟨Name⟩ : ⟨Typ⟩ **of** ⟨Varianten⟩ |
⟨Varianten⟩:: ⟨= Variante⟩ | ⟨Variante⟩; ⟨Varianten⟩
⟨Variante⟩ ::= ⟨Konstantenliste⟩ |
⟨Konstantenliste⟩: (⟨Namentypliste⟩)
⟨Konstantenliste⟩ ::= ⟨Konstante⟩ | ⟨Konstantenliste⟩, ⟨Konstante⟩
⟨Konstante⟩ ::= ⟨Zahl⟩ | + ⟨Zahl | − ⟨Zahl⟩ | ⟨Name⟩ | + ⟨Name⟩ |
− ⟨Name⟩ | ' ⟨Zeichen⟩ ' | ' ⟨Zeichen⟩^{n} ' | **nil**
⟨Feldtyp⟩ ::= **array** [⟨Indextypliste⟩] **of** ⟨Typ⟩
⟨Indextypliste⟩ ::= ⟨Indextyp⟩ | ⟨Indextypliste⟩, ⟨Indextyp⟩
⟨Indextyp⟩ ::= ⟨Intervall⟩ | ⟨Name⟩
⟨Intervall⟩ ::= ⟨Name⟩ .. ⟨Name⟩ | ⟨Zahl1⟩ .. ⟨Zahl1⟩
⟨Zahl1⟩ ::= ⟨Zahl⟩ | + ⟨Zahl⟩ | − ⟨Zahl⟩

⟨Namenmenge⟩ ::= (⟨Namenliste⟩)
⟨Name⟩ ::= ⟨Buchstabe⟩ | ⟨Name⟩ ⟨Buchstabe⟩ | ⟨Name⟩ ⟨Ziffer⟩
⟨Zahl⟩ ::= ⟨Ziffernfolge⟩ | ⟨Ziffernfolge⟩ . ⟨Ziffernfolge⟩ |
⟨Ziffernfolge⟩ e ⟨Exponent⟩
⟨Ziffernfolge⟩ . ⟨Ziffernfolge⟩ e ⟨Exponent⟩
⟨Exponent⟩ ::= ⟨Ziffernfolge⟩ | + ⟨Ziffernfolge⟩ | − ⟨Ziffernfolge⟩
⟨Verbund⟩ ::= **begin** ⟨Anweisungen⟩ **end**
⟨Anweisungen⟩ ::= ⟨Markierung⟩$^-$ ⟨Anweisung⟩ |
⟨Markierung⟩$^-$ ⟨Anweisung⟩; ⟨Anweisungen⟩
⟨Markierung⟩ ::= ⟨Ziffernfolge⟩ :
⟨Anweisung⟩ ::= ⟨Wertzuweisung⟩ | ⟨Sprung⟩ | ⟨Aufruf⟩ |
⟨Anweisungsgruppe⟩ | ε
⟨Wertzuweisung⟩ ::= ⟨Variable⟩ := ⟨Ausdruck⟩
⟨Variable⟩ ::= ⟨Name⟩ | ⟨Variable⟩ ↑ |
⟨Variable⟩ . ⟨Name⟩ |
⟨Variable⟩ [⟨Ausdrucksliste⟩]
⟨Ausdrucksliste⟩ ::= ⟨Ausdruck⟩ | ⟨Ausdrucksliste⟩, ⟨Ausdruck⟩
⟨Ausdruck⟩ ::= ⟨einfacher Ausdruck⟩ | ⟨einfacher Ausdruck⟩
⟨Vergleichsoperator⟩ ⟨einfacher Ausdruck⟩
⟨einfacher Ausdruck⟩ ::= ⟨Term⟩ | + ⟨Term⟩ | − ⟨Term⟩
⟨einfacher Ausdruck⟩ ⟨Additionsoperator⟩ ⟨Term⟩
⟨Term⟩ ::= ⟨Faktor⟩ | ⟨Term⟩ ⟨Multiplikationsoperator⟩ ⟨Faktor⟩
⟨Faktor⟩ ::= ⟨Konstante⟩ | ⟨Variable⟩ | ⟨Funktion⟩ | ¬ ⟨Faktor⟩ |
(⟨Ausdruck⟩) | [⟨Ausdrucksliste⟩$^-$]
⟨Funktion⟩ ::= ⟨Name⟩ (⟨Ausdrucksliste⟩)
⟨Aufruf⟩ ::= ⟨Name⟩ | ⟨Funktion⟩
⟨Sprung⟩ ::= **goto** ⟨Ziffernfolge⟩ | **goto** *exit* ⟨Ziffernfolge⟩
⟨Anweisungsgruppe⟩ ::= ⟨Verbund⟩ | ⟨bedingte Anweisung⟩ |
⟨Wiederholung⟩ | ⟨Datensatzanweisung⟩
⟨bedingte Anweisung⟩ ::= **case** ⟨Ausdruck⟩ **of** ⟨Falliste⟩ **end** |
if ⟨Ausdruck⟩ **then** ⟨Anweisung⟩ |
if ⟨Ausdruck⟩ **then** ⟨Anweisung⟩ **else** ⟨Anweisung⟩
⟨Wiederholung⟩ ::= **while** ⟨Ausdruck⟩ **do** ⟨Anweisung⟩ |
for ⟨Name⟩ := ⟨Laufliste⟩ **do** ⟨Anweisung⟩ |
repeat ⟨Anweisungsfolge⟩ **until** ⟨Ausdruck⟩
⟨Anweisungsfolge⟩ ::= ⟨Anweisung⟩ |
⟨Anweisungsfolge⟩; ⟨Anweisung⟩
⟨Falliste⟩ ::= ⟨Konstantenliste⟩ : ⟨Anweisung⟩ |
⟨Konstantenliste⟩ : ⟨Anweisung⟩; ⟨Falliste⟩
⟨Laufliste⟩ ::= ⟨Ausdruck⟩ **to** ⟨Ausdruck⟩ |
⟨Ausdruck⟩ **downto** ⟨Ausdruck⟩
⟨Datensatzanweisung⟩ ::= **with** ⟨Variablenliste⟩ **do** ⟨Anweisung⟩
⟨Variablenliste⟩ ::= ⟨Variable⟩ | ⟨Variable⟩, ⟨Variablenliste⟩
⟨Vergleichsoperator⟩ ::= **in** | $=$ | $\neq$ | $<$ | $\leqq$ | $\geqq$ | $>$

⟨Multiplikationsoperator⟩ ::= * | / | **div** | **mod**
⟨Additionsoperator⟩ ::= + | −
⟨Ziffer⟩ ::= 1 | 2 | 3 | 4 | 5 | 6 | 7 | 8 | 9
⟨Buchstabe⟩ ::= *A* | *B* | *C* | *D* | *E* | *F* | *G* | *H* | *I* | *J* | *K* | *L* | *M* | *N* | *O* | *P* | *Q* | *R* | *S* | *T* | *U* | *V* | *W* | *X* | *Y* | *Z* | *a* | *b* | *c* | *d* | *e* | *f* | *g* | *h* | *i* | *j* | *k* | *l* | *m* | *n* | *o* | *p* | *q* | *r* | *s* | *t* | *u* | *v* | *w* | *x* | *y* | *z*
⟨Zeichen⟩ ::= **eol** | A | B | C | D | E | F | G | H | I | J | K | L | M | N | O | P | Q | R | S | T | U | V | W | X | Y | Z | 0 | 1 | 2 | 3 | 4 | 5 | 6 | 7 | 8 | 9 | + | − | * | / | (|) | $ | = | ¬ | , | . | ′ | [|] | : | ≠ | { | ∨ | ∧ | ↑ | } | < | > | ≦ | ≧ | ⊔ |;

Mit ⟨Zeichen⟩^{n} wird eine Verkettung von n (maschinenabhängig festgelegte natürliche Zahl) Zeichen aus der Menge ⟨Zeichen⟩ bezeichnet.

Die hier in Backus-Notation dargestellte kontextfreie Sprache stimmt mit der Sprache überein, die durch die Läufe des in den Abb. 9 bis 20 dargestellten Automatensystems erzeugt wird. Das Hauptsystem in Abb. 17 hat den Anfangszustand s_{Programm}.

2.4. Chomsky-Grammatiken

Eine vielfach benutzte Methode zur Erzeugung von Mengen von Zeichenfolgen besteht darin, Umschreibungsregeln anzugeben und durch Anwendung dieser Regeln aus einem Ausgangszeichen oder einem Ausgangswort (der Sprachwurzel oder dem Axiom der Grammatik) zu allen die betreffende Menge bildenden Zeichenfolgen zu gelangen. Diese Regeln werden als *Produktionsregeln* bezeichnet, von N. Chomsky wurden sie zur Bildung von Grammatiken herangezogen [12]. Zur Formulierung der Regeln wird das Alphabet A um ein Hilfsalphabet N (von Nichtterminalen) erweitert. Als Axiom wird ein Zeichen $W \in N$ benutzt. Die Menge P von Produktionsregeln ist eine Teilmenge von $(N \cup A)^* \times (N \cup A)^*$. Hiernach ist eine Produktionsregel ein Paar (x, y) von Worten über $N \cup A$, statt (x, y) wird meist $x \to y$ geschrieben und als "x produziert y" gelesen. Die Zeichen aus A werden auch als Terminale bezeichnet.

Eine Anwendung einer Produktionsregel $x \to y$ besteht darin, daß ein Wort u, in welchem x vorkommt, in ein neues Wort v umgeschrieben wird, in welchem dieses Vorkommen von x durch y ersetzt ist. Gibt es also $a, b \in (A \cup N)^*$ derart, daß $u = axb$, so ist $v = ayb$. Die Zeichenfolge v wird als direkte Ableitung von u bezeichnet, dafür wird $u \Rightarrow v$ geschrieben. Allgemein ist die direkte Ableitung eine Relation $S \subseteq (A \cup N)^* \times (A \cup N)^*$, die alle Paare (u, v) enthält, für die es eine Produktionsregel $p \in P$ gibt, so daß $u \Rightarrow v$ gilt. Jede endliche Folge von direkten Ableitungen $u_1 \Rightarrow u_2 \Rightarrow \cdots \Rightarrow u_n$ heißt eine Ableitung, sie wird mit $u_1 \underset{*}{\Rightarrow} u_n$ bezeichnet. Enthält u_n nur Zeichen aus A, so heißt u_n terminale Ableitung. Die Menge aller terminalen Ableitungen von W heißt die durch die Grammatik $G = \langle A, N, W, P \rangle$ erzeugte Sprache $L = \{x\colon W \Rightarrow x \wedge x \in A^*\}$.

Je nach dem Aufbau der Produktionsregeln ergeben sich verschiedene Typen von Sprachen. Ist $P \subseteq N \times (N \cup A)^*$, d. h., steht auf der linken Seite stets ein Nichtterminal, so entstehen Grammatiken vom Typ 2 bzw. Typ 3 der CHOMSKY-Hierarchie. Durch diese Grammatiken werden kontextfreie bzw. reguläre Sprachen erzeugt. Die Schreibweise entspricht der BACKUS-Notation, nur wird jede Alternative (einer der durch "|" getrennten Bestandteile der rechten Seite) rechte Seite einer einzelnen Produktionsregel, deren linke Seite ein Nichtterminal ist, das einer zu definierenden Menge von Zeichenfolgen zugeordnet ist.

Dem oben angegebenen Beispiel entsprechen folgende Produktionsregeln:

$$
\begin{array}{llll}
X \to T, & X \to PT, & X \to XPT, & \\
T \to F, & T \to FMT, & & \\
F \to L, & F \to K_1XK_2, & & \\
L \to B, & L \to LB, & L \to LD & \\
P \to +, & P \to - & & \\
M \to \times, & M \to / & & \\
K_1 \to (, & K_2 \to) & & \\
B \to a, & B \to b, \dots, B \to y, & B \to z, & \\
D \to 0, & D \to 1, \dots, D \to 8, & D \to 9. &
\end{array}
$$

Dabei sind zusätzliche Regeln für L, P, M, K_1, K_2, B und D notiert worden.

Die hier notierten Regeln sind vom Typ 2. Regeln vom Typ 3 unterscheiden sich von ihnen dadurch, daß in der rechten Seite jeweils höchstens ein Nichtterminal auftreten darf, und zwar entweder in allen Regeln nur am Anfang oder in allen Regeln nur am Ende der rechten Seite. Ein Beispiel für Regeln vom Typ 3 sind die für das im Beispiel benutzte Nichtterminal L, für das die Regeln auch in der Form

$$
\begin{array}{lll}
L \to a, & L \to b, \dots, L \to y, & L \to z, \\
L \to La, & L \to Lb, \dots, L \to Ly, & L \to Lz, \\
L \to L0, & L \to L1, \dots, L \to L8, & L \to L9
\end{array}
$$

geschrieben werden können.

Ein Ableitungsbeispiel für das Nichtterminal X ist:

$$
\begin{array}{l}
X \Rightarrow XPT \Rightarrow TPT \Rightarrow FPT \Rightarrow LPT \Rightarrow BPT \Rightarrow aPT \Rightarrow \\
a + T \Rightarrow a + FMT \Rightarrow a + LMT \Rightarrow a + LDMT \Rightarrow a + BDMT \Rightarrow \\
a + bDMT \Rightarrow a + b1MT \Rightarrow a + b1 \times T \Rightarrow a + b1 \times F \Rightarrow \\
a + b1 \times L \Rightarrow a + b1 \times B \Rightarrow a + b \times 1c
\end{array}
$$

Die Produktionsregeln vom Typ 1 und vom Typ 0 können auf der linken Seite beliebige Zeichenreihen enthalten, die bei Anwendung der Regeln ersetzt werden. Bei Regeln vom Typ 1 muß die ersetzende Zeichenfolge (die rechte Seite der Produktionsregel) weitgehend mit der linken Seite übereinstimmen. Die rechte Seite unterscheidet sich von der linken Seite nur dadurch, daß ein einziges Nichtterminal unter Beibehaltung der Umgebung durch eine neue Zeichenfolge ersetzt ist. Während bei Anwendung der Regeln vom Typ 2 die Ersetzung ohne Beachtung der Umgebung erfolgt, ist bei Regeln vom Typ 1 die Ersetzung nur in einer bestimmten Umgebung möglich. Man bezeichnet diese Regeln daher auch als *kontextsensitive* Regeln. Bei Regeln vom Typ 0 sind beliebige Ersetzungen möglich, d. h., die erzeugte Sprache kann gegenüber einer kontextfreien Sprache noch weitgehender eingeschränkt werden.

2.5. VAN WIJNGAARDEN-Grammatiken

Die Anwendung der Grammatiken vom CHOMSKY-Typ 0 ist für praktische Zwecke unbequem. Bei der Entwicklung der Sprache ALGOL 68 sollte jedoch die Definitionsmethode gegenüber der bis dahin üblichen Anwendung kontextfreier Grammatiken verfeinert werden. Dabei sollten gewisse Zeichenfolgen, denen von vornherein keine Bedeutung zugeordnet wird, aus der formalen Definition der Sprache ausgeschlossen werden. Zur Definition von ALGOL 68 wurde deshalb eine unendliche Menge kontextfreier Produktionsregeln vorgesehen, die durch Anwendung von *Metaproduktionsregeln* aus einer endlichen Menge von *Modellregeln* (*Hyperregeln*) gebildet wird. Dadurch wird die Grammatik zu einer zweistufigen Grammatik, die erste Stufe enthält die Metaproduktionsregeln, die zweite Stufe die kontextfreien Produktionsregeln der Sprache. Diese VAN WIJNGAARDEN-Grammatiken sind von gleicher Leistungsfähigkeit wie die CHOMSKY-Grammatiken vom Typ 0 [14].

Hier soll die Verwendung einer VAN WIJNGAARDEN-Grammatik nur an einigen aus dem revidierten ALGOL 68-Bericht entnommenen Beispielen erläutert werden. Zunächst ist zu bemerken, daß ein unendliches Alphabet von Nichtterminalen verwendet wird. Um die *Nichtterminale* darstellen zu können, werden Worte benutzt, die aus kleinen Buchstaben gebildet sind. Neben diesen Nichtterminalen werden noch *Metasymbole* benutzt, die als Worte aus großen Buchstaben und Ziffern dargestellt werden. Die in der BACKUS-Notation verwendeten spitzen Klammern, die dort Nichtterminale kennzeichnen, werden hier als spezielle Zeichen innerhalb von Regeln benutzt. Sowohl die Metaregeln als auch die Modellregeln werden in einer abgewandelten BACKUS-Notation niedergeschrieben, an Stelle des Zeichens "::=" tritt das Zeichen ":" in Modellregeln und das Zeichen "::" in Metaregeln. Das in der BACKUS-Notation weggelassene Verkettungszeichen wird in Modellregeln als "," notiert, in Metaregeln fällt es ebenfalls weg. Das Vereinigungszeichen "|" (auch "oder" gelesen) der BACKUS-Notation wird durch ";" ersetzt. Das Ende einer Regel wird durch "." gekennzeichnet. Jedes Terminal wird durch ein mit "symbol" endendes Wort aus kleinen Buchstaben dargestellt. In den Regeln auftretende Zwischenräume sind bedeutungslos, sofern sie nicht Metasymbole trennen. Beispiele für Metaregeln sind:

NOTION :: ALPHA1 ; NOTION ALPHA1.

ALPHA1 :: a ; b ; c ; d ; e ; f ; g ; h ; i ; j ; k ; l ; m ; n ; o ; p ; q ; r ; s ;
t ; u ; v ; w ; x ; y ; z .
ALPHA2 :: a ; b ; c ; d ; e ; f ; g ; h ; i ; j ; k ; l ; m ; n ; o ; p ; q ; r ; s ;
t ; u ; v ; w ; x ; y ; z .
NOTETY1 :: NOTION ; EMPTY .
NOTETY2 :: NOTION ; EMPTY .
EMPTY :: .
THING1 :: NOTION ; ⟨NOTETY1⟩ NOTETY2 ;
THING1 ⟨NOTETY1⟩ NOTETY2 .
THING2 :: NOTION ; ⟨NOTETY1⟩ NOTETY2 ;
THING2 ⟨NOTETY1⟩ NOTETY2 .
WHETHER :: where ; unless .

Beispiele für Modellregeln sind:

where true : EMPTY .
where THING1 and THING2 : where THING1 , where THING2 .
where THING1 or THING2 : where THING1 ; where THING2 .
WHETHER ⟨NOTETY1⟩ is ⟨NOTETY2⟩ :
WHETHER ⟨NOTETY1⟩ begins with ⟨NOTETY2⟩
and ⟨NOTETY2⟩ begins with ⟨NOTETY1⟩ .
WHETHER ⟨EMPTY⟩ begins with ⟨NOTION⟩ : WHETHER false .
WHETHER ⟨NOTETY1⟩ begins with ⟨EMPTY⟩ : WHETHER true .
WHETHER ⟨ALPHA1 NOTETY1⟩ begins with ⟨ALPHA2 NOTETY2⟩ :
WHETHER ⟨ALPHA1⟩ coincides with ⟨ALPHA2⟩
and ⟨NOTETY1⟩ begins with ⟨NOTETY2⟩ .
where ⟨ALPHA1⟩ coincides with ⟨ALPHA1⟩ : where true .

Aus den Modellregeln können nun Produktionsregeln der Grammatik abgeleitet werden. Diese sind dadurch gekennzeichnet, daß in ihnen keine Metasymbole mehr vorkommen. Bei der Ableitung von Produktionsregeln aus Modellregeln ist eine Besonderheit zu beachten: Bei der Anwendung einer Metaregel wird jedes Vorkommen des auf der linken Seite der Metaregel stehenden Symbols durch die gleiche Alternative der rechten Seite ersetzt. Diese Simultanersetzung unterscheidet den Ableitungsmechanismus der van Wijngaarden-Grammatik von dem in Chomsky-Grammatiken üblichen. Das gilt jedoch nur bei der Ableitung von Produktionsregeln aus Modellregeln.

Ein Ableitungsbeispiel für eine Produktionsregel ist:

WHETHER ⟨NOTETY1⟩ is ⟨NOTETY2⟩ :
WHETHER ⟨NOTETY1⟩ begins with ⟨NOTETY2⟩
and ⟨NOTETY2⟩ begins with ⟨NOTETY1⟩ .

⇒ where ⟨NOTETY1⟩ is ⟨NOTETY2⟩ :
where ⟨NOTETY1⟩ begins with ⟨NOTETY2⟩
and ⟨NOTETY2⟩ begins with ⟨NOTETY1⟩ .

⇒ where ⟨NOTION⟩ is ⟨NOTETY2⟩ :
where ⟨NOTION⟩ begins with ⟨NOTETY2⟩
and ⟨NOTETY2⟩ begins with ⟨NOTION⟩ .
⇒ where ⟨ALPHA1⟩ is ⟨NOTETY2⟩ :
where ⟨ALPHA1⟩ begins with ⟨NOTETY2⟩
and ⟨NOTETY2⟩ begins with ⟨ALPHA1⟩ .
⇒ where ⟨a⟩ is ⟨NOTETY2⟩ : where ⟨a⟩ begins with ⟨NOTETY2⟩
and ⟨NOTETY2⟩ begins with ⟨a⟩ .
⇒ where ⟨a⟩ is ⟨NOTION⟩ : where ⟨a⟩ begins with ⟨NOTION⟩
and ⟨NOTION⟩ begins with ⟨a⟩ .
⇒ where ⟨a⟩ is ⟨ALPHA1⟩ : where ⟨a⟩ begins with ⟨ALPHA1⟩
and ⟨ALPHA1⟩ begins with ⟨a⟩ .
⇒ where ⟨a⟩ is ⟨a⟩ : where ⟨a⟩ begins with ⟨a⟩
and ⟨a⟩ begins with ⟨a⟩ .

Da nach dem letzten Ableitungsschritt keine ersetzbaren Metasymbole mehr vorkommen, ist eine (terminale) Produktionsregel erreicht. Zur Darstellung der direkten Ableitung wurde wie üblich das Zeichen "⇒" benutzt. Andere derartige Produktionsregeln sind:

where ⟨a⟩ begins with ⟨a⟩ and ⟨a⟩ begins with ⟨a⟩ :
where ⟨a⟩ begins with ⟨a⟩ , where ⟨a⟩ begins with ⟨a⟩ .
where ⟨a⟩ begins with ⟨a⟩ : where ⟨a⟩ coincides with ⟨a⟩
and ⟨ ⟩ begins with ⟨ ⟩ .
where ⟨ ⟩ begins with ⟨ ⟩ : where true .
where true : .
where ⟨a⟩ coincides with ⟨a⟩ and ⟨ ⟩ begins with ⟨ ⟩ :
where ⟨a⟩ coincides with ⟨a⟩, where ⟨ ⟩ begins with ⟨ ⟩ .
where ⟨a⟩ coincides with ⟨a⟩ : where true .

Mit diesen Produktionsregeln ist folgende Ableitung der zweiten Stufe, d. h. in der Grammatik der zu definierenden Sprache, möglich:

where ⟨a⟩ is ⟨a⟩
⇒ where ⟨a⟩ begins with ⟨a⟩ and ⟨a⟩ begins with ⟨a⟩
⇒ where ⟨a⟩ begins with ⟨a⟩, where ⟨a⟩ begins with ⟨a⟩
⇒ where ⟨a⟩ coincides with ⟨a⟩ and ⟨ ⟩ begins with ⟨ ⟩ ,
where ⟨a⟩ begins with ⟨a⟩
⇒ where ⟨a⟩ coincides with ⟨a⟩ and ⟨ ⟩ begins with ⟨ ⟩ ,
where ⟨a⟩ coincides with ⟨a⟩ and ⟨ ⟩ begins with ⟨ ⟩
⇒ where ⟨a⟩ coincides with ⟨a⟩ , where ⟨ ⟩ begins with ⟨ ⟩ ,
where ⟨a⟩ coincides with ⟨a⟩ and ⟨ ⟩ begins with ⟨ ⟩
⇒ where ⟨a⟩ coincides with ⟨a⟩ , where ⟨ ⟩ begins with ⟨ ⟩ ,
where ⟨a⟩ coincides with ⟨a⟩ , where ⟨ ⟩ begins with ⟨ ⟩
⇒ where true , where ⟨ ⟩ begins with ⟨ ⟩ ,
where ⟨a⟩ coincides with ⟨a⟩ , where ⟨ ⟩ begins with ⟨ ⟩

⇒ where ⟨ ⟩ begins with ⟨ ⟩ , where ⟨a⟩ coincides with ⟨a⟩ ,
    where ⟨ ⟩ begins with ⟨ ⟩
⇒ where true , where ⟨a⟩ coincides with ⟨a⟩ ,
    where ⟨ ⟩ begins with ⟨ ⟩
⇒ where ⟨a⟩ coincides with ⟨a⟩ , where ⟨ ⟩ begins with ⟨ ⟩
⇒ where true , where ⟨ ⟩ begins with ⟨ ⟩
⇒ where ⟨ ⟩ begins with ⟨ ⟩
⇒ where true
⇒

Die hierbei mehrfach benutzte Regel "where true : ." bedeutet eine Produktion einer leeren Zeichenreihe ε, die in der abgeleiteten Zeichenfolge nicht in Erscheinung tritt. Man beachte, daß das notierte Komma die Rolle des Verkettungszeichens spielt. Im vorliegenden Falle führt die gesamte Ableitung zu ε.

Derartige Ableitungen zu ε treten bei der Ableitung von ALGOL 68-Texten häufig auf. Sie werden benutzt, um gewisse Kontextbedingungen zu berücksichtigen. So kann z. B. die Blockstruktur von ALGOL 68 dadurch formalisiert werden, daß die Ableitungen von Deklarationen und Einheiten so gekoppelt sind, daß die Ableitung für verwendbare Einheiten auf Nichtterminale führt, die zu ε abgeleitet werden. In Ableitungen für nicht verwendbare Einheiten sind dagegen diese Nichtterminale nicht zu terminalen Zeichenfolgen ableitbar. Derartige Nichtterminale werden als *Prädikate* bezeichnet. Diese Bezeichnung schließt sich an den üblichen Gebrauch des Begriffs Prädikat in der Logik an, bei dem ein Prädikat den Wert "wahr" oder den Wert "falsch" annehmen kann. Diesen Werten entsprechen hier die beiden erwähnten Möglichkeiten zur Ableitung, d. h. entweder eine Ableitung zu ε oder keine terminale Ableitung. Äußerlich sind Prädikate in den Modellregeln daran erkennbar, daß sie mit WHETHER bzw. where oder unless beginnen.

Wie soeben erwähnt wurde, sind bei Ableitung eines ALGOL 68-Programms gewisse Produktionsregeln nur in Abhängigkeit von der Blockstruktur terminal ableitbar. Diese Produktionsregeln sind dadurch ausgezeichnet, daß sie Bestandteile enthalten, die zu verwendbaren Namen abgeleitet werden, wenn die in der Produktionsregel festgehaltene Blockstruktur das zuläßt. Zu diesem Zwecke tritt in den Modellregeln häufig das Metasymbol NEST auf, dessen Terminalproduktionen solche Blockstrukturen sind. Es ist hierzu zu bemerken, daß dieses Metasymbol ebenso wie alle anderen Metasymbole nur durch sein Auftreten in Modellregeln wirksam ist, nicht aber isoliert.

Die Auswahl passender Namen wird durch die häufig benutzte Modellregel

WHETHER PROP identified in NEST new PROPSETY :
    where PROP resides in PROPSETY , WHETHER true ;
    where PROP independent PROPSETY ,
        WHETHER PROP identified in NEST .

gesteuert. Zur Verarbeitung dieser Modellregel sind u. a. folgende Metaregeln zu benutzen:

NEST :: LAYER ; NEST LAYER .
LAYER :: new DECSETY LABSETY .
DECSETY :: DECS ; EMPTY .
DECS :: DEC ; DECS DEC .
DEC :: MODE TAG ; priority PRIO TAD ; MOID TALLY TAB ;
DUO TAD ; MONO TAM .
PROPSETY :: PROPS ; EMPTY .
PROPS :: PROP ; PROPS PROP .
PROP :: DEC ; LAB ; FIELD .

Weitere Metaregeln sollen hier nicht aufgeführt werden. Es sei nur erwähnt, daß z. B. MODE TAG nach real letter x ableitbar ist. Diese auf der ersten Stufe terminale Ableitung kommt dann in entsprechenden Produktionsregeln vor, etwa in der sich aus der oben angegebenen Modellregel ergebenden Produktionsregel

where real letter x identified in new new real letter x :
where real letter x resides in real letter x ,
where true ;
where real letter x independent real letter x ,
where real letter x identified in new .

Die Bedeutung dieser Produktionsregel liegt darin, daß sie zu einer Ableitung nach ε führt. Daher ist eine Produktionsregel, in der dieses Prädikat vorkommt, so anwendbar, daß die weitere Ableitung zu einer terminalen Zeichenfolge nicht dadurch verhindert wird, daß keine terminale Ableitung des Prädikats existiert. Auf Einzelheiten der Ableitung sei hier nicht eingegangen. Es sei nur erwähnt, daß mit dem ersten Teil der Modellregel festgestellt wird, ob eine Terminalableitung von PROP (z. B. real letter x) lokal in einem Block (charakterisiert durch "new PROPSETY") ist. Mit dem zweiten Teil wird festgestellt, ob im Falle der Unabhängigkeit des PROP von PROPSETY eine Identifizierung in einem umfassenden Block möglich ist.

Eine Modellregel, die zur Anwendung des betrachteten Modellprädikats führt, ist

(1) QUALITY NEST applied INDICATOR with TAX :
where QUALITY TAX identified in NEST , TAX token .

Die Metaregeln

QUALITY :: MODE ; MOID TALLY ; DYADIC ; label ; MODE field .
TAX :: TAG ; TAB ; TAD ; TAM .

und die oben angegebenen Metaregeln bewirken, daß die Terminalableitungen von

(2) WHETHER PROP identified in NEST new PROPSETY

und

(3) where QUALITY TAX identified in NEST

einen nichtleeren Durchschnitt haben. Daher sind die Ableitungen aus (2) bei der Benutzung der aus (1) abgeleiteten Produktionsregeln einsetzbar. Eine solche Produktionsregel ist z. B.

real letter x new new real letter x applied identifier with letter x : where real letter x identified in new new real letter x , letter x token .

Dabei wurde noch die Metaregel

INDICATOR :: identifier ; mode indication ; operator .

benutzt. Die angegebene Produktionsregel hat als eine Terminalableitung die Zeichenfolge letter x symbol, die bei der Notierung eines Programms in der Regel als *x* geschrieben wird. Die anderen Terminalableitungen unterscheiden sich davon nur durch Vorsetzen eines bisher nicht erwähnten Kommentars, der auf die im Bericht definierte Bedeutung von Programmen keinen Einfluß hat.

Weitere Einzelheiten zur Verwendung der van Wijngaarden-Grammatiken seien hier nicht betrachtet. Dafür sei auf den revidierten ALGOL 68-Bericht [9] verwiesen.

3. Verwendung abstrakter Automaten zur Sprachdefinition

3.1. Sprachdefinition

Ebenso wie Sprachen mit Hilfe von Grammatiken unter Benutzung von Umschreibungsregeln (Ersetzungsregeln oder Produktionsregeln) als Mengen von Zeichenfolgen definierbar sind, können auch Folgen von Ausgaben abstrakter Automaten zur Sprachdefinition herangezogen werden. Die Methode, durch rekursive Systeme endlicher Automaten Mengen von Zeichenfolgen zu definieren, wurde in I.5 eingeführt und später zur syntaktischen Darstellung der Sprachen Pascal und ALGOL 68 herangezogen. In Abb. 9 (II.1) wurde ein endlicher Automat zur Generierung von Zahlendarstellungen angegeben. Solche endlichen Automaten erzeugen reguläre Sprachen (Sprachen vom Chomsky-Typ 3). Die rekursiven Automatensysteme, die den kontextfreien Produktionsregeln bzw. Systemen von Mengengleichungen entsprechen, erzeugen allgemeiner kontextfreie Sprachen. Die in diesem Buch verwendeten syntaktischen Darstellungen von Pascal und ALGOL 68 definieren somit kontextfreie Obersprachen dieser Sprachen. Sie werden als Obersprachen bezeichnet, weil ein Text dieser Sprachen als Darstellung einer Aktion eines Verarbeitungsautomaten so aufgebaut sein soll, daß er gewissen Kontextbedingungen genügen muß. So ist zwar jeder Text von Pascal bzw. ALGOL 68 in der betreffenden kontextfreien Obersprache enthalten, aber die Umkehrung gilt nicht. Die Kontextbedingungen wurden bei den Darstellungen der Verarbeitungsautomaten in II.3 und III.3 als Voraussetzungen verbal angegeben, jedoch nicht formal dargestellt.

Werden allgemeinere Automatentypen zur Sprachgenerierung herangezogen, so können derartige Kontextbedingungen formalisiert werden. Sowohl Sprachen vom Chomsky-Typ 1 als auch vom Chomsky-Typ 0 können mit Turing-Maschinen (vgl. I.4) generiert oder akzeptiert werden. Bei der Akzeptierung wird ein Text auf dem Band der Turing-Maschine vorgelegt. Der Text wird akzeptiert, wenn die Turing-Maschine durch Lesen des Bandes in einen Endzustand gelangt. Andernfalls wird der Text nicht akzeptiert. Zur Generierung von Texten können entsprechend wie bei der Generierung von Texten mit endlichen Automaten Turing-Maschinen mit nichtdeterministischer Arbeitsweise verwendet werden.

Eine Turing-Maschine kann als Automatennetz (vgl. I.4) angesehen werden, das aus einem endlichen Automaten als Steuerteil und einem Verarbeitungsautomaten, der Bänder liest und beschreibt sowie Kopfverschiebungen ausführt, besteht. Für Zwecke der Sprachdefinition kann dieser Verarbeitungsautomat auch durch einen anderen Verarbeitungsautomaten ersetzt werden, der mehr Elementaraktionen ausführen kann. Derartige Elementaraktionen können zum Aufbau und zur Verarbeitung von Listen oder Relationen dienen. Es ist daher zweckmäßig, neben Bändern auch Relationen und Variable als Objekte des Verarbeitungsautomaten einzuführen. Mit diesen Hilfsmitteln wird eine formale Definition von Programmierungssprachen unter Berücksichtigung von Kontextabhängigkeiten möglich.

Darüber hinaus kann auch die Semantik einer Sprache mit derartigen Hilfsmitteln formal beschrieben werden. Nach I.4 wird als Semantik eines Programms eine Abbildung von Anfangsbelegungen auf Endbelegungen angesehen, die mit Hilfe eines Verarbeitungsautomaten realisiert werden kann. Dazu wird ein abstraktes Programm, d. h. ein Steuerautomat, für diesen semantischen Verarbeitungsautomaten gebildet. Wenn nun ein solches abstraktes Programm in einer normierten Form sprachlich beschrieben wird, d. h. als Text in einer Sprache zur Beschreibung semantischer Verarbeitungsautomaten, so kann diese Beschreibung bei einem Erzeugungsprozeß für ein Programm einer problemorientierten Programmierungssprache gleichzeitig mit erzeugt werden. Hierdurch ist es möglich, einen mit mehreren Bändern arbeitenden Automaten zur formalen Beschreibung einer Programmierungssprache zu verwenden, wobei jedem Text eine Darstellung seiner Semantik in der Form der Darstellung eines abstrakten Programms zugeordnet ist. Dieses abstrakte Programm ist der steuernde Bestandteil eines Automatennetzes mit einem für die gesamte Sprache festgehaltenen Verarbeitungsautomaten. Jedes derartige Automatennetz beschreibt eine Menge von Datenverarbeitungsprozessen in Abhängigkeit von der Anfangsbelegung bzw. von der Eingabe (vgl. Abb. 7 in I.4).

3.2. Sprachen zur Beschreibung von Automaten

Weitere Einzelheiten zur formalen Definition von Automaten nach der soeben skizzierten Methode sollen hier nicht mitgeteilt werden. Für die Anwendung dieser Definitionsmethode ist es jedoch zweckmäßig, den sprachdefinierenden Automaten bzw. das definierende Automatensystem selbst mit einer Sprache zu beschreiben. Grundlage bildet dabei die Beschreibung endlicher Automaten, die im wesentlichen in einer Darstellung der Automatenrelation (vgl. I.5) besteht, in der zusammengehörende Eingaben, Ausgaben und Überführungen zusammengefaßt sind. Jedes Element einer Automatenrelation ist ein Quadrupel, in dem Quellzustand z_1, Eingabe e, Ausgabe a und Zielzustand z_2 enthalten sind. Besonders einfach sind die eingabefreien Automaten, in denen die Eingabe stets das leere Wort ε ist. Hier kann ein Element durch

z_1: a ; **goto** z_2 ;

dargestellt werden. Vereinbart man, daß eine Folge

goto z; z:

auch weggelassen oder durch

z:

ersetzt werden kann, entstehen vereinfachte Darstellungen. Schließlich kann man mehrere Elemente mit dem gleichen Quellzustand dadurch zusammenfassen, daß eine Konstruktion der Form

either f_1 **or** f_2 **or** $\cdots$ **or** f_n **ro** ;

notiert wird, in der die f_i beliebige Folgen von Darstellungen von Quadrupeln sind, also z. B. auch wieder derartige Verzweigungen enthalten können. Jede Folge f_i, die nicht mit einem **goto** z abschließt, stellt einen Übergang zu dem auf **ro** folgenden Zustand dar. Bei der Beschreibung von Automatensystemen wird vor der Darstellung der Quadrupel eines Teilsystems mit dem Namen s

system s;

notiert. Das Ende der Darstellung des Teilsystems wird durch

end ;

angezeigt. Ein unmittelbar vor **or** oder **end** stehendes Semikolon kann weggelassen werden. Das Hauptsystem eines Automatensystems, d. h., dasjenige Teilsystem, an dessen Anfangszustand abgeschlossene Läufe beginnen, wird zusätzlich durch ein vorgesetztes **main** gekennzeichnet. So kann z. B. das Automatensystem von Abb. 8 in I.5 in folgender Form notiert werden:

```
main system s1  ; either + or — or ro ;
              z11: s2 ; either + ; goto z11 or — ; goto z11
                        or × ; goto z11 or / ; goto z11 or ro end;
system s2; either v; z21: either 1; goto z21 or 0; goto z21 or ro
        or ( ; s1 ; ) ro end ;
```

Das System *s*1 kann auch kürzer notiert werden:

```
main system s1; either + or — or ro ;
                    z11: s2; either either + or — or × or / ro; goto z11
                         or ro end;
```

Es ist zu beachten, daß ε nicht dargestellt wird, also **or ro** statt **or** ε **ro** notiert wird. Ebenso wird z: **goto** z_2 statt z_1: ε ; **goto** z_2 geschrieben.

Durch derartige Systeme werden kontextfreie Sprachen generiert. Wird neben der Ausgabe noch eine Eingabe zugelassen, so ist die Darstellung nur leicht abzuändern. Wenn die Ausgabe nicht nur als Ausgabe von Zeichen oder Aufruf von Teilsystemen interpretiert wird, können auch Turingmaschinen oder allgemeine Systeme zur Verarbeitung von Relationen in ähnlicher Form dargestellt werden.

3.3. Kontextfreie Grammatik für ALGOL 68

In den Abb. 21—27 und 30—39 ist ein Automatensystem zur Erzeugung einer kontextfreien Obersprache von ALGOL 68 dargestellt. Dieses Automatensystem sei hier nochmals in der soeben eingeführten Sprache zur Beschreibung von Systemen notiert. Dabei werden häufig statt der in den Abbildungen verwendeten Abkürzungen längere Namen für Teilsysteme und zusätzlich Bezeichnungen für gewisse Zustände eingeführt. Die ALGOL 68-Zeichen sind durch Einschließen in Anführungsstriche hervorgehoben. Das Hauptsystem führt den Namen einzelprogramm (vgl. Abb. 38). Das System kann hiernach in folgender Form notiert werden:

```
main system einzelprogramm; either marke or ro; klausel end;
system marke; m1: name; ":"; either goto m1 or ro end;
system klausel; either either "par" or ro; kollateralklausel
                       or abgeschlossene klausel
                       or auswahlklausel
                       or schleife ro end;
system kollateralklausel; either "("
                                 or "("; kk1: einheit; ",";
                                    either goto kk1 or einheit ro
                                 ro; ")" end;
system abgeschlossene klausel; either "("; serie; ")"
                                      or "begin"; serie; "end" ro end;
system auswahlklausel;
       either "case"; a1: abfrageserie; "in"; a2: einheit; ",";
           either goto a2 or einheit ro;
           either "ouse"; goto a1 or "out"; serie or ro;
           "esac"
```

```
         or "if"; a3: abfrageserie; "then"; serie;
            either "elif"; goto a3 or "else"; serie or ro;
            "fi"
         or "case"; a4: abfrageserie; "in"; a5: spezifikation;
            einheit; ","; either spezifikation; einheit
                            or goto a5 ro;
            either "ouse"; goto a4 or "out"; serie or ro;
            "esac" ro end;
system schleife; either "for"; name or ro;
                 either "from"; einheit or ro;
                 either "by"; einheit or ro;
                 either "to"; einheit or ro;
                 either "while"; abfrageserie or ro;
                 "do"; serie; "od" end;
system serie; s1: either either deklaration or einheit ro;
                         either ";"; goto s1 or ro
                  or ro;
              s2: either marke or ro; einheit;
                  either ";"; goto s2
                  or "exit"; marke; goto s2 or ro end;
system abfrageserie; as1: either either deklaration or einheit ro;
                                 either ";"; goto as1 or ro
                          or ro; einheit end;
system spezifikation; "("; formaler erklärer; either name or ro;
                      ")"; ":" end;
system einheit; either operand or sprung or wertzuweisung
                or identitätsrelation or routinetext
                or "skip" or "nil"ro end;
system sprung; either "goto" or ro; name end;
system wertzuweisung; operand; ":="; einheit end;
system identitätsrelation; either operand or "nil" ro;
                           either "is" or "isnt" ro;
                           either operand or "nil" ro end;
system deklaration; d1: either typdeklaration
                        or prioritätsdeklaration
                        or operatordeklaration
                        or prozedurdeklaration
                        or variablendeklaration
                        or identitätsdeklaration ro;
                        either ","; goto d1 or ro end;
system typdeklaration; "mode"; t1: indikator; "=";
                       aktueller erklärer; either ",";
                       goto t1 or ro end;
```

```
system prioritätsdeklaration; "prio"; pl: operator;
                              either ","; goto pl
                              or "="; ziffer ro end;
system ziffer; either "0" or "1" or "2" or "3" or "4" or "5" or "6" or "7" or "8"
               or "9" ro end;
system operator; either operatorzeichen; either ":=" or ro
                 or indikator ro end;
system operatorzeichen; either "<" or "≦" or ">" or "≧" or "=" or "≠" or
                        "+" or "−" or "*" or "/" or "↑" ro end;
system operatordeklaration; "op"; either parameterplan or ro;
                            op: operator; either ",";
                            goto op or "=" ro;
                            routinetext end;
system prozedurdeklaration; "proc"; name; "="; routinetext end;
system variablendeklaration; mustergenerator;
                         vl: name; either ":="; einheit or ro;
                             either ","; goto vl or ro end;
system mustergenerator; either "loc" or "heap" or ro;
                        either "proc" or aktueller erklärer ro end;
system identitätsdeklaration; formaler erklärer; id: name;
                              "="; einheit;
                              either ","; goto id or ro end;
system name; buchstabe; n: either buchstabe; goto n
                           or ziffer; goto n.or ro end;
system indikator; unsterstrichener Buchtabe;
                  i: either unterstrichener buchstabe; goto i
                  or unterstrichene ziffer; goto i or ro end;
system buchstabe; either "a" or "b" or "c" or "d" or "e" or "f" or "g" or "h" or
                  "i" or "j" or "k" or "l" or "m" or "n" or "o" or "p" or "q"
                  or "r" or "s" or "t" or "u" or "v" or "w" or "x" or "y" or "z"
                  ro end;
system unterstrichener buchstabe; either "a" or "b" or "c" or "d" or "e" or "f"
                  or "g" or "h" or "i" or "j" or "k" or "l" or "m" or "n" or "o"
                  or "p" or "q" or "r" or "s" or "t" or "u" or "v" or "w" or "x"
                  or "y" or "z" or end;
system unterstrichene ziffer; either "0" or "1" or "2" or "3" or "4" or "5" or "6"
                  or "7" or "8" or "9" ro end;
system aktueller erklärer; either standardtyp or aktueller felderklärer
                  or aktueller strukturerklärer or routineerklärer
                  or vereinigungserklärer
                  or "ref"; virtueller erklärer ro end;
system standardtyp; either long; standardtypl or standardtyp2 ro end
system standardtypl; either "real" or "int" or "bits" or "bytes" or "compl" ro
                     end;
```

```
system standardtyp2; either "void" or "bool" or "char" or "string" or "sema"
                     or "format" or "file" or "channel" ro end;
system long; either "long"; l1: either "long"; goto l1 or ro
             or "short"; l2: either "short"; goto l2 or ro
             or ro end;
system formaler erklärer;
      either standardtyp or formaler felderklärer
      or virtueller strukturerklärer or routineerklärer
      or vereinigungserklärer or "ref"; virtueller erklärer
      ro end;
system virtueller erklärer;
      either standardtyp or virtueller felderklärer
      or virtueller strukturerklärer or routineerklärer
      or vereinigungserklärer or "ref"; virtueller erklärer
      ro end;
system aktueller felderklärer; either "flex" or ro; "[";
      af: einheit; ":"; einheit; either ","; goto af or "]" ro;
         aktueller erklärer end;
system formaler felderklärer; "[";
      ff: either ":" or ro; either ","; goto ff or "]" ro;
         formaler erklärer end;
system virtueller felderklärer; either "flex" or ro; "[";
      vf: either ":" or ro; either ","; goto vf or "]" ro;
         virtueller erklärer end;
system aktueller strukturerklärer; "struct"; "(";
      ast: aktueller erklärer; as2: name;
         either ","; goto as2 or ","; goto ast or ")" ro end;
system virtueller strukturerklärer; "struct"; "(";
      vst: virtueller erklärer; vs2: name;
         either ","; goto vs2 or ","; goto vst or ")" ro end;
system routineerklärer; "proc"; parameterplan end;
system parameterplan; either "("; pp: formaler erklärer;
                               either ","; goto pp or ")" ro
                      or ro; formaler erklärer end;
system vereinigungserklärer; "union"; "(";
      v: formaler erklärer; either ","; goto v or ")" ro end;
system routinetext; either "("; rt1: formaler erklärer;
                             rt2: name; either ","; goto rt2
                                        or ","; goto rt1
                                        or ")" ro
                    or ro; formaler erklärer; ":"; einheit end;
system operand; either primärelement or generator or selektion
                or formel ro end;
```

```
system primärelement; either name or konstante or klausel
                      or typwandler or aufruf or teilfeld ro end;
system generator; either "heap" or "loc" ro; aktueller erklärer end;
system selektion; name; "of"; operand end;
system typwandler; formaler erklärer; klausel end;
system aufruf; primärelement;
       either "("; a: einheit; either ","; goto a or ")" ro
       or ro end;
system teilfeld; primärelement; "[";
       tf: either einheit or trimmer or ro;
          either ","; goto tf or "]" ro end;
system trimmer; either either einheit or ro; ":"; either einheit or ro or ro;
                either "at"; einheit or ro end;
system formel; either operator; operand
               or operand; operator; operand ro end;
system konstante; either zahl or bits or char or string
                  or "empty" or "true" or "false" ro end;
system zahl; long; either ziffer; z1: either ziffer; goto z1
                                      or goto z2 or "." ro
                   or "." ro; ziffer;
               z2: either ziffer; goto z2
                   or "e"; either "+" or "—" or ro; ziffer;
                      z3: either ziffer; goto z3 or ro
                   or ro end;
system bits; long; either "2"; "r"; ziffer2;
                       b1: either ziffer2; goto b1 or ro
       or "4"; "r"; ziffer4; b2: either ziffer4; goto b2 or ro
       or "8"; "r"; ziffer8; b3: either ziffer8; goto b3 or ro
       or "16"; "r"; ziffer16; b4: either ziffer16; goto b4 or ro
       ro end;
system char; """; zeichen; """ end;
system zeichen; either buchstabe or ziffer or "e" or "i" or ")"
       or "(" or "." or "," or "+" or "—" or """" or "." ro end;
system string; """; zeichen; st: either zeichen; goto st or ro;
               """ end;
system ziffer2;  either "0" or "1" ro end;
system ziffer4;  either ziffer2 or "2" or "3" end;
system ziffer8;  either ziffer4 or "4" or "5" or "6" or "7" ro end;
system ziffer16; either ziffer or "a" or "b" or "c" or "d"
                 or "e" or "f" ro end ;
```

3.4. Zusammenstellung von Elementaraktionen

Ein Pascal-Programm oder ein ALGOL 68-Programm beschreibt einen Datenverarbeitungsprozeß, der mittels eines der in II.3 bzw. III.3 eingeführten Verarbeitungsautomaten modelliert werden kann. Die Elementaraktionen dieser Verarbeitungsautomaten sind so gewählt, daß die durch Folgen von Elementaraktionen beschriebenen Zustandsänderungen (Belegungsänderungen) der Verarbeitungsautomaten einfach durch sprachliche Konstruktionen darstellbar sind. Die den Datenverarbeitungsprozessen zugrundeliegenden Belegungsänderungen sind bei beiden Verarbeitungsautomaten ähnlich und stimmen teilweise überein. Daher sind auch die beiden Verarbeitungsautomaten ähnlich aufgebaut. Beide Automaten verfügen über zwei Stapel, d. h. belegbare Folgen von Hilfsnamen $\varrho_1, \varrho_2, \ldots$ und $\sigma_1, \sigma_2, \ldots$ Weitere belegbare Hilfsnamen sind $\varkappa$ (aktueller Stapelindex für ϱ_i), ϑ (aktueller Stapelindex für σ_i oder dynamisches Niveau) und ν (aktuelles Niveau). Der Stapel der ϱ_i ist wichtig für die Rechnung, der Stapel der σ_i für die Belegungssteuerung (dynamische Speicherverteilung).

Im folgenden sind die Elementaraktionen für die beiden Verarbeitungsautomaten unter den Überschriften *Pascal* und *ALGOL* zusammengestellt, wobei jeweils sich entsprechende Elementaraktionen einander gegenübergestellt werden. Die Elementaraktionen werden kurz erläutert, für ausführliche Erläuterungen wird auf die betreffende Textstelle verwiesen:

Pascal: **=:** (vgl. II.3.2).

ALGOL: **=:**$_A$ (vgl. III.3.4).

Mit **:=** wird ein ϱ_{K-1} belegender Name mit einem ϱ_K belegenden Wert belegt und K wird um 2 erniedrigt. Mit **:=**$_A$ wird entsprchend ein ϱ_{K-1} belegender Hinweis (eine Adresse) mit dem Wert aus ϱ_K belegt und K um 1 erniedrigt. K ist der aktuelle Stapelindex, d.h. die Belegung von $\varkappa$.
Pascal: **plus, minus, mal, durch, div, rest** (vgl. III.3.2.).
ALGOL: **plus**$_A$, **minus**$_A$, **mal**$_A$, **durch**$_A$, **div**$_A$, **rest**$_A$ (vgl. III.3.2).
Diese Elementaraktionen beschreiben zweistellige arithmetische Operationen, bei denen der erste Operand in ϱ_{K-1} steht, der zweite in ϱ_K. Nach Erniedrigung von K um 1 erscheint das Resultat als Belegung von ϱ_K mit dem neuen Index K. Die Elementaraktionen unterscheiden sich in Pascal und ALGOL 68 durch verschiedene Definitionsbereiche. In ALGOL 68 sind weitere zweistellige arithmetische Elementaraktionen vorgesehen:

ALGOL: **potenz**$_A$, **komplex**$_A$ (vgl. III.3.2).

Pascal: **oder, und, gleich, ungleich, kleiner, nichtkleiner, größer, nichtgrößer** (vgl. II.3.3).
ALOGL: **oder**$_A$, **und**$_A$, **gleich**$_A$, **ungleich**$_A$, **kleiner**$_A$, **nichtkleiner**$_A$, **größer**$_A$, **nichtgrößer**$_A$ (vgl. III.3.2).

Die letzten Elementaraktionen beschreiben wieder zweistellige Operationen mit einem Wahrheitswert als Resultat. Die Definitionsbereiche unterscheiden sich ebenfalls in Pascal und in ALGOL 68.

Pascal: **in, vereinigung, durchschnitt, differenz, teil, umfaßt** (vgl. II.3.3).

Diese zweistelligen Elementaraktionen operieren mit Mengen, sie haben in ALGOL 68 kein Gegenstück. Dagegen sind in ALGOL 68 zweistellige Operationen zur Verarbeitung von Bitfolgen und Zeichenketten enthalten:

ALGOL: **element**$_A$, **verschiebe links**$_A$, **verschiebe rechts**$_A$, **verkette**$_A$, **vervielfache**$_A$ (vgl. II.3.3).

Bei einstelligen Operationen wird der ϱ_K belegende Operand verarbeitet, das Resultat erscheint wieder in ϱ_K ohne Änderung von K. Wieder unterscheiden sich die Elementaraktionen in beiden Sprachen durch ihre Definitionsbereiche.

Pascal: **wert, invers, negation, absolut, sinus, cosinus, exp, ln, wurzel, arctan, ungerade** (vgl. II.3.4 und II.3.12).

ALGOL: **wert**$_A$, **invers**$_A$, **negation**$_A$, **absolut**$_A$, **sinus**$_A$, **cosinus**$_A$, **exp**$_A$, **ln**$_A$, **wurzel**$_A$, **arctan**$_A$, **ungerade**$_A$ (vgl. III.3.2).

In ALGOL 68 sind weitere einstellige Elementaraktionen enthalten, die in Pascal nicht verwendet werden:

ALGOL: **verkürze**$_A$, **verlängere**$_A$, **vorzeichen**$_A$, **runden**$_A$, **realteil**$_A$, **imaginärteil**$_A$, **argument**$_A$, **konjugiert**$_A$, **bool → int**, **bits → int**, **int → bits**, **packen bool**$_i$, **packen char**$_i$, **arccos**$_A$, **arcsin**$_A$, **tan**$_A$, **zufall**$_A$, **oben**$_1$, **unten**$_1$ (vgl. III.3.2).

Bei **packen bool**$_i$ und **packen char**$_i$ bezeichnet i eine ganze Zahl, die der Zahl der im Zieltyp enthaltenen **long** oder **short** entspricht. Die einstelligen Elementaraktionen **oben**$_1$ und **unten**$_1$ dienen zur Feststellung der oberen bzw. unteren Grenze eines Vektors. Bei mehrdimensionalen Feldern können in ALGOL 68 die obere und untere Grenze eines angegebenen Index durch die zweistelligen Elementaraktionen **oben** und **unten** festgestellt werden.

ALGOL: **oben, unten** (vgl. III.3.2).

Einige Elementaraktionen zur Typumwandlung sind für Pascal und ALGOL 68 verschieden bezeichnet, sie entsprechen sich in ihrer Wirkung.

Pascal: **abschneiden, ordnungszahl, zeichen** (vgl. II.3.12).

ALGOL: **real → int, char → int, int → char** (vgl. III.3.3).

Die folgenden einstelligen Elementaraktionen für Pascal haben kein Gegenstück im Verareitungsautomaten für ALGOL 68:

Pascal: **nachfolger, vorgänger, quadrat** (vgl. II.3.4 und II.3.12).

Im Verarbeitungsautomaten für ALGOL 68 treten dagegen noch folgende einstelligen Elementaraktionen zur Typwandlung auf:

ALGOL: **inhalt**$_j$, **int → real**, **real → compl**, **bits → [ ] bool**, **bytes → [ ] char**, **auf reihen**$_A$, **entwerten**$_A$ (vgl. III.3.2).

Der Index j bezeichnet die Referenzstufe des Resultats (eine natürliche Zahl einschließlich 0).

Pascal: **fk**$_1$, **fk**$_2$, . . . (vgl. II.3.5).

ALGOL: **tf**$_1$, **tf**$_2$, . . . (vgl. III.3.3).

Mit diesen Elementaraktionen werden Komponenten von Feldern oder bei ALGOL 68 auch Teilfelder ausgewählt, wobei ϱ_K mit dem Feldnamen (bei Pascal) bzw. mit einem Hinweis auf das Feld oder dem Feld selbst (bei ALGOL 68) belegt ist. Ab ϱ_{K-1} rückwärts sind Indizes oder bei ALGOL 68 auch Tripel zur Bildung von Teilfeldern gespeichert. K wird zurückgestellt und die ausgewählte Komponente bzw. das ausgewählte Teilfeld belegt das neue ϱ_K. Die Bildung von Tripeln (Indexintervalle mit einem neuen Anfangsindex) ist nur in ALGOL 68 vorgesehen:

ALGOL: **tripel** (vgl. III.3.3).

In Pascal können Adressen von Feldkomponenten gebildet werden. Diese Adressen werden zur Parametervermittlung verwendet. In ALGOL 68 wird allgemein mit Hinweisen (Adressen) gearbeitet, daher ist dort ebenfalls die Bildung von Hinweisen auf Teilfelder oder Komponenten vorgesehen.

Pascal: $\mathbf{afk}_1$, $\mathbf{afk}_2$, ... (vgl. II.3.8).
ALGOL: $\mathbf{htf}_1$, $\mathbf{htf}_2$, ... (vgl. III.3.3).

Die Voraussetzungen sind die gleichen wie oben bei den $\mathbf{fk}_i$ bzw. $\mathbf{tf}_i$.

Pascal: $\mathbf{nfk}_1$, $\mathbf{nfk}_2$, ... (vgl. II.3.5).

Bei der Bildung von Komponenten, die selbst wieder zusammengesetzte Werte sind, wird im Pascal-Verarbeitungsautomaten ein Hilfsname τ mit dem Resultat belegt und ϱ_K wird mit dem Namen τ belegt. Dadurch ist eine weitere Auswahl möglich, da vorausgesetzt wird, daß ϱ_K mit einem Feldnamen (hier τ) belegt ist. Da diese Voraussetzung im Verarbeitungsautomaten für ALGOL 68 nicht gilt, entfallen dort entsprechende Elementaraktionen.

Pascal: **dk**, **adk** (vgl. II.3.5 und II.3.8).
ALGOL: $\mathbf{dk}_A$, $\mathbf{hdk}_A$ (vgl. III.3.3).

Diese Elementaraktionen beschreiben die entsprechende Auswahl aus einem Datensatz mittels eines Selektors. In Pascal sind noch weitere Elementaraktionen zur Auswahl aus Klassen und Bändern vorgesehen, die ebenfalls in der Version auftreten können, daß τ mit dem Resultat belegt wird, dann tritt **n** in der Bezeichnung der Elementaraktion auf.

Pascal: **kk**, **bk**, **akk**, **abk**, **ndk**, **nkk**, **nbk** (vgl. II.3.5).

Für die Belegung ausgewählter Komponenten sind im Pascal-Verarbeitungsautomaten spezielle Elementaraktionen vorgesehen, die in ALGOL 68 wegen der generellen Verwendung von Hinweisen als Ziel einer Wertzuweisung entfallen können. Allerdings kann auch ein Pascal-Verarbeitungsautomat entsprechend konstruiert werden (vgl. II.3.8).

Pascal: $\mathbf{fk}_1$**:=**, $\mathbf{fk}_2$**:=**, ... , **dk:=**, **kk:=**, **bk:=** (vgl. II.3.5).

Für die Verarbeitung von Bändern und Klassen sind im Pascal-Verarbeitungsautomaten spezielle Elementaraktionen vorgesehen:

Pascal: $\mathbf{rechts}_a$, $\mathbf{rechts}_e$, **zurück**, **leer**, **bandende**, **neu**, $\mathbf{neu}_1$, $\mathbf{neu}_2$, ... , **hinweisklasse** (vgl. II.3.5).

Weitere Elementaraktionen dienen zur Bildung von Mengen aus Werten gleichen Typs, die auf ein spezielles Kennzeichen **m** folgend im Stapel der ϱ_i gespeichert sind. In der betreffenden Elementaraktion ist der Typ der Werte angegeben:

Pascal: **menge real, menge integer**, . . . (vgl. II.3.5).

Sowohl im Pascal-Verarbeitungsautomaten als auch im ALGOL 68-Verarbeitungsautomaten sind Elementaraktionen zur Speicherung einer explizit anzugebenden Information x (z. B. eines Namens oder einer Zahl) in der höchsten Stelle des Stapels (ϱ_K) vorgesehen:

Pascal: **stapel** x (vgl. II.3.6).

ALGOL: **stapel**$_A$ x (vgl. III.3.1).

Die Erweiterung einer Belegung geschieht in beiden Sprachen durch Deklaration bzw. Parametervermittlung.

Pascal: **deklariere** (vgl. II.3.7).

ALGOL: **deklariere**$_A$ (vgl. III.3.6).

Zur nichtdeterministischen Erzeugung eines Wertes anhand einer in den ϱ_i gespeicherten Darstellung eines Typs werden im Pascal-Verarbeitungsautomaten je nach Art des Wertes verschiedene Elementaraktionen verwendet:

Pascal: **feld, ds, klasse, menge, band, skalar** (vgl. II.3.9).

In ALGOL 68 sind drei Elementaraktionen zur nichtdeterministischen Erzeugung eines Wertes vorgesehen:

ALGOL: **local**$_A$, **heap**$_A$, **skip**$_A$ (vgl. III.3.5).

In beiden Verarbeitungsautomaten ist es möglich, eine Bezeichnung mit einem Typ zu belegen. Die Bezeichnung belegt ϱ_K, die Typdarstellung ist ab ϱ_{K-1} abwärts gespeichert. In beiden Fällen wird die Belegung erweitert.

Pascal: **typ** (vgl. II.3.10).

ALGOL: **typ**$_A$ (vgl. III.3.7).

Im ALGOL 68-Verarbeitungsautomaten ist eine weitere Elementaraktion vorgesehen, die von einem ϱ_K belegenden Wert den Typ feststellt und eine Darstellung dieses Typs nach Erhöhung von K um 1 in ϱ_K speichert:

ALGOL: **ist**$_A$ (vgl. III.3.7).

Für die Modellierung der Blockstruktur und die damit verbundene Programmsteuerung sind folgende Elementaraktionen vorgesehen:

Pascal: **niveau, blockanfang, blockende, tilge, lösche** (vgl. II.3.11 und II.7).
ALGOL: **niveau**$_A$, **blockanfang**$_A$, **blockende**$_A$, **tilge**$_A$, **lösche**$_A$, (vgl. III.3.11).

Mit **niveau** wird das statische Niveau eines Namens in ϱ_K bereitgestellt. Mit **blockanfang** wird das statische Niveau aus ϱ_K zur Belegung von ν, das dynamische Niveau wird um 1 erhöht. Mit **blockende** wird das alte statische Niveau wieder in ϱ_K gespeichert. Mit **tilge** wird die Belegung um die lokalen Größen des zu verlassenden Blocks reduziert. Die Elementaraktion **lösche** dient zur Löschung von ϱ_K durch Zurückstellung von K auf $K-1$. Für ALGOL gilt Entsprechendes.

Pascal: **eingabe** (vgl. II.11.3).

ALGOL: **eingabe**$_A$ (vgl. III.3.8).

Elementaraktionen dienen dienen zur Vorbereitung der eigentlichen Eingabe. Mit **eingabe** wird ein Band zur Belegung von ϱ_K, mit **eingabe**$_A$ wird die Belegung der Variablen %*chainbfile* geändert. Folgende Hilfsaktionen werden benutzt:

Pascal: **suche** Γ (vgl. II.11.3).

Mit dieser Elementaraktion wird im Eingabeautomaten eine mit Γ gekennzeichnete Wertfolge gesucht.

ALGOL: **chainbfile** β, **eingabevektor**, **ausgabevektor** (vgl. III.3.8).

Hierbei bezeichnet β die an %*chainbfile* anzufügende Information. Durch **eingabevektor** bzw. **ausgabevektor** werden Vektoren von Werten bzw. Hinweisen gebildet.

Pascal: **packen, auflösen** (vgl. II.3.12).

Mit diesen dreistelligen Elementaraktionen wird die Umwandlung eines Vektors von Zeichen in einen Wert vom Typ *alfa* und die Umkehrung dieser Umwandlung beschrieben. Im ALGOL-Verarbeitungsautomaten werden durch **packen char**$_i$ und **bytes** → [ ] **char** ähnliche Aktionen beschrieben (s. o.).

ALGOL: **teilstop, teilstart, int → sema, sema → int** (vgl. III.3.10).

Diese Elementaraktionen dienen zur Simulation der Mehrfachverarbeitung im ALGOL-Verarbeitungsautomaten.

ALGOL: **h-gleich**$_A$, **h-ungleich**$_A$, **folge**$_A$ (vgl. III.3.11).

Die ersten beiden Elementaraktionen dienen zum Vergleich von Hinweisen, die letzte zur Bildung einer Folge aus nach einem Anfangszeichen **A** die ϱ_i belegenden Werten.

3.5. Kontextbedingungen und Regeln zur Programmniederschrift

Wie in II.3.2 und II.3.12 erläutert wurde, sind nicht beliebige Folgen von Elementaraktionen in einem Verarbeitungsautomaten ausführbar, da viele Elementaraktionen nur für bestimmte Zustände des Verarbeitungsautomaten definiert sind. Zum Beispiel kann die Elementaraktion **deklariere** (vgl. II.3.7) nur ausgeführt werden, wenn das den Namen bezeichnende Argument dieser Elementaraktion noch nicht als Argument in der Belegung auftritt. Auch für die Typen der Werte, auf die arithmetische Elementaraktionen anwendbar sind, sind Voraussetzungen zu beachten. Weiter treten bei Nacheinanderausführung von Elementaraktionen häufig Resultate vorhergehender Elementaraktionen als Argumente der nachfolgenden auf. Daher sind auch die Eigenschaften der Resultate zu beachten.

Derartige Bedingungen für die Ausführung von Elementaraktionen treten bei der Niederschrift von Programmen als *Kontextbedingungen* auf, die die Menge der (sinnvollen) Programme gegenüber der Menge der kontextfrei durch die angegebenen Vorschriften erzeugbaren Texte einschränken. Hier wurden die Kontextbedingungen nur implizit dadurch formuliert, daß Programmteile als Darstellungen von Elementaraktionen angesehen werden, deren Ausführung nur bedingt möglich ist. Eine unmittelbare Formulierung solcher Regeln erfolgt im ALGOL 68-Bericht durch Verwendung einer VAN WIJNGAARDEN-Grammatik.

Im folgenden werden die bei der Niederschrift eines Programms zu beachtenden Regeln so zusammengestellt, daß für die einzelnen Elementaraktionen angegeben wird, wie die zugehörige Notation im Programm lautet.

Pascal:

:=: Notiere das Zeichen := nach der Zielvariablen und vor dem diese Variablen belegenden Ausdruck. Beachte die Regeln zur Typverträglichkeit aus II.6.

plus, minus, mal, durch, div, rest, oder, und, gleich, ungleich, kleiner, nichtkleiner, größer, nichtgrößer, in, vereinigung, durchschnitt, differenz, teil, umfaßt: Notiere das entsprechende zweistellige Operationszeichen zwischen Darstellungen der Operanden, wobei ggf. Klammern um die Operanden entsprechend der Priorität des Operationszeichens weggelassen werden dürfen. Beachte, daß die Operanden Werte der durch die Elementaraktion geforderten Typen darstellen müssen (vgl. II.4).

wert: Diese Elementaraktion wird im Programm nicht notiert. Sie veranlaßt den Üergang von einer Variablen zum belegenden Wert und wird implizit dadurch berücksichtigt, daß eine Variable statt ihres Wertes notiert werden darf. Die Ausführung der Elementaraktion ist wie bei anderen mit Namen als Argumenten operierenden Elementaraktionen an die Voraussetzung gebunden, daß der betreffende Name als Argument in der Belegung auftritt. In einem Programm bedeutet das, daß der Name deklariert oder als Parameter definiert sein muß. Weiter muß die Stelle der Niederschrift im Gültigkeitsbereich der Deklaration bzw. der Parameterdefinition liegen.

invers, negation: Notiere das entsprechende Operationszeichen (— oder ¬) vor der Darstellung des Operanden, der ein arithmetischer Wert bzw. ein Wahrheitswert sein muß.

absolut, sinus, cosinus, exp, ln, wurzel, arctan, ungerade, abschneiden, ordnungszahl. zeichen, nachfolger, vorgänger, quadrat: Notiere den Namen der entsprechenden Standardfunktion, auf den eingeklammert die Darstellung des Operanden folgt. Wieder ist der Typ des Operanden zu beachten.

fk_1, fk_2, . . .: Notiere eine Konstruktion (indizierte Variable), in der eine entsprechende Zahl von Indexausdrücken ggf. durch Kommata getrennt und in eckige Klammern eingeschlossen auf einen Feldnamen oder eine andere Darstellung eines Feldes folgt (vgl. II.4).

afk$_1$, afk$_2$, ...: Ebenso, jedoch handelt es sich hier um die Erzeugung von Adressen zur Parametervermittlung, d. h. die indizierten Variablen treten als Parameter auf, die formalen Variablenparametern entsprechen (vgl. II.8).

nfk$_1$, nfk$_2$, ...: Entsprechend, jedoch dient die indizierte Variable als Argument für eine weitere Auswahl.

dk, adk, ndk: Zur Auswahl aus einem Datensatz wird hinter der Darstellung des Datensatzes durch einen Punkt getrennt eine Darstellung eines zum Datensatz gehörenden Selektors notiert (vgl. II.4).

kk, bk, akk, abk, nkk, nbk: Entsprechend wird zur Auswahl aus einer Klasse oder einem Band hinter einer Darstellung eines Hinweises auf die Klasse bzw. eines Bandes ein ↑ notiert.

fk$_1$:=, fk$_2$:=, ..., dk:=, kk:=, bk:= : Notiere das Zeichen := nach einer Zielvariablen, die eine indizierte Variable, eine Komponente eines Datensatzes, einer Klasse oder eines Bandes darstellt, und vor dem diese Variable belegenden Ausdruck. Beachte wieder die Regeln der Typverträglichkeit aus II.6.

rechts$_a$, rechts$_e$, zurück, leer, bandende: Notiere die zugehörige Standardprozedur (*put*, *get*, *reset*, *rewrite*, *eof*) mit einer Bandvariablen als aktuellem Parameter (vgl. II.3.10).

neu$_1$, neu$_2$, ...: Notiere die Standardfunktion *new* mit einer Hinweisvariablen und ggf. einem oder mehreren Selektorwerten als aktuellen Parametern (vgl. II.3.10).

hinweisklasse: Im Programm wird nichts notiert. Diese Elementaraktion ist nur eine Hilfsaktion, die den mit einer Hinweisvariablen verbundenen Klassennamen bereitstellt. Die Verbindung erfolgt im Programm bei der Deklaration der Hinweisvariablen durch Notierung der Klassenvariablen hinter ↑, d. h. in der Darstellung des Hinweistyps (vgl. II.2).

menge V: Darstellungen von Werten des Typs **V** werden durch Kommata getrennt und mit eckigen Klammern zusammengefaßt. Auch die leere Menge kann durch [ ] dargestellt werden (vgl. II.4).

stapel x: Die Zeichenfolge x (z. B. ein Name, eine Zahl, ein Zeichen wie **array**, **of** usw.) wird notiert. Diese Zeichenfolge tritt als Bestandteil von Anweisungen, Ausdrücken oder Deklarationen auf. Ihre Stellung im Programm wird durch die kontextfreien grammatischen Regeln festgelegt. Hierzu ist zu bemerken, daß die Reihenfolge der Abarbeitung von Elementaraktionen im allgemeinen nicht mit der Reihenfolge der zugehörigen Notierungen übereinstimmt.

deklariere: Diese Elementaraktion kann sowohl zur Variablendeklaration und Konstantendefinition (vgl. II.5) als auch zur Parametervermittlung (vgl. II.8) benutzt werden. Bei Verwendung zur Variablendeklaration oder Parametervermittlung ist ein Doppelpunkt nach einem Namen und vor einer Typdarstellung zu notieren. In abgekürzter Schreibweise können mehrere Namen, die mit dem gleichen Typ verbunden werden, in einer Liste zusammengefaßt werden, in der Kommata als Trennzeichen benutzt werden. Bei einer Parametervermittlung wird noch die Eingliederung als Konstantenparameter, Variablenparameter, Funktionsparameter oder Prozedurparameter vorgenommen. Dazu ist eines der Zeichen **const**, **var**, **function** oder **procedure** zusätzlich vor dem Parameter zu notieren. Jedes dieser Zeichen kann auch für eine ganze Parametergruppe gelten, **const** kann auch weggelassen werden. Parametergruppen werden durch Semikolon getrennt. Bei Prozedurvermittlung entfällt der Doppelpunkt und die Typdarstellung hinter dem Parameter, da der Typ bereits durch **procedure** angezeigt wird. Bei Konstantendefinitionen wird ein Gleichheitszeichen zwischen dem zu belegenden Namen und der ihn belegenden Konstanten notiert. Vor den durch Kommata getrennten Konstantendefinitionen ist **const** zu notieren.

feld, ds, klasse, menge, band, skalar: Diese Elementaraktionen veranlassen für eine Deklaration die Erzeugung eines unbestimmten Wertes eines durch den Stapelinhalt festgelegten Typs. Eine Darstellung dieses Typs ist zu notieren (vgl. II.1, II.2, II.3.9).

typ: Es ist die Darstellung eines Typs zu notieren, der ebenfalls durch den Stapelinhalt festgelegt ist. Dieser Typ wird in einer Typdefinition zur Belegung eines Namens, der durch Gleichheitszeichen getrennt vor der Typdarstellung notiert wird.

niveau, blockanfang, blockende, tilge, lösche: Diese Elementaraktionen dienen zur Belegungsänderung im Zusammenhang mit der Blockstruktur. In einem Pascalprogramm treten sie nicht direkt in Erscheinung. Dort ist ein Block eine mit **procedure** oder **function** beginnende Deklaration oder das gesamte Programm. Nach dem Deklarationsteil einer solchen Konstruktion ist **begin** zu notieren, um alle Anweisungen des Blocks zu einer mit **end** abzuschließenden Verbundanweisung zusammenfassen zu können.

eingabe, suche Γ: Die Elementaraktionen erscheinen nicht im Pascal-Programm, sie dienen zur Vorbereitung der Eingabe im Betriebssystem der Rechenanlage (vgl. II.11.3).

packen, auflösen: Die Standardprozeduren *pack* bzw. *unpack* mit drei aktuellen Parametern sind zu notieren (vgl. II.10).

Diese Vorschriften, die zusammen mit der syntaktischen Beschreibung der Sprache den Elementaraktionen entsprechende Schreibweisen festlegen, reichen noch nicht aus, um ein Pascal-Programm zu schreiben. Dazu ist noch die Programmstruktur, in der Marken, Sprünge und Aufrufe eine Rolle spielen, sowie die Gliederung des Programms in Teilsysteme (Prozedur- und Funktionsdeklarationen) zu beachten. Die zugehörigen Schreibweisen wurden in II.7 und II.8 erläutert. Jede Marke wird durch eine natürliche Zahl vor einem Doppelpunkt definiert, zum Sprung dient eine Notation der Form **goto** ⟨Marke⟩. Für einen Aufruf ist der Funktions- bzw. Prozedurname niederzuschreiben. Darauf folgt eventuell eine eingeklammerte Liste aktueller Parameter, die in der Reihenfolge des Aufschreibens den formalen Parametern zugeordnet werden, die in der Prozedur- bzw. Funktionsdeklaration notiert sind. Der Aufbau des gesamten Programms aus diesen Bestandteilen wurde in II.8 beschrieben.

In den bedingten Anweisungen spiegeln sich die Rückmeldungen des Verarbeitungsautomaten an das steuernde abstrakte Programm wider. In Pascal sind zwei Arten bedingter Anweisungen vorgesehen, die mit **case** bzw. **if** beginnen. Neben diesen Anweisungen können noch abkürzende Konstruktionen verwendet werden, die als Wiederholungsanweisungen bezeichnet werden (vgl. II.9).

Wichtige Regeln, die bei der Niederschrift von Pascal-Programmen als Kontextbedingungen zu beachten sind, seien hier nochmals zusammenfassend notiert:

1. Jede verwendete Bezeichnung ist in einer Variablendeklaration, Konstantendefinition, Typdefinition, Funktionsdeklaration, Prozedurdeklaration oder Markendefinition zu deklarieren bzw. zu definieren. Ausnahmen bilden nur die Standardgrößen (gewisse Funktionen und Prozeduren sowie die Bänder *input* und *output*).
2. Jede Bezeichnung (Name oder Marke) hat einen Lebensbereich, der eine Prozedur oder Funktion oder das ganze Programm ist. Ein Teil des Lebensbereiches ist der Gültigkeitsbereich der Bezeichnung, in dem sie nur einmal deklariert oder definiert sein darf. Ein Gültigkeitsbereich entsteht aus einem Lebensbereich durch Entfernung innerer Lebensbereiche, in denen die gleiche Bezeichnung nochmals deklariert oder definiert ist.
3. Jede Bezeichnung darf nur innerhalb ihres Gültigkeitsbereichs unter Berücksichtigung ihrer Eigenschaften verwendet werden.
4. Die Anzahl der aktuellen Parameter beim Aufruf einer Prozedur oder Funktion muß mit der Anzahl der formalen Parameter in der betreffenden Prozedur- oder Funktionsdeklaration übereinstimmen. Die Zuordnung erfolgt in der Reihenfolge des Aufschreibens.
5. Man achte stets auf Typverträglichkeit der Bestandteile einer sprachlichen Konstruktion.

ALGOL 68:

Die Schreibweise für viele Elementaraktionen stimmt im wesentlichen mit der in Pascal-Programmen überein. Es ist zu beachten, daß in Wertzuweisungen vor dem Zeichen := ein Hinweis stehen muß. Der Typ der Werte auf die dieser Hinweis verweist, bestimmt, welchen Typ der Wert der rechts von := stehenden Einheit haben muß. In ALGOL 68 hat jede Einheit einen Wert. Auch eine Wertzuweisung ist eine Einheit, ihr Wert ist der zu belegende Hinweis. In ALGOL 68 treten mehr Operatoren als in Pascal auf, prinzipiell unterscheidet sich aber die Schreibweise in Formeln nicht von der in Pascal-Ausdrücken. Die Operatoren sind mit ihren Prioritäten in III.4.1 zusammengestellt, daher sollen sie hier nicht nochmals aufgezählt werden. Entsprechendes gilt für die in III.4.2 zusammengestellten Standardfunktionen.

Die Elementaraktion $\mathbf{wert}_A$ wird in ALGOL 68 im allgemeinen ebenfalls nicht notiert, aber es ist möglich, dafür einen Typwandler zu schreiben. Das gilt auch für die Elementaraktionen **inhalt**$_0$, **inhalt**$_1$, ... , die einen Wert der als Index angegebenen Referenzstufe liefern. Man beachte, daß in ALGOL 68 Variable stets mit Hinweisen belegt sind, also Werte mit mindestens der Referenzstufe 1 haben. Ein Typwandler wird so notiert, daß auf eine Darstellung des Zieltyps eine Klausel folgt, deren Wert in einen Wert des Zieltyps umgewandelt wird. Dabei sind jedoch nur die durch die Elementaraktionen **int** → **real**, **real** → **compl**, **bits** → [ ] **bool**, **bytes** → [ ] **char**, **aufreihen**$_A$, **entwerten**$_A$, **wert**$_A$ und **inhalt**$_j$ beschriebenen Typwandlungen zulässig. In III.4.4 wurde erläutert, daß in gewissen Fällen die Notierung von Typwandlern entfallen kann.

In ALGOL 68-Programmen können Teilfelder notiert werden. Die dazu im Verarbeitungsautomaten zur Festlegung von Indexteilmengen dienende Elementaraktion **tripel** kann auf mehrere Arten beschrieben werden. In einer Indexposition können untere und obere Grenze des gewünschten Teilintervalls durch Doppelpunkt getrennt notiert werden. Zusätzlich kann durch nachfolgendes **at** vor einem ganzzahligen Wert eine neue untere Grenze angegeben werden (vgl. III.4.2). Die Notierung eines Teilintervalls kann entfallen, wenn es mit dem betreffenden Indexintervall des Feldes übereinstimmt. Die Auswahl aus einem Datensatz wird durch Notierung von **of** hinter der Darstellung eines Selektors und vor der Darstellung eines Datensatzes, in dem der Selektor auftritt, beschrieben (vgl. III.4.2). Die Auswahl ist sowohl aus Feldern und Datensätzen als auch aus Hinweisen auf diese möglich. Die Auswahl aus einem Hinweis liefert einen untergeordneten Hinweis (vgl. III.3.3).

Die Elementaraktionen **deklariere**$_A$ und **stapel**$_A$ x werden wie die entsprechenden Elementaraktionen in Pascal verwendet. Konstantendefinitionen (Identitätsdeklarationen) und Typdefinitionen werden wie in Pascal beschrieben, dabei entfällt die Kennzeichnung durch **const** und **type** wird durch **mode** ersetzt. Bei einer Identitätsdeklaration ist zusätzlich vor dem zu belegenden Namen der Typ des belegenden Wertes zu notieren. Ist dieser Typ ein Hinweistyp, werden dadurch Variable deklariert. Als Konstante wird in diesem Falle im allgemeinen ein mit **loc** oder **heap** beginnender Generator notiert. Der Generator beschreibt die nichtdeterministische Erzeugung eines Hinweises auf einen Wert des in ihm dargestellten Typs. Zur nichtdeterministischen Erzeugung von Werten dient auch **skip**, das nur in syntaktisch starken Positionen (vgl. III.4.4) notiert werden darf. Bei Identitätsdeklarationen ist wie bei Wertzuweisungen auf Typverträglichkeit zu achten, jedoch sind in beiden Fällen alle automatischen Typwandlungen möglich, da die syntaktische Position der rechten Seite stark ist.

Die Elementaraktion **ist**$_A$ dient zur Feststellung des Typs eines Wertes. In einem ALGOL 68-Programm wird dazu eine mit **case** beginnende Typprüfungsklausel notiert. Der betreffende Wert entsteht aus der hinter **case** notierten Abfrageserie. Den Elementaraktionen **h-gleich**$_A$ und **h-ungleich**$_A$ entsprechen die Notierungen von **is** bzw. **isnt** in Identitätsrelationen (vgl. III.6). Die Elementaraktion **folge**$_A$ wird durch eine Kollateralklausel dargestellt, in der die zusammenzufassenden Werte durch Kommata getrennt und in runde Klammern eingeschlossen erscheinen. Auch die Darstellung einer leeren Folge (eines Vakuums) ist durch die Notation "( )" möglich.

Zur Ausgabe und Eingabe dienen Standardprozeduren, die in III.3.9 aufgeführt wurden. In den Standardprozeduren *put* und *get* werden als Argumente eine Dateivariable und ein Vektor vom Ausgabetyp bzw. vom Eingabetyp (aus Hinweisen bestehend) notiert (vgl. III.3.8 und III.11.2). Die Elementaraktionen **ausgabevektor** und **eingabevektor** dienen zur Bildung dieser Vektoren. Sie werden nicht dargestellt, da sie nur in den im Standardvorspann deklarierten Standardprozeduren benutzt werden. Ebenso werden Elementaraktionen der Form **chainbfile**β nicht dargestellt, sie beziehen sich auf Aktionen des Betriebssystems.

Für ALGOL 68 gelten ähnliche allgemeine Regeln wie für Pascal, die Programmsteuerung verläuft entsprechend, der Blockbegriff ist umfassender. Jede Serie, in der eine Deklaration oder Markendefinition auftritt, ist ein Block. Abkürzende Schreibweisen für Konstruktionen wie Auswahlklauseln und Schleifen sind möglich (vgl. III.9). Die Regeln über Lebensbereich und Gültigkeitsbereich, Verwendung von Bezeichnungen, Mehrfachdeklaration, Parametervermittlung und Parameterzuordnung sowie Typverträglichkeit entsprechen denen in Pascal. Man beachte, daß in ALGOL 68 auch Routinen als Werte auftreten, daher fallen Prozedurdeklarationen in das allgemeine Deklarationsschema. Zur Variablendeklaration und Prozedurdeklaration können abgekürzte Schreibweisen verwendet werden (vgl. III.5.5). Bei Aufrufen können auch Routinetexte notiert und ggf. mit aktuellen Parametern versehen werden (vgl. III.4.2). Bei Sprüngen kann die Notierung von **goto** entfallen, und durch **exit** wird ein Sprung zum Blockende beschrieben, d. h. die betreffende Serie wird verlassen.

Ein einfaches Beispiel diene zur Erläuterung der Regeln zur Niederschrift eines Programms. Unter (1) sei eine verbale Charakterisierung auszuführender Aktionen angegeben, unter (2) eine entsprechende Folge von Elementaraktionen und unter (3) mögliche ALGOL 68-Schreibweisen:

(1) Eröffnung eines Blocks.
(2) $\mathbf{stapel}_A$ ($\aleph$, 2); $\mathbf{niveau}_A$; $\mathbf{blockanfang}_A$;
(3) **begin**

(1) Deklaration einer reellen Variablen x.
(2) $\mathbf{stapel}_A$ **A**; $\mathbf{stapel}_A$ **real**; $\mathbf{local}_A$; $\mathbf{stapel}_A$ x; $\mathbf{deklariere}_A$;
(3) **ref real** $x =$ **loc real** oder **real** x

(1) Belegung von x mit 1.
(2) $\mathbf{stapel}_A$ x; $\mathbf{wert}_A$; $\mathbf{stapel}_A$ 1; **int** $\rightarrow$ **real**; $:=_A$;
(3) $x :=$ **real**(1) oder $x := 1$

(1) Abschluß des Blocks.
(2) $\mathbf{blockende}_A$; $\mathbf{tilge}_A$.
(3) **end**

Das resultierende Programm ist

begin ref real x = **loc real**; x := **real**(1) **end**

oder in abgekürzter Form

begin real x := 1 **end** .

Beim praktischen Programmieren geht man normalerweise direkt von der verbalen Charakterisierung (1) zur Niederschrift (3) über. Dennoch sollte man wissen, welche Aktionen in einem den Datenverarbeitungsprozeß ausführenden (konkreten) Automaten oder einem geeigneten (abstrakten) Modell den verbalen Charakterisierungen und den damit verbundenen Programmniederschriften entsprechen.

Abschließend sei noch bemerkt, daß bei der *Übersetzung* von Programmierungssprachen die Vorgehensweise umgekehrt ist: Aus einem Text der Programmierungssprache wird ein realisierendes Programm für eine Rechenanlage hergestellt. Dazu wird häufig der Weg über eine Zwischensprache benutzt, die zur Beschreibung abstrakter Programme im hier gebrauchten Sinne dienen kann.

4. Versionen von Pascal

Von Pascal existieren eine Anzahl von Versionen, deren Unterschiede u. a. durch die Realisierungen auf verschiedenen Rechenanlagen und die dabei gewonnenen Erfahrungen bedingt sind. Auf die Originalversion von Pascal, die 1971 veröffentlicht wurde [10], folgte 1972 ein revidierter Bericht, vgl. dazu [4]. Zwischen diesen beiden sprachdefinierenden Berichten existieren weitere Versionen, die teilweise eingeschränkt und teilweise erweitert sind. Die hier verwendete Version beruht im wesentlichen auf einem 1972 entwickelten Übersetzer, dem das in einigen Punkten erweiterte Pascal des Originalberichtes zugrunde liegt. Abweichungen dieser Version vom ursprünglichen Pascal sind:

1. Hat eine Variante eines Datensatzes mehrere Kennzeichen, so werden diese voneinander durch Kommata statt durch Doppelpunkte getrennt.
2. Die Anzahl der Elemente einer Menge darf 60 nicht übersteigen, die verwendeten Werte sind Grunddaten mit Ausnahme von Hinweisen.
3. Bei der Definition von Bändern wird hinter **file** eine natürliche Zahl angegeben, die den Umfang eines mit dem Band verbundenen Pufferspeichers angibt.
4. Eine Leeranweisung wird eingeführt.
5. Sprünge aus einer Prozedur müssen durch *exit* vor der Marke gekennzeichnet sein. Diese Marke muß in einer zusätzlichen Markendeklaration (vgl. II.11.1) am Anfang ihres Lebensbereiches notiert sein.

6. Der Wert eines hinter **case** in einer bedingten Anweisung stehenden Ausdrucks ist auf Indizes und Selektoren eingeschränkt (vgl. II.2). Zur Trennung der markierenden Konstanten in der Falliste wird das Komma anstelle des Semikolons benutzt.
7. Vor ihrer Deklaration benutzte Prozeduren und Funktionen sind am Anfang der Prozedur, in der sie aufgerufen werden, in einer Pseudodeklaration zu notieren, in der der Anweisungsteil durch **forward** ersetzt ist. Das gilt nur für Blöcke, die vor der betreffenden Aufrufstelle notiert sind. Bei der eigentlichen Deklaration entfällt dann der Parameterteil (vgl. II.11.1).
8. Die Namen der Standardprozedur *alloc* und der Standardfunktion *int* wurden in *new* und *ord* geändert (vgl. II.10).
9. Zur Deklaration von Mengenvariablen wird **set of** statt **powerset** benutzt.
10. Die Standardprozedur *rewrite* zum Löschen eines Bandes wird zusätzlich eingeführt.
11. Datensatzanweisungen können mit einer Liste von Variablen hinter **with** notiert werden (vgl. II.9).

Im erwähnten Übersetzer wird am Programmanfang noch ein mit dem Zeichen **value** beginnender Wertteil zur Einstellung von Anfangswerten zugelassen, der hier nicht berücksichtigt wird. Weiter sind dort Intervalle auf Intervalle ganzer Zahlen eingeschränkt.

Im Pascal des revidierten Berichtes entfallen einige der soeben angegebenen Änderungen gegenüber dem ursprünglichen Bericht, andere kommen hinzu:

1. Die Anzahl der Elemente einer Menge ist nicht beschränkt.
2. Die Angabe der Pufferlänge hinter **file** entfällt.
3. *exit* entfällt, alle Marken sind zusätzlich zu deklarieren.
4. Die Prozedur- und Funktionsdeklarationen mit **forward** entfallen.
5. Das Zeichen **const** zur Kennzeichnung von Konstantenparametern entfällt. Diese Parameter werden als Wertparameter bezeichnet. Als Werte sind nicht nur Grunddaten zugelassen.
6. Klassen entfallen, und Hinweise beziehen sich nicht mehr auf eine Klassenvariable sondern wie in ALGOL 68 auf beliebige Werte eines bei der Deklaration der Hinweisvariablen anzugebenden Typs. Die Belegung der Hinweisvariablen mit einem Wert geschieht mittels der Standardprozedur *new*. Dabei wird ein neuer Hinweis erzeugt und als namenlose Variable des Typs betrachtet, auf den sich die Hinweisvariable bezieht.
7. Die Bandzustände *input*, *output* und *neutral* entfallen. Dadurch ändern sich die Definitionen der Standardprozeduren *put* und *get* jedoch nur unwesentlich.
8. Zusammengesetzte Typen können ohne Auswirkung auf die Bedeutung mit dem Vorsatz **packed** versehen werden. Hierdurch wird eine andere interne Darstellung im Speicher der das Programm ausführenden Rechenanlage veranlaßt. Der Typ *alfa* entfällt. Dafür wird **packed array** [1 .. *n*] **of** *char*

verwendet, wobei *n* für eine wählbare natürliche Zahl steht. Die Bedeutungen der Standardprozeduren *pack* und *unpack* ändern sich entsprechend.

9. Neue Standardfunktionen *round* zum Runden reeller Werte und *all* mit einem Typ als Parameter zum Bilden der Menge aller Werte dieses Typs werden eingeführt.
10. Ein Programm kann eine Überschrift einer der Formen
    program ⟨Name⟩ ; oder
    program ⟨Name⟩ (⟨Programmparameter⟩) ;
    erhalten, wobei ⟨Programmparameter⟩ vom Betriebssystem der ausführenden Rechenanlage abhängige Parameter bezeichnet.
11. Die Standardprozeduren *read* und *write* werden auch für andere Parameter als Zeichen definiert. Dadurch werden die Möglichkeiten zur Ein- und Ausgabe über die Standardbänder *input* und *output* erweitert.
12. Markendefinitionen sind vor beliebigen Anweisungen möglich, also nicht nur bei unmittelbar in Verbundanweisungen enthaltenen Anweisungen.

5. Kommentare

Sowohl in Pascalprogrammen als auch in ALGOL 68-Programmen ist die Einfügung von Kommentaren möglich. Diese Kommentare haben keinen Einfluß auf die im Bericht festgelegte Bedeutung eines Programms. In ALGOL 68-Programmen können jedoch auch pragmatische Bemerkungen als besondere Formen von Kommentaren vorkommen, die in gewissen Fällen von der ausführenden Rechenanlage zur Modifizierung des Programms verwendet werden. Das tritt z. B. auf, wenn Voraussetzungen zur Ausführung einer Elementaraktion nicht erfüllt sind. Der Rechenanlage kann dann durch eine pragmatische Bemerkung ein spezielles Verhalten vorgeschrieben werden. Auch Anweisungen für das Betriebssystem können eventuell als pragmatische Bemerkungen eingefügt werden.

In Pascalprogrammen werden Kommentare in geschweifte Klammern eingeschlossen. Innerhalb eines Kommentars darf keine geschweifte Klammer vorkommen. Ein Kommentar darf zwischen Namen, Zahlen oder anderen Zeichen eingefügt werden, jedoch weder Namen noch Zahlen zerschneiden. Ein auf den Schlußpunkt des Programms noch folgender Kommentar gehört nicht zum Programm.

In ALGOL 68-Programmen werden Kommentare zwischen Zeichen **co** und **co**, pragmatische Bemerkungen zwischen Zeichen **pr** und **pr** eingeschlossen. Im Kommentar dürfen **co**, **pr** und Anführungsstriche nicht vorkommen. Für die Stellung von Kommentaren gilt wie in Pascal, daß Namen und Zahlen sowie andere Bezeichnungen (z. B. Zeichenketten) nicht zerschnitten werden dürfen. Eine Notierung von Kommentaren und pragmatischen Bemerkungen vor Namen ist stets möglich.

Sachwortverzeichnis

FSC
www.fsc.org
MIX
Papier | Fördert gute Waldnutzung
FSC® C083411

Kolibri 360 GmbH
Ferdinand-Jühlke-Straße 7
99095 Erfurt, Deutschland
produktsicherheit@kolibri360.de